既学会之道

陶一山 著

中信出版集团 | 北京

图书在版编目（CIP）数据
玩学舍之道 / 陶一山著 . -- 北京 : 中信出版社 ,
2025. 9. -- ISBN 978-7-5217-7934-9
Ⅰ. F306
中国国家版本馆 CIP 数据核字第 20255A27L7 号

玩学舍之道
著者：陶一山
出版发行：中信出版集团股份有限公司
（北京市朝阳区东三环北路 27 号嘉铭中心 邮编 100020）
承印者： 北京通州皇家印刷厂

开本：787mm×1092mm 1/16 印张：19.75 字数：196 千字
版次：2025 年 9 月第 1 版 印次：2025 年 9 月第 1 次印刷
书号：ISBN 978-7-5217-7934-9
定价：69.00 元

谨以此书，献给正在创业路上、有使命感的年轻创业者，并献给我敬爱的父亲和母亲……

序

对于中国农牧行业，我是熟悉并有着深厚感情的。

1995 年，我给一批农牧行业头部企业做管理顾问，因此有幸结识了一些农牧行业的优秀企业家，其中就有陶一山，和他创立的“唐人神”。

炎炎盛夏，这本《玩学舍之道》放在案头，书名看上去很新颖，让人忍不住好奇，想开卷一读。

株洲，是个被誉为“高铁之乡”的工业重镇。有朋友好奇，工业重镇怎么能诞生这样一家了不起的农牧企业：唐人神从一个小饲料厂发展到生猪全产业链上市公司，不仅数十年不亏，40 年不倒，还在蓬勃发展。这有什么奥妙呢？

正如书中所传达的道理：玩大规模靠的是，选对行业，战略聚焦，团队打造，产品超群，营销独特，快速扩张；玩好盈利靠的是，品牌力、产品力、服务力、资本力、管理力；玩得久靠的是，坚守长期主义价值观，持续为客户创造新价值，以奋斗者为本，以强大的组织力做驱动，在战略上专注产业链，在战术上勤学思变，做到与时俱进，善于舍得，懂得中庸之道。

用工业思维做农业，达到规模化、标准化，坚持理性专注与执着聚焦；借鉴高铁技术集成，以“业务牵引动力系统、人才内生动力系统、数字化管理及运营系统”构架企业管理体系，这或许正是唐人神把饲料、养殖、肉品持续玩得大，玩得强，玩得久的奥妙所在，这或许就是“一头猪”跑出了“高铁”速度的奥妙所在。

陶董是工科生，曾立志做工程师，偶然的机会踏入饲料工业的大门，从此在农牧行业深耕，与生猪结下不解之缘。从学自动控制到学动物营养、饲料工艺、养殖技术、肉品加工、科学管理、数字化技术等，陶董是一路干，一路学，干中学，学中干，学中玩，学中舍。高考落榜的挫折成为毕生求学的转折，在学习中不断认知自我、认知改变、认知行动，做到勤学思变，学会取舍，从一个个舒适圈跳出，进入另一个圈子学习、奋斗、再创业，这恐怕就是“学到老，活到老”的成长秘诀所在吧。

我个人比较推崇禅宗，崇尚禅者生活，因为禅者有觉悟、有心性，能“破除我执”“快乐活在当下”，从“小我”融入“大我”，从“无为”成就“有为”，干伟大事业，过简单、自然、极致、快乐的生活。在某种意义上，陶董就是一位禅者，他在高尔夫的挥杆之中，能够悟出以“游戏”的心态玩事业，并把游戏当事业来做，始终保持好奇，舍得“无我”，为学日益，为道日损，弱水三千取一瓢，人间至爱是清欢。或许这些就是陶董的快乐人生吧。

在《玩学舍之道》中，陶董把40年的创业和成长故事，浓缩成“玩学舍”的三字箴言，把许多做人、做事和做事业的道理融汇到一段段小故事中，情真意切，生动有趣。对有志于创业的同人、企业管理的同路人，或是如我一样的管理学者，属实开卷有益。

人生就是“玩学舍”，“玩”事业，“玩”游戏，学会明白，学会舍得，享受生命，享受快乐。

彭剑锋

中国人民大学教授、博导，

《华为基本法》起草专家组组长，

华夏基石管理咨询集团董事长

2025年8月于北京求是楼

自序

童年时光，“孔融让梨”的故事让我懂得分享的道理，“狼来了”的故事让我懂得要讲诚信，“小猫和老猫钓鱼”的故事让我懂得做事要专注，“愚公移山”的故事让我懂得坚韧不拔、锲而不舍的精神。学生时代，受父母的教育懂得“吃得苦中苦，方为人上人”，懂得“学习的痛苦是一阵子，不学习的痛苦是一辈子”，懂得“正直、读书、勤奋”的六字家训并立志要当一名工程师，靠技术造福家庭与社会。

1985 年底，偶然的机会让我进入农牧行业，带领一帮年轻人开始饲料创业。在那个激情燃烧的年代，我们一起努力地干，一起快乐地玩，勤学思变，舍得专注，度过了多少个艰难痛苦与快乐兴奋的不眠之夜，幸运地闯过了无数个死亡的激流险滩……

年过半百，我学会了“玩”高尔夫球（简称高球），事业之余，张弛有度。2007 年我发起创建了农牧行业“飞迪”高球俱乐部。我们创新了“高球赛事 + 高人论坛”的模式，“一场高球聚集宇宙能量，重要的不是高球，而是与高人交流”。18 年间，70 届高球赛事、70 届高人论坛，在挥杆之际，锻炼了身体，交流了思想。其间，“飞迪”高球俱乐部成员出了 9 家上市公司，成为中国农牧行业的排头兵，最高市值近万亿元。“飞迪”的高人给予我许多事业的启迪和指导，高球游戏愉悦了我的情绪，给创业艰辛的我注入了许多新的能量，让我以高球的游戏心态，把事业玩得更好、更久。

高球能像事业一样来做，事业也能像游戏一样来“玩”。如同打麻将，很多人通宵达旦，累并快乐，甘之如饴，其中蕴藏了快乐游戏的四个要素：自愿参与，共同目标，约法三章，奖罚分明。当然，干事业还得加上“使命驱动”。

玩好事业，不仅需要专注地玩，更需要专业地学，干中玩，玩中学，学中干，锲而不舍，事业才能长盛不衰，为社会进步做一份贡献。而作为想玩好高球的业余爱好者，我只需业余地玩，专业地学。在玩中悟，在玩中学，高球的每一杆都是智力与体力的结合，相当于玩事业中的每一步抉择，需要专注力与决断力，每一次挥杆的顺畅都要遵循运动力学的科学原理，其中蕴含着全场 18 洞的制胜取舍之道。

于是，我的脑海中闪过“玩、学、舍”三字：玩中学，玩中舍，学中干，学中舍，舍得玩，舍得学，专注中持久成功。于是，我把自己在创业、学习、生活中的经历和认知，浓缩成“玩、学、舍”的感悟，分享给有志创业者，分享给事业伙伴和客户朋友，分享给有兴趣了解中国农牧企业发展历程的老师和同学们。

“玩”讲述我与唐人神 40 年共同成长的故事。靠什么玩得大，靠什么玩得强，靠什么玩得久。做饲料，养猪，做肉品，我们几乎都是在干中学，在学中干，在实践中学会专注，懂得“中庸”，懂得“人无自我天地宽，天道酬勤事必成”。

“学”讲述我的求学、游学和学以致用。哲学家斯宾诺莎有句话让我印象深刻：“人类所能企及的最高活动就是为明白而学习，因为明白了就获得了自由。”我天资平平，高考落榜，但坚持学习，明白自己走偏了，再改变并行动，学行合一，学会取舍，往返循环，从一个个舒适圈跳出，进入另一个学习、奋斗再创业的新状态，学中干，学中玩，学中舍，周而复始，乐此不疲。

“舍”是了不得的智慧，“玩”和“学”的过程中都有“取舍”。在取舍的过程中，玩得更好，学得更精。人间至爱是清欢，人无自我天地宽，取舍之道在“中庸”。懂得“舍”，让我不会迷失在信息爆炸的知识海洋，坚持与时俱进和长期主义，从而使企业创业40年还存活下来……

年少之时苦当饭，“独上高楼，望尽天涯路”。创业艰辛，有无数的痛苦煎熬，创业途中勤学思变，专注农牧，“衣带渐宽终不悔，为伊消得人憔悴”，正道沧桑。玩中学，年过半百，在高球中悟人生，“蓦然回首，那人却在灯火阑珊处”。人无自我敢于舍，奋斗中天地宽阔，梦想成真。“玩、学、舍”不正是奋斗人生的成功“三境界”吗？

我自己感悟，成功需要“贵人相助，高人指点，时运护佑，‘小人’监督，自己努力，满怀感恩”。回望我的玩学舍之道，无时无刻不在内心深处感恩。感恩所有给予我提携、指点和监督的各级领导及社会各界人士。感恩员工、合作伙伴的携手奋斗与努力。感恩亲爱的客户和所有给予唐人神厚爱、信任的朋友。感恩我的父母及家人，给予我人生的指点与温暖。

“立德、立功、立言”，谓之“三不朽”。我把自己的创业故事，先做人、后做事、再做事业的感悟及学习的认知分享给大家，写成《玩学舍之道》，也算是“立言”吧。

写于2024年12月13日

唐人神修身阁落成之际

目录

第一篇 玩

玩得大，玩得强，玩得久。

第一章 靠什么玩得大

第二章 靠什么玩得强

第三章　靠什么玩得久

第二篇　学

学而不行则浮，行而不学则庸。

第四章　求学

第五章　游学

第六章　学以致用

第三篇　舍

弱水三千，只取一瓢饮。

第七章　人间至爱是清欢

第一篇

玩

“吃得苦中苦，方为人上人”。大家觉得创业充满艰辛苦难，让人充满畏惧。其实虽然创业很累，经历了无数的痛苦煎熬，但只要咬着牙，有坚强的毅力，坚持下来，就会有使不完的干劲。

1986 年，我带着一帮从未做过饲料，从未做过管理的年轻人从株洲戴家岭开始创业。1992 年与中国香港大生行合资，改变机制。1995 年兼并株洲肉联厂和种猪场，进入肉品和种苗产业。1998 年开创“服务营销”，以逆向渠道变革饲料营销，颠覆了当时饲料行业的赊销格局，并获得农牧行业第一个国家管理创新成果一等奖，由此开始了从租赁办厂低成本扩张到投资买地建新厂的生猪全产业链经营探索。2015 年，并购龙华农牧，从育种到育肥，开始了规模养猪的大投入。2021 年，开创山地楼房智能养猪世界先河，打造了南方最大规模的单体养猪基地，在“南猪北养”的纠结中开创出一条新路。同年，中国生猪期货交易在大连商品交易所成功上市，我作为中国生猪期货提案第一人收到大连商品交易所的专函感谢。2024 年，完成香乡猪升级，开启香乡猪 · 生态肉高端养殖的新征程，翻开了“产业链”链接美好生活的新篇章。

回望岁月，我们“玩”到中国民营企业500强，生猪全产业链上市公司第一股的规模。玩得稳健，几十年几乎没有出现过年度亏损；玩得久，创业40年仍能幸运存活。40年披星戴月，日夜兼程，坎坷艰辛自然不计其数，其间也经历过无数痛苦的煎熬，但更有许多快乐旅程和快乐往事，和大家一起玩事业，再艰难再痛苦也从未后悔。

50岁之后，学打高尔夫，高球游戏让我悟到，原来不知不觉中，我一直是以参与游戏的意愿度和愉悦度来投身事业，把事业当游戏来玩，痛并快乐着。国人游戏——麻将，让人可以通宵达旦疯玩，甘之若饴，也是同理。游戏工作法的特点是：自愿参与，共同目标，约法三章，奖罚分明，使命驱动。

同时，我尝试把游戏当事业做，2007年我发起创建了农牧行业“飞迪”高球俱乐部，创新了一个“高球赛事+高人论坛”模式，以经营管理的思维来组织高球赛事和高人论坛。

“玩”就是我的创业之路，是我与唐人神40年成长的点滴故事。在玩的过程中，我求知若渴，边干边学，勤学思变，用心“取舍”，悟出了“中庸之道”。事业玩得不算很大，但玩得稳健持续，我相信，会越玩越好。

第一章

靠什么玩得大

玩大规模，我们靠的是：选对行业，客户第一，产品超群，营销变革，资本运作，队伍打造，快速扩张。农牧行业体量巨大，是永恒的朝阳产业。通过合资改变机制，引进资金，打造产品，扩大产能；通过服务营销竞争突围，占有市场；通过兼并联合，低成本快速扩张，一边重资产投入楼房养猪，一边采用“公司 + 农户”轻资产养猪方式实现产能升级，这是我们的规模化之路。

行业巨大上规模

投身饲料，农牧行业市场巨大

俗话说，“男怕入错行，女怕嫁错郎”。创业，第一重要的是选择行业。有的行业容量巨大，比如农牧、食品、健康、人工智能（AI）、新能源。有的行业天花板很低。我幸运地投身于饲料、养猪和肉品，选择了农牧食品行业，其市场巨大，是永远的朝阳行业。

1985 年，我准备前往广东创业，一位广东老板看上了我在株洲职工大学电气班的发明项目——原木自动测积仪。测积仪由长度测量系统、直径测量扫描系统和材积计算系统组成，采用红外光源和同步扫描测量技术，简便易操作，由此取代激光扫描和复杂的光学反射测量系统，是一种理想的新型原木材积智能测量工具。1985 年，《专利法》开始实施，这个发明成为株洲市第一个获批的专利。广东老板给出了丰厚的专利转让金，并让我负责该项目。

此时，我在株洲市粮食系统的一个工厂技术室负责电气工程，并全程参与了株洲大米厂“成品库自动装卸平台”的技术项目，项目成功竣工。因为表现突出，株洲市粮食系统的一个创业机会摆在了我的面前。

两个创业机会，几乎同时出现。

留在株洲创业，还是前往广东？选择比努力重要，取舍是一种智慧。但那个冬天，我并无头绪。

寒冬，我站在屋前的山坡上，看小雪纷纷渐变成鹅毛飘飞。3岁多的儿子陶业已经可以在雪地撒欢了，和小朋友打雪仗堆雪人。我给儿子取名“业”，是纪念我在业余大学求学的经历并立志要创一番事业来。

夜晚，白皑皑的一片，万籁俱静。家人已经熟睡。雪停了，偶尔有风，吹落檐口的雪花。我不知不觉入睡了，梦里，我在广袤的田野奔跑，绿意盎然……

我决定选择农牧行业，留在株洲创业。

1986 年 11 月 13 日，我带领一帮从未做过饲料，从未做过管理的年轻人在株洲市戴家岭山下开始创业，投身饲料工业。农牧行业天地宽广，我们毕生为之奋斗，深情耕耘，力求做大做强做恒久。

饲料厂破土动工。推土机扬起漫天的灰尘，透过尘埃与阳光混合的金色薄雾，我遥望着远方，那里有田野、乡村和希望……

北京求得好配方

在戴家岭工地加速建设的同时，1987 年 4 月，我带几个同事前往瑞士布勒公司学习了一个月。所见所闻颠覆了我过去的认知，这是影响一生的旅程。有高人指点说，农业一定要有规模，做大规模的前提是要有好的产品。偏爱工程与技术的我，迅速对饲料产品产生了兴趣。产品好了，才能收入好，这是最朴素的真理。当时的欧洲，已经盛行全价配合饲料，猪能够获得全面的生长营养需要，养殖户饲喂起来方便。当时国内还是单一混合饲料，采用一把糠、一瓢潲的传统方式，加入的青绿饲料则是红薯叶等农作物制成的。我想参考欧美的方式，生产全价配合饲料，养殖户肯定喜欢。

回国之后，我到处寻求饲料配方。有一次参加湖南省饲料工作会议，省饲料工作办的一位领导给我指点了迷津。一周后，我踏上了开往北京的绿皮火车，去求配方。临行前，我去醴陵挑了一箱瓷器，这是湖南特产。因为赶时间，只买到了站票。我怕人多碰到瓷器，又很累，中途便钻进了座位底下，美美睡一觉。睡梦中，突然有砰砰的声音，猛然醒来，原来是列车乘务员敲打地板大声喊着，"到北京站了"。

当我找到中国农业科学院畜牧研究所的王和民教授家，敲开门后，看到的是一脸惊愕。后来王教授形容开门一瞬间，看到的是一个蓬头垢面，风尘仆仆，眼神诚恳的高高瘦瘦的年轻人。他惊讶于我背的一箱瓷碗，居然没有磕碰一点，感受到了我的诚心和细心。王教授跟我分析了营养配方的设计方案，我听得似懂非懂，几张纸，5 个配方，我怀揣着"宝贝"，不知道怎么上的火车，感觉是翻了个筋斗云，就来到了如火如荼、机器轰鸣的戴家岭工地。

1987 年，中国农业科学院畜牧研究所合影

（图中左一是我，左二是王和民教授）

心诚则灵。看到配方表上密密麻麻的数字和公式，能量饲料、蛋白饲料、微量元素、维生素的配比等，我不禁感叹知识的力量。

产品超群才能玩得大

产品超群，首先一定要给饲料取个好名字。

还是在去瑞士途中经停中国香港的时候，我就对香港的品牌广告产生了兴趣。香港的摩天大楼上霓虹灯闪烁的都是松下、东芝、索尼等国际品牌，连机场的跑道上都是品牌广告，可见产品商标的重要性。

我们的饲料取个什么名字呢？

有人取名“三环”，意为养殖户、经销商、公司环环相扣，有人取名“通达”，意为饲料销售通达四海。我觉得不行，首先，名字一定要有动物的形象，动物还要大。其次，动物要有精神，小猫小狗肯定不行。牛可以考虑，因为牛勤劳，“俯首甘为孺子牛”，为老百姓服务，但似乎还不够大。大象更大，用大象作名字怎么样？大象是大，但没啥精神，没有褒贬。大家热议纷纷，各抒己见。

办公室窗外，玉米筒仓矗立高耸，蓝天白云，突然，我在草原戈壁骑行骆驼的场景映入脑海，也是这样的蓝天白云，骆驼伟岸高大，步伐沉稳有力，一步一个脚印，踏实向前……

叫“骆驼”怎么样？我兴奋地告诉大家，我们没有做过饲料，以前也不懂营养，正好学习骆驼的精神，一步一步，扎实地学习。

有人说，瘦死的骆驼比马大，寓意好；有人说，骆驼有精神，沙漠之舟，脚踏实地；有人说，骆驼有团队精神，充满自信；有人

骑行骆驼跨大漠

说，骆驼总是新路新走，从不恋旧；还有人说，骆驼有团队意识，因为驼队是齐心协力的。后来我写了《骆驼赞》。慢慢地，大家一致赞同用“骆驼”商标，并总结了骆驼精神就是“敬业、自责、自信、创新”，大家兴奋得一宿无眠。

有了商标之后，我们创新包装。那个时候基本都是用麻布袋装饲料，袋子重复使用。我到外资公司学习之后，决定把麻布袋换成编织袋，一来干净卫生，避免重复污染，更重要的是可以把骆驼商标印刷在上面。商标图案是一个卧姿的骆驼，很饱满，很美观，大家可高兴了。

商标需要把创业者的精神和价值观，用心注入，这就是产品的灵魂。有精神寄寓的商标，有文化内涵和灵魂注入的品牌一定会玩得大，玩得强，玩得久。

有了商标，我想尽快做出产品，为了抢时间，我就先买了小机组进行产品试制，还在办公室后面养了 50 多头猪，我们用王教授指导的配方做出了骆驼牌 114 系列全价配合饲料，一边自己饲喂，一边投放紧挨着戴家岭的浏阳市场。由于浏阳缺能量饲料，养殖户对我们的饲料喜欢得很。1987 年 11 月 23 日，新厂全线竣工，第一包骆驼牌饲料从 6 万吨瑞士进口生产线成功下线，我们的产品一炮打响，销售规模快速增长。

工业生产意义上的饲料产品可以分为预混料、浓缩饲料和全价配合饲料三大类，预混料由微量元素和维生素等营养添加剂组成，浓缩饲料由预混料加蛋白质饲料混合而成，全价配合饲料由浓缩饲料加上能量饲料和添加剂组成。

1989 年，当时分管技术的副厂长刘大建无意中说了一句，“饲料厂的一把手，不懂营养怕是不好当啊”，引起了我的深思。为了做出更好的饲料产品，我来到武汉粮食工业学院（简称“武汉粮院”，现为武汉轻工大学）学习了三年动物营养和饲料加工。我自己基本学懂了动物营养和饲料的加工工艺后，与配方研发和生产技术人员的沟通交流就变得畅快起来。其间，我知道了浓缩饲料有着更大的市场规模容量，因为当时的主流是散养户，而湖南大多数地方的农民自己有便宜的能量饲料。

有了这些基础，我觉得可以把规模玩得更大，就决定做浓缩饲料。

我到养殖户猪圈和饲料经销店仔细观察发现，散养户买浓缩饲料，一般先看颜色是否金黄，再闻香味，再抓一把试手感是否细腻，最后看饲喂长猪的效果。散养户添加浓缩饲料并不定量，猪价好时多放点，猪价低时就少放点。

在浓缩饲料的开发过程中，我们也走过弯路，遇到了挫折。刚开始在市场区域选择时，我们把浓缩饲料的主战场放到距离公司很近的浏阳市场，经过一段时间的销售低迷，我们发现，浏阳当地制种产业做得很好，能量饲料缺乏，很少有大米糠之类的，浓缩饲料在浏阳销售受挫，远没有当初骆驼牌 114 系列全价饲料的销售红火场景。市场是不相信眼泪的。

在浓缩饲料的产品开发和定价过程中，我们也多次“踏坑”。起初我们想以低价取胜，薄利多销。但市场的反馈是质量一般，与竞争对手相比没有优势。调研分析之后，我觉得浓缩饲料不能往低价低质方向开发，这样在猪价低的时候，养殖户放得量少，很难有效果，养殖户便不接受这种饲料。所以，还是得开发高质高价的浓缩饲料。

我结合武汉粮院的学习，应用营养平衡中氨基酸的理论，想到了在配方中强化提高“赖氨酸”添加含量的思路。随后，饲料加工与营养专业毕业的副厂长刘大建拿出了很专业的配方。我们通过喷鱼油工艺，进口肉骨粉等创新，研制出散养户喜欢的有鱼粉香，呈黄金色，有油润感，并且对长猪效果好的高端浓缩饲料——金骆驼 800 系列。在定价中，我们反其道而行之，比当时外资厂家的主流浓缩饲料每包高 7 元，高了 10%。但产品品质有明显的差异，同时推出服务营销，销售规模迅速增长，盈利能力也很强，2000 年就实现利润过亿。在 1998 年服务营销的加持下，骆驼牌浓缩饲料走俏大江南北，规模快速放大。

今天，我还偶尔翻翻当年那个笔记本，密密麻麻写着各种配方、营养参数、行情价格等。那个时候，我一边和科研人员测试饲喂效果，进行梯度对比试验，一边和财务人员进行价格、毛利测算。算是既充当了业务产品经理的角色，又担当了部分技术产品经理的角色。我们结合在一起，组成了产品集成开发（IPD）的雏形。何曾想到，数十年后，我们会花大价钱请专家来传授 IPD。

合资变革上规模

规模太小，想做大

1988—1991年，销售在7 000万～8 000万元徘徊，很难破亿。株洲是一个工业重镇，销售不过亿的企业，感觉太没存在感了。但饲料厂的效益蛮好，逢年过节发放各种福利，引得好多人羡慕。这个时候，我发现很多人开始“小富即安”。我那时候不知道“温水煮青蛙”这个说法，我想上规模，不满足现状。

于是，我想寻求合资，找资金，改机制，玩大规模。

1991年香港经贸洽谈会，株洲市政府组织了几个企业负责人前往参观学习。我这次到香港，就想寻找合作机会。

香港当时有三家比较知名的饲料企业，大生行是其中之一，属于黄氏家族的企业。在满心的期待中，我来到了大生行。

“你们盈利还是亏损？”黄先生开门见山就问我饲料厂的状况。

“我们现在是盈利的，盈利400万～500万元的样子。”我实事求是地回答。

“盈利了为何还要找合资？”黄先生惊讶地问道。

“我想把规模做更大，把管理也做得更好。”这的确是我的内心想法。

黄先生点着头，一直在微笑地看着我，随后跟我介绍了大生行的发展历程。

几个月后，黄先生带人来到了株洲。他们到工厂现场，从原料到成品，从加工到销售的各个环节都很仔细地做了了解和查看。他们自己挑选了几个市场，想看看市场对骆驼牌饲料的反馈情况，其中就有浏阳。株洲考察后，黄先生约我再到香港洽谈。

维多利亚港的夜景

维多利亚港的夜晚，香港大生行的黄先生请我喝茶，在座的还有一位朋友。黄先生难得地和我聊起了家常。说实话，对于孩子的成长和家人的照顾，我是比较缺失的。由于我当时在念职工业余大学，主要是晚上和周日学习。我白天要上班，晚上要读书，早上晨读英语还要推着一岁多的儿子一起出门。有一次我一边推车一边捧着英语书看，不小心让儿子连车带人摔进了水沟，儿子受到惊吓，一周间歇性发烧，西医无能为力，我心急如焚，后来辗转寻医，得幸找了一名老中医才调理好。

黄先生听了很惊讶，或许之前他对内地的了解不是很多。对我这样拼命奋斗寻求上进的行为表示非常赞许。傍晚的维多利亚港，静谧湛蓝，深水微澜，渡轮来往穿梭。渐渐华灯初上，海水倒映着两旁的大楼，水波中，繁华漂流，对面和旁边高楼大厦上霓虹灯依次闪亮，巨大的品牌广告闪现出傲人的光芒。一个弹丸之地发展为国际都市，其风雨沧桑，唯有沉默的维多利亚港一一见证。

经过与黄先生的多次洽谈，我们没有了隔阂。黄先生是一位忠厚长者，通透温雅，慈祥中透射出不一般的商业智慧。那晚的场景，我也很放松，把自己成长的历程和人生追求的想法都娓娓道出。那个时候，我已经明白，现代农业必须上规模，必须依赖技术做好产品，还需要人才、资本和管理，方能做大做强做久。有人认为在一个四线小城市，以当时的盈利状况和效益，日子已经很滋润，有工资有奖金有福利，市场很大，随便做都有口饭吃。但我不这么认为，市场是发展的，做大才能生存。小富即安的明天，可能面临的是不富难安。

黄先生安静地听我“侃侃而谈”。我后来也很奇怪那晚的表达能力，可能是维多利亚港的包容给了我倾诉的力量吧。后来我才知道，旁边一言未发的那位朋友是黄先生的多年好友，更是一位十分会看人的大师。香港人做生意很讲究投缘，讲究相面和机缘相投。那个时候，千万港币的投资对黄先生家族来说，也不是一个小数目，在当年信息并没有那么公开透明的环境下，黄先生的决策是需要眼光和勇气的。

这位朋友跟黄先生说，陶一山神清气朗，面相带财，言语诚恳，掷地有声。

黄先生做出了携手发展的决策。确定合资公司的名称时，我们取一个湖南的“湘”，一个大生行的“大”，组成了“湘大实业”，后来叫湘大集团，再后来成为唐人神集团。

引资金改机制，一厂变三厂

合资后，原来的 6 万吨机组，加上 12 万吨新机组，饲料厂的产能规模马上“一厂变三厂”。公司也迅速启动机构改革，竞聘上岗，提升效率。市场也启动营销活动，合资的效应开始显现。

引进了资金，扩大了规模，创新了机制。

合资进行中，有一段小插曲出现了。有员工竟然难以接受与港商的合资，情绪过激。他们认为港商是资本主义，我们不能为资本家打工。这深深触动了我：不管为谁打工，为谁努力，为谁工作，“发展才是硬道理”！

当“湘大实业股份有限公司”的招牌挂在了蓝色玻璃外墙上，内部的机制变革也热火朝天地启动了。

首先是理念的宣讲，我们把为什么合资，合资之后的经营目标，竞争上岗，营销奖罚，绩效考评等机制层层讲解，通过班组传达。其次是开展管理干部全员竞聘。大家首先提交书面的竞聘报告，然后参加竞聘的现场演讲。香港大生行委派的管理人员和合资公司的领导团队组成评委小组做打分和点评，做出新的干部任免和公示。最后就是新的机构和管理干部上岗后，召开全厂大会，进行合资公司销售增长和业绩达标的总动员和宣誓。

三步棋下来，全体干部员工都明白了为什么合资，合资之后的经营目标和方向策略，今后的奖罚机制、考评机制等。想干事的和能干事的人都撸起袖子加油干了，偷懒的和平庸的干部下台了，整个工厂的活力一下子被点燃了。

销售规模以肉眼可见的速度攀升，当年就突破亿元大关了。

后来香港大生行撤销了委派的副总经理和财务总监，完全信任我，交给我们去经营管理。我也一直责任在肩，总算没有辜负黄先

1992 年，与香港大生行的合资签约仪式现场

生的信任和期望，把企业带到了40年的新阶段。黄先生当年的投资决策也得到了几十倍的理想回报，这样的合资、合作、相识、相交，让我每每想起，备感幸运，备感欣慰，充满感恩。

每次到香港，我都尽量去维多利亚港的那个地方，看看，想想，感觉在新鲜的海风下就会收获充沛的活力。

服务营销上规模

“农村包围城市”的营销启迪

1997年的“七一”党建活动，我带队到井冈山参观学习。罗霄山脉群峰叠嶂，毛竹如海，中国共产党带领工农革命军开辟井冈山革命根据地的战斗故事和红色精神激荡人心。与俄国布尔什维克能够在城市工人中发展壮大不同，毛泽东实事求是，因地制宜，大胆破局，提出“农村包围城市”战略，掀开了中国革命的新篇章。

站在井冈山革命纪念馆的历史画面前，无比震撼之余，我深深思考着，“农村包围城市”的革命道路能否给我们的饲料营销带来新的启迪？

那个时期，饲料销售陷入困局。当时的饲料销售流程是“工厂—渠道经销商—养殖户”的顺向渠道模式。经销商在中间，一头是工厂，一头是养殖户，形成哑铃一样中间大，两头小的局面。工厂没利润，没话语权，普通散养户没有选择，完全由经销商送料，经销商送什么，养殖户喂什么，反正卖了猪再给钱。经销商欠工厂的钱，养殖户也欠经销商的钱，逐步演变成“经销利润很高，饲料赊销，养殖户成本很高，养殖效益很低”的恶性循环怪圈。

曾经在醴陵的一个外贸经销店，我们找了当地一个朋友，把我们的浓缩饲料放进了店铺，卖完再结算。一个月后，我自己去门店看，结果就卖出去一包。1995 年以后，我们连续三年销售收入一直徘徊在 3 亿元左右，应收账款高达 4 000 多万元。怎么破局？我苦苦思索。

“农村包围城市”的反向思维突然启发了我，我们何不来个“终端包围渠道”的逆向模式？

这个启迪为我们打开了“服务营销的大门”，取得了营销破局的成功，指引我们在做大规模的道路上一路狂奔。

京湖会议的“营销头脑风暴”

井冈山学习归来，我就一直在思考和制定“终端包围渠道”的营销策略。

这个时候，1998 年第一季度已经过完了。第一季度全国饲料工业生产喜获丰收，浓缩饲料发展迅猛，总产量同比增长了 20%。湖南的浓缩饲料居全国榜首，而我们还在原地踏步。一串串数字，让我心急如焚。

又是盛夏 7 月。从 1995 年开始，每年夏天，我都会组织公司中高层管理团队成员到株洲的大京水库召开半年度工作会议，我称之为“京湖会议”，进行一些重大事项的讨论和决策。

大京水库位于株洲市郊，是一个自然山水的小度假村，设施简陋，好在湖光山色，层峦叠翠。盛夏避暑，山林间的负氧离子浓郁，可以有效地激活思维。会议期间，我们会组织游泳比赛，既消暑，又竞争好玩，参与者均有奖励。不会游泳的就用轮胎当救生圈，也敢下水比画几下，毕竟大家都在旁边，也就不害怕了。紧张的工作间隙充满着欢声笑语。

1998 年 7 月 4—5 日，第四次“京湖会议”召开，主题就是营销变革。

会议开始，我抛出问题，面对当前的销售困境，怎么办？

第一种思路仍然是如何想办法撬动经销商，如何拉拢，如何从竞争对手那里抢夺过来；第二种思路是把竞争对手的二级经销商网络争取过来变成骆驼牌饲料的一级经销商，俗称“割韭菜”；第三种思路就是跳出现有的思维模式，学习借鉴中国革命的成功经验，“农村包围城市”，从终端做起，反过来“包围”渠道，进行营销的变革。

第一种和第二种思路相继被大家否定。

第三种思路，是最难的，但也是公认效果会最持久最有力的，直接把销售发力到了终端养殖户那里，同时做好渠道经销商的开发维护，双管齐下。

激烈的讨论在会场爆发，我很喜欢这种畅所欲言的氛围，大家可以把自己的想法都说出来，寻求最合适的方案。后来我学了管理课程，知道了这叫作“头脑风暴”。

一阵热议之后，大家期盼的眼神都投向了我。

我拿出来自己反复完善的方案“终端包围渠道，实施服务营销”。会上，经过大家充分讨论，正式确定为《实施服务营销发展战略纲要》。

当时的营销总监内心不赞同实施服务营销，他依旧停留在等靠渠道经销商的思路中，因此在推进服务营销的初期，总是抱怨重重，不敢迎难而上。反倒是当时的集团财务总监郭拥华，相信服务营销战略，并积极助力营销落地。经过一段时间的观察思考，我做了一个大胆的人事调整，让郭拥华身兼集团财务总监和营销总监两职，她以女性的细腻和执着，兼具财务的稳健和营销的勇猛，温和而坚定地落地践行服务营销发展战略的每个细节，带领营销队伍在南征北战中取得了一个个骄人的业绩。

当时，谁都没想到，这场头脑风暴催生的服务营销战略改写了中国饲料的营销格局，客观上推动了中国饲料营销的转型升级。后来，我在哈佛大学的工商管理案例中看到了类似这个营销的案例阐述，名叫“逆向渠道模式”。

逆向渠道开创服务营销

1998 年 7 月的京湖会议后，8 月 1 日正式开始实施服务营销战略，9 月饲料销售脱离冰点，首次获得大幅度增长。

服务营销的思路就是，改变过去一味通过经销商去卖料的顺向渠道做法，反其道而行之，最大限度地帮助终端养殖户科学养殖赚钱。

服务营销的具体做法就是，每月招聘 100 名服务营销员，每名服务营销员每个月要讲 6 堂科技养殖讲座并做 6 个科技养殖示范。“走进村，串入户，弯下腰，沉到底，做到位”，终端养殖户养的猪，个个皮红毛亮，生长速度快，养殖户赚到钱，尝到了甜头，都奔走相告，到经销商那里，背起骆驼牌饲料就走。一时间，经销商都愿意现款到公司进货购买饲料，三个月初战告捷，每个月增长 30%。这一举措，帮助终端养殖户赚了钱，经销商也销量大增，公司不但没有了赊销，还实现了有质量有盈利的规模大幅度增长。

服务营销的成功实施，有思路的破局，有产品创新的支持，有营销队伍的英勇作战。“一包料示范，一根扁担称猪，一张红榜告示，一挂鞭炮庆贺，一场会推广”。那时行业有句话，饲料看“骆驼”，服务看“湘大”（当时还是湘大集团）。营销人员带给终端养殖户和经销商的是热情专业、细致入微的服务，口碑传遍三湘四水。

2001 年 12 月，服务营销战略获得中国管理创新成果一等奖，获奖的时候，名称为“顾客价值营销管理”。

我至今还依稀记得评奖现场的情形：几位评委老师听完我的阐述，清华大学的一位老师站起身点评道：“我很激动，一个做饲料的民营小企业，想方设法自我创新，找到了解决行业‘三角债’的良方，达到了三赢的局面，公司盈利，经销商赚钱，农民致富。遗憾的是，多少行业多少大企业，面临上下游的‘三角债’难题，却无所作为。它们这个过程都是企业自主创意，自主实施，自主推进，自主提炼，此前没有学院的加入。这样的营销管理案例不拿一等奖，咋行呢？！”

把服务营销概括为“顾客价值营销管理”，更科学。我们参与评奖，也只是想把这个案例拿出来，给有意进行营销变革的同行或创业者以参考，没有想到会获得如此高的评价和赞誉。

服务营销不断地升级优化，2000 年之后延伸到外办子公司。在广大农村，养殖户自己编的顺口溜广为流传：“骆驼饲料精，吃一斤长一斤”，“称一称，算一算，贵了三十也划算”（每包比竞争对手高了 30 元）。高质高价高服务，带动养殖致富，农民朋友心里有杆秤，算盘打得精。

实施服务营销的第二个月，销售就开始反弹增长，之后一年多时间里，我们保持了每个月近 30% 的销售规模持续刚性增长。服务营销让我们成功实现了竞争突围，销售破局，快速扩大了规模，提升了市场占有率，树立了品牌口碑。服务营销也很快在饲料行业

实施服务营销，在郴州乡村举办“养殖科技下乡技术讲座”

传播开来，许多同行纷纷借鉴甚至模仿，逆转了饲料行业的赊销格局，推进了饲料行业的营销升级。

兼并联合上规模

兼并联合进肉品

1993年，我赴美国参加经贸考察。其中“假日酒店不盖楼房”和“耐克自己不做鞋”的见闻，让我很是吃惊，回国后，我写成了一篇小文章，发表在1993年7月份的《株洲日报》，其中就有一段文字：

假日酒店在全世界拥有数百家宾馆，他们是跨国经营的宾馆管理集团。在美国，专业化管理已相当普遍。耐克公司的经营方式就是："自己不做鞋"，而每年出产的 9 000 万双耐克鞋，是由分散在世界各地的 40 个厂家完成的。假日酒店、耐克公司的成功案例都足以说明专业管理、跨国经营的成功。

几年之后，我受此启发，实践了资产运作上规模，通过兼并联合株洲肉联厂，进入了肉品加工领域，以很少的投入，获得了产业链的扩张，创造了利润。

1995 年初，猪价大跌。许多地方的猪价跌到了一元一斤，养殖户血本无归。下市场时，常有养殖户把我拽到猪舍前，一手揩着鼻涕眼泪，一手抓紧我的手说："帮我们收猪吧，价格你们说了算，给点本钱就行。"农民猪养得越好越亏钱。而我，想帮助农民解决卖猪难的问题，但无从着力。

巧的是，这时候市领导找到我，问我能否帮助株洲肉联厂渡过难关。肉联厂面临 1 700 万元的债务，400 名员工发不出工资，屠宰停摆，生产停工。

肉联厂，杀猪卖肉，可以收猪。我当时脑海里想的是，能够帮助农民解决卖猪难问题！我有了进入肉品行业的冲动。

我带人到肉联厂实地查看。

肉联厂在株洲市芦淞区古大桥金盆岭，旁边是京广铁路，工厂有一条 2.5 千米的铁路专用线，5 000 吨冷库，还有生产厂房、职工生活区等。冷库和加工厂房旁边还有一大片空地，完全可以建造一个新的饲料生产线，而且银行可以提供贷款。一方面可以帮助农民解决卖猪难问题，这是一份责任感；另一方面可以建设新的饲料生产线扩大规模，饲料、屠宰、肉品加工形成产业"一条龙"。

这些条件对做大规模很有利，我决定干。

1995年，在对肉联厂的兼并联合中，我们接收400多名下岗职工，以1 700万元承债式整体购并。与此同时，我用肉联厂的资产抵押贷款，在古大桥肉联厂的冷库空地和铁路专用线之间建设了一条新的24万吨饲料生产线。这么大的扩张，我并没有拉高资产负债率，通过稳健运作完成了兼并联合。

同样的思路，我用不到500万元的代价，在1996年完成了对株洲种猪场的收购。种猪场位于株洲市马家河，占地将近300亩，当时的位置非常偏僻，但我把它打造成培训基地、科研基地、种猪养殖基地，从那里开始了我们在养殖领域的探索，在那里培养出了骆驼牌饲料服务营销网络和向全国扩张的成千上万名营销精英及技术骨干。那几年的扩张，我坚持走轻资产运作的思路，自己不做重资产投入，从而长期保持20%以内的资产负债率，企业在稳健的状态下实现了快速发展和盈利增长。

古大桥基地，京广铁路侧畔而过

黄浦江的晚灯

2000年，兼并收购上规模的道路从株洲走到了上海。

随着专业规模养殖的转型加速，养殖户对动保[①]和兽药产品及服务的需求日益增长。上海是兽药和动保的开发生产和国际贸易集中区域。

2000年3月，上海湘大新杨兽药公司正式成立。在上海普陀区桃浦，我们和新杨种畜场合作，以绝对控股方式进入动保产业。

在正式签约前还出现了一个小插曲。上海新杨的管理层有异议，理由很简单：株洲在哪里啊？他们只知道广州，没有听说过株洲。

怎么办？

不知道株洲，但都知道伟人故里韶山。我们便组织了一个党建活动，邀请他们到伟人故里参观体验，顺道来公司看看。古人说，"耳听为虚眼见为实"。

阳光明媚的日子里，上海的客人来到了"乡下"株洲。株洲，这个诞生了许多共和国第一的工业重镇，还诞生了一家农业产业化国家重点龙头企业，整洁的工业园，繁忙的产销两旺景象，朝气蓬勃的公司氛围，让上海的客人点头称赞。在古大桥简陋的总部办公楼前坪，古樟枝繁叶茂，绿意葱葱，我们握手言欢。

巧合的是，上海湘大新杨兽药公司成立半年之后，在上海的金山工业园，我们又购并了一家肉品企业，改组成上海唐人神肉制品公司并在60天投产开业，唐人神旗帜在一年的时间相继两次飘扬在上海这个国际大都市的天空。上海唐人神肉制品公司从投资签约

---

① 在农牧行业，动保的含义是动物保健及保护，包括动物疫病防治、兽药、疫苗产品及服务、动物健康科学等。

到投产开业，仅仅用了两个月的时间。

上海唐人神肉品投产开业的当天夜晚，我来到黄浦江边。华灯初上，灯光映射到江面，黄浦江如同一条镶嵌着无数宝石的绸带，在秋天的夜空中熠熠生辉。

外滩的两旁有许多巨幅的霓虹灯品牌广告。我想起多年前在香港维多利亚港的夜晚。今天，我们创立的品牌来到了上海，江水流逝，岁月有痕，我们终将奔腾入海，汇入国际大市场的海洋。

罗霄山脉下的大猪场

中国是全球最大的生猪生产国，年产量占全球的一半以上。2024 年，中国的生猪年产量为 5 700 万吨，生猪养殖市场规模突破 1.51 万亿元，规模化养殖占比达到 70%，完全具备自给自足的能力。2024 年，全国生猪出栏量为 7.3 亿头。中国也是全球最大的猪肉消费国，2024 年中国的猪肉消费量为 5 541 万吨。

2024 年，湖南出栏生猪 6 016 万头，居全国第二位。

当散养逐步退出，公司规模养殖登上历史舞台，这就是行业变革的大势。大型养猪企业逐渐占据行业主流。

2014 年，养猪行业规模化、专业化趋势已经非常明显。我们重新审视了养殖产业的发展思路。育种很难上规模，育种的技术投入是一个漫长的过程。我们需要顺势而为，踏入规模养殖育肥的领域，这是农牧行业的规模发展之路。

机会总是留给有准备的人。经过多方努力，2015 年，唐人神集团收购湖南龙华农牧发展有限公司 90% 的股权，2016 年正式完成交割。龙华农牧养殖基地位于罗霄山脉脚下的茶陵县，当时已具备 12 万头商品猪的生产能力。这意味着唐人神以并购方式，快速高起点进入了规模养猪行列，最快速度实现了从“育种”到“育肥”的跨越。这次并购，强化了生猪养殖基地建设，直接控制养殖终端，做大了规模，实现了从养殖源头保障肉品安全的产业链需要。

随后几年，围绕这个养殖基地，我们进行了后续工程的扩张，投资 30 亿元，直到把它打造成世界一流的 180 万头山地楼房智能养猪基地，打造出香乡猪生态牧场，实现了唐人神规模养殖和高端养殖的完美结合。

楼房养猪上规模

养猪从育种开始

中国的养猪历史可以追溯到 9 000 年前的河南，贾湖遗址是中国已知最早的家猪出土地点，实际驯化时间可能更早。从野猪到家猪，从放养到家庭圈养，从农家散养到工业化规模养殖，这中间历经了漫长的历史变迁。

在广袤的华夏大地上，因为地理条件、气候条件、民族习俗、物种渊源等差异，形成了丰富的具有中国地方特色的生猪品种。湖南省作为中国重要的生猪养殖大省，拥有多个历史悠久的地方生猪品种。如宁乡花猪、湘潭沙子岭猪、桃源黑猪等。它们具有适应性强、肉质优良等特点，可谓是“一方水土养一方猪”。

地方生猪品种，基本存在生长周期长、饲料转化率低、肥肉多瘦肉少、屠宰出肉率低、养殖成本高的共同特点。在中国生猪育种中，引进品种（如杜洛克、长白猪、大约克夏）与地方品种的杂交育种是提升生产性能、保留肉质特色的重要手段。1996 年，我们收购株洲出口种猪场，开始养种猪。当时的农村散养户很大程度上还是喂养土杂猪居多，我们大力推动品种改良，这是帮助农民提高养殖效益，改善猪肉品质的首要任务。后来，养殖向专业化规模化转型，2014 年，国家环保政策和生猪市场行情波动，散养户加速退出。我们也在 2015 年开始转型，以规模育肥养殖为主，品种改良（育种）为辅。

漂洋过海的美国“金猪”

我在欧美参观学习后，对品种改良有了全新的认知。品种改良，杂交育种已经趋势化。国内生猪育种还是在“引种—退化—再引种—再退化”的怪圈里面兜兜转转。能否打破这个怪圈呢？为此，我与美国一家育种企业结缘了。

美国这家育种企业具有 70 多年育种历史，拥有全球最先进的核心母猪群，在行业中处于领导地位。2008 年 1 月 9 日，我们签订协议，组建中美合资湖南美神原种猪场，“美神”的意思就是“美国育种”与“唐人神”的组合。同年 10 月，位于株洲县姚家坝的湖南美神原种猪场，迎来了漂洋过海的美国“金猪”——SPF 原种种猪。

当时，美国“金猪”漂洋过海来中国的消息，占据了业内新闻的“热搜”。一些新闻媒体，以《下了飞机还倒时差，唐人神首批 600 头新美系 SPF 原种种猪抵达南京隔离》《唐人神美系 SPF 顶级原种种猪 45 天隔离后入住株洲“五星宾馆”》等为题进行了很多报道：

> 2008 年 9 月 5 日凌晨，来自长城国际货运公司的波音 747-400 型大货机降落在南京机场，从美国芝加哥飞来的美系

原种种猪——600 头贵宾“金猪”缓缓落地，从此开始了它们在中国的“居家”。

在南京进行 45 天的隔离后，这批种猪住进位于湖南株洲姚家坝的“新家”。该原种猪场栏舍采取拥有美国专利的全封闭、自动环境调控的原种猪场 Airworks 系统。这里，山丘起伏，层峦叠嶂，有着天然的生物安全屏障。美国的“金猪”在这里度过美好的时光，开枝散叶，传承基因。

开创山地楼房智能养猪的世界先河

2016 年，规模养殖转型加速，越来越多的大企业开始加入专业化养猪的队伍中来。唐人神养殖事业部也迎来了新起点，集团总裁陶业兼任集团养殖事业部总裁，以面向未来的养殖做大投入、大发展、大变革，确立了“养殖为主，育种为辅”和“规模养殖先行，未来品牌升级”的战略规划。随后，集团投入 30 亿元巨资建成了年出栏 180 万头的国内最大的山地楼房智能单体养殖基地，作为香乡猪生态牧场，香乡猪品牌高端养殖与集团低成本大规模养殖并驾齐驱。

楼房养猪的主要优点有三个。一是显著节约土地资源。楼房养猪可以将猪舍垂直叠加，在有限的土地上容纳更多的生猪，可大大节约土地资源。数据显示，相比传统养殖，楼房养猪可以节约 60% ~ 80% 的土地资源。二是实现规模化养殖。楼房养猪更容易实现集中饲养管理，提高养殖效率，降低生产成本。三是环保节能。楼房养猪更容易采用先进环保设施技术，减少环境污染。利用太阳能等绿色能源，实现绿色生态养殖。楼房养猪也存在“建设成本高，需要巨大的资金投入；运营管理难度大；遇到疫情风险大”等问题，对养猪企业的管理水平和技术要求更高，需要更专业的养殖人员和技术支持，增加了运营的难度和成本。

公司规模化养殖主要有两种模式："自建自养"和"公司 + 农户"。自建自养都是公司自己实施。"公司 + 农户"是指公司负责提供种猪（也有农户自己养母猪的，国内较少）、饲料、防疫技术、饲养管理技术，负责生猪的回购，农户负责提供猪舍，负责饲养管理全过程，双方签订协议进行合作。

作为上市公司，我们有自己的产业链基础和资本基础，如何快速地打开规模养猪的局面，我想到的是"两条腿"走路，就是"自建自养"和"公司 + 农户"同步布局推进。

投资 30 亿元年出栏 180 万头的香乡猪生态牧场

产业链扩张上规模

“跑马圈地”快扩张

1997年9月，集团办公室从戴家岭搬迁到了古大桥，古大桥也是一座山，山顶有个金盆岭。

1998年的秋天，有天晚上，我走出办公室，闻到桂花清香，感到四周宁静。我来到金盆岭的山顶斜坡上仰望星空。看不远处空旷的夜幕中，京广铁路上一列钢铁长龙呼啸而过，嘹亮的火车鸣笛声穿透夜空，我不由在想：有多少人在旅途，有多少人在奔赴自己的梦想？

人生，就是奔向未来，奔向远方，奔向梦想。

我下定决心开辟新的战场。扩张才能做出更大的规模。

1999年，我们决定走出去，开启外办饲料子公司，“跑马圈地”向全国扩张。机会悄然而至。在一次饲料行业的会议中，我得知一个信息，全国有许多小饲料厂，3万吨、6万吨的生产线因经营不善，很多已经闲置荒废。可以租赁这类小厂，价格很便宜，关键是对生产线和厂区进行适当整改修复，之后就可以招兵买马投产开业，实现快速扩张上规模。

1999年初，河南驻马店湘大公司成立，我们开始了全国扩张上规模的“跑马圈地”。随后，赣州湘大、新乡湘大、周口湘大、合肥湘大、成都湘大、贵州安顺湘大、沈阳湘大、广东湘大、曲靖湘大、永州湘大等相继开业。长白山下，彩云之南，黔贵大地，天府之国，驼铃声响彻大江南北。

全国扩张和外办子公司需要大量的管理干部和营销精英。我们在株洲马家河培训基地开展季度培训和半年度营销经理竞聘。马家河培训中心地处郊区，条件艰苦。清晨，全体参训人员军训，绕园区山路跑步，白天，展开各种培训和考试，晚上，有球类运动或文艺节目，还有烧烤晚会。火热的岁月，火热的青春，紧张地学习，快乐地玩耍。

营销是一种生活，满足了就无聊，没满足又痛苦。2000 年 7 月 20 日，又是一个火热的营销季，集团营销将士汇聚在马家河培训中心，开启了半年度的营销中心经理竞聘和培训大会。数十名营销青年精神抖擞，意气风发，冲上竞聘讲台，雄心勃勃，无所畏惧，挑战自我，敢攀高峰，青春的激情和火热的斗志深深感动和打动了我，我当场拿起笔，写下一些朴实的文字，为他们叫好，为他们骄傲，为他们讴歌。而后经著名作曲家白诚仁老师谱曲，《唐人神营销员之歌》唱响在无数的乡村小道和山河之间。

唐/人/神/营/销/员/之/歌

我们是 SALESMAN，是唐人神集团的营销员，我们是市场的弄潮儿，我们是商海的先行兵。我宁愿做荒野上觅食的狼，也不愿做富人家享福的狗。我宁愿在痛苦中接受挑战，也不愿在无聊中乞求生活。啦啦啦啦啦，啦啦啦啦啦，我们是职业的营销员。我要敬业，我要精业，我要乐业，我要学习，啊，我要做一个职业的 SALESMAN。

我们是 SALESMAN，是唐人神集团的营销员，我们是市场的弄潮儿，我们是商海的先行兵。我宁愿在痛苦中迎受挫折，也不愿在愉快中虚度人生，我宁愿在失败中遭受锤炼，也不愿在胜利中停滞不前。啦啦啦啦啦，啦啦啦啦啦，我们是职业的营销员。我要梦想，我要创造，我要竞争，我要超越，啊，我要做一个成功的 SALESMAN，成功的营销员。

2000 年，唐人神领导层在研讨新的发展规划

在“非典”的恐慌中逆行

2003 年的“非典”疫情曾来势汹汹，时至今日人们仍“谈非色变”。

那段时间，我按照原订计划，要去北方考察子公司和投资建厂项目。家人朋友纷纷劝告，千万不能冒险，染上病毒是危及生命的，搞不好还要祸及家人。

约好的合作商和意向洽谈项目的当地政府也纷纷来电表示，鉴于“非典”疫情，可以推迟商洽，另选时间。我也有点犹豫了。项目固然重要，市场规模固然要扩张，但是不是要“拼了命”地玩呢？

我想起自己曾写过的文章《沧海横流，更显湘大英雄本色》。飞机火车在通行，我们为什么畏惧不前呢？如果我们惧怕出行，那全国子公司的营销将士和员工伙伴，是不是都要困守在家中？如果我们不敢前往，那我们拿地建厂的必胜决心和勇气何在呢？

患难之中见真情，危机之中见胆识。我带领一行人，毅然北上。

我们到达江苏邳州，当地政府非常感动也很惊讶，尽管我们双方防护措施很好，但大家的眼神透露出信任，传递了力量。我们与邳州政府签订协议，拿了两块地，新建徐州湘大饲料公司。

这场“非典”恐慌中的逆行，让我们签约了两个新办子公司，到市场一线和项目现场给干部员工加油赋能，我们是肩并肩的团队，我们是唐人神人。

几个月后，疫情结束。在这场疫情中的逆行足迹从此清晰地刻在我的记忆里。从此之后，我更是无所畏惧。用同行企业家朋友的话说，你这不是赚钱多少的事情，是不要命的搞法啊。“命”都不要了，还有什么困难可怕呢？

2003 年“非典”疫情之后，我们从“租赁办厂”跑马圈地的低成本扩张升级到投资买地建设新厂。这是唐人神产业链扩张上规模新的里程碑。

一方面是唐人神积累了比较雄厚的资金，有能力买地建设新厂了。另一方面，随着专业养殖的兴起，大的规模猪场看不上靠租赁的老饲料厂了。是时候加大投入了，更大投入才能获得更大的规模。

2016 年到现在，唐人神将上百亿元的资金投入规模养殖和香乡猪高端养殖。期间，我们先后完成了对山东和美（禽产业链）、广东比利美英伟（幼龄动物营养专家）的并购，铸强了“产业链”

的每个细节。

全产业链真正实现“从养殖源头到餐桌”的肉品安全。

产业链实现“扎硬寨”的规模扩张。湘军自古有“吃得苦，霸得蛮，扎硬寨，打死仗”的赞誉。我们从租赁办厂规模扩张，升级到投资买地建设新厂，形成饲料、养殖、肉品的产业链建设扩张模式，就是在当地市场扎下了一个个“硬寨”。

2024 年以后，唐人神聚焦在湖南、广东、山东等区域，做强区域的生猪和禽类产业链经营，玩大规模，玩强产业链。

骆驼赞歌

2002 年 10 月 19 日，唐人神集团创业 15 周年暨合资 10 周年双庆盛典仪式上，举行了象征着唐人神人坚韧不拔、勇往直前、艰难创业的骆驼雕像揭幕仪式。在古樟参天，苍翠掩映的唐人神集团古大桥总部前坪，一座骆驼雕像昂首挺立，雕像由三匹骆驼构成，大中小紧紧依偎，眺望远方，阔步向前。

骆驼雕像揭幕仪式上，我朗诵了自己创作的一首诗歌——《骆驼赞》：

《骆驼赞》

（一）

骆驼，沙漠之舟哟，
你是颠不破的船，你是挡不住的车。
驼铃叮咚，日夜为我们放歌，
我爱你呀，我心中的骆驼。

（二）

骆驼，我心中的偶像哟，
你站起来是一道梁，
卧下去是一面坡。
风沙雷雨磨炼了你刚毅的性格，
忍得住渴，耐得住饿，
经得起长途跋涉，
你走我跟，团队精神。
你一步能迈两米多，
雷厉风行那就是你，
你一气能跑千里远，
追逐着心中的目的地。

（三）

骆驼，我心中的楷模，
你吃下去的是半筐草，
你背起的是一筐货。
看到你沉重的脚步哟，
一定是负重的载荷。
但你并不低诉哀怨，
你却挺峰扬脖，
你任凭风沙起，
你脚踏实地行，
你一声也不吭，
默默地向前走。

（四）

骆驼，我心爱的骆驼，
问你累不累，
你说没瞌睡。
问你苦不苦？
你说要把劲来鼓！
问你还要走多远，
你说莫道路途远，
一步一步向前就不远。
那巍峨的驼峰哟，
好像你前进的灯塔，
那留下的坚实蹄窝哟，
不就是你成功者的印记！

（五）

骆驼，我崇拜的骆驼，
任凭酷暑寒冬，
你永远都在默默地走，
那就是你的敬业。
看到飞腾的骏马，
你总是低头自愧，
那就是你的自责。
遇见沙浪拍天，
你总是含笑相伴，驼铃叮咚，
那就是你的自信！
面对下一个目的地，

你总是新路新走，

从不恋旧，

那就是你的创新！

啊，骆驼，我爱你！

我为你赞美，我为你放歌！

创业之初，在讨论饲料的商标名字时，我们想到了“骆驼”。它是沙漠之舟，全身是宝。它有寓意，体现了我们的创业精神。

骆驼体格高大，形象伟岸；它坚定沉着，一步一个脚印，目标如一；它不畏风沙雷电，不惧艰险困苦，坚韧不拔前行；它谦虚务实，老路新走，自信而不骄傲，努力且有团队精神。骆驼的形象，就是我们跋涉的身影，骆驼的品格，就是我们的企业精神。

诗歌中，我尝试以各种镜头的“蒙太奇”手法，展现骆驼的吃苦耐劳，任劳任怨，踏实苦干。骆驼索取的很少，只是“半筐草”，付出很多，背起一筐货。再重的载荷，也不抱怨，总是精神抖擞，纵使困难再多，风沙起，也不胆怯，只是默默向前走。创业时期的“骆驼”牌饲料，涌现了许多的“骆驼”人和“骆驼”事迹，他们都是埋头苦干，默默负重前行。外办饲料子公司河南驻马店湘大筹备之初，总部派出总经理、营销、财务三位南方人，在北方的冰天雪地里，生活习惯完全不适应，皮肤开裂，手脚生出冻疮，但他们发扬“骆驼精神”，超负荷工作，在大雪纷飞中提前竣工，开业投产，在当地饲料行业创造了神话；在三湘四水，“骆驼”牌饲料的技术服务人员“走村串户，弯腰沉底，进猪舍，教技术”，通过科技讲座和科技示范带动农民科学养殖致富。

你问“骆驼”，累不累？苦不苦？“骆驼”没有诉苦没有抱怨，而是认为“一步一步向前就不远”，这就是“沙漠之舟”的坚实和毅力。

路虽远，行将至。每一步艰难跋涉，每一个清晰的“蹄窝”，都是成功的“印记”。“酷暑寒冬、沙浪拍天”的真实场景构筑的形象画面，展现了“骆驼”创业者的人格魅力：

> 骆驼，我崇拜的骆驼，任凭酷暑寒冬，你永远都在默默地走，那就是你的敬业。/看到飞腾的骏马，你总是低头自愧，那就是你的自责。/遇见沙浪拍天，你总是含笑相伴，驼铃叮咚，那就是你的自信！/面对下一个目的地，你总是新路新走，从不恋旧，那就是你的创新！/……

这就是“敬业、自责、自信、创新”的骆驼精神。

骆驼，它是沙漠之舟，又是人生的“旅行者”。在“迈向目的地”的过程中，它帮助人们抵御“风沙雷电”的袭击，让人们“渡过了艰难”，给他们以“生命和信念”。

那一声声驼铃叮咚，从株洲到全国，从清晨到日暮，开创变革，积淀传承。

那一声声驼铃叮咚，从创立名牌闯市场到服务营销上销量到“跑马圈地”大扩张到产业链布局建新厂，我们奋进在规模之路上。

那一声声驼铃叮咚，致力农家富裕，打造绿色食品，创造美好生活！坚实的蹄窝伴随创业者的足迹，镌刻在中国农牧大地，深沉有力，目标坚定！

它“挺峰扬脖”的伟岸身姿，它不畏暴风沙浪的坚毅品性，它一步一个脚印迈向目的地，这，难道不正是唐人神人自身的朴实写照吗？

第二章

靠什么玩得强

玩得强，玩好利润，几十年不亏钱，我们靠的是：品牌力、产品力、服务力、资本力、管理力。现在是品牌商业时代，唯有品牌有价值。产品是企业的生存基础，没有科技投入，产品就难有附加值。卖产品更卖服务和体验场景，这是赢得未来的核心。在扩张规模的同时，我们兼顾资本投入与轻资产运作，先小步试错，再加速快跑，这样既上规模，又能稳健节奏，防控风险，确保企业有良好的盈利能力，从而玩得强，玩得久。

品牌价值创利润

瘦死的骆驼比马大

创业伊始，我就想给饲料产品取个名字，让大家一起讨论。

一定要有动物的形象，动物要大，动物要有精神。我想到“骆驼”这个名字，瘦死的骆驼比马大，寓意好。讨论之后大家都赞同。我们把麻布袋换成了编织袋，把“骆驼”商标印刷在上面，并开始了产品的小机组试制。

通过小机组的一年多试制，骆驼牌 114 系列全价配合饲料在浏阳一炮走红。原因有两个：一方面是骆驼牌全价配合饲料产品的质量好，价格公道；另一方面是浏阳当地缺乏能量饲料，正好需要这样的全价饲料。而骆驼牌 114 系列正合浏阳养殖户的胃口，戴家岭紧邻浏阳，距离又近，完全在方便的配送范围。

这个时候，我想到，还是要给饲料宣传写一句广告语，否则存在各种说法，难以形成统一的广告效果。于是，我找到当时报纸、广播、电视台的朋友，请他们这些“笔杆子”帮忙拟写广告语。一段时间之后再聚时，大家开玩笑说，这养猪的事情，我们实在没有感觉，也没有体验，要不组织大家到农村采风，或许能写出广告语。虽然广告语没弄到，但是他们的一番话点醒了我，是的，没有切身感受，怎么能写出很好的广告语呢？大家在开心的氛围中，居然想到一个点子：征集广告语。

说干就干，在报纸、广播、电视上，骆驼牌饲料征集广告语的启事发了出去，由媒体专业人士评奖，一等奖 3 000 元，二等奖 2 000 元，三等奖 1 000 元。这在当时，是不小的数目，相当于普通职工两年的收入。

效果出奇地好，各种广告语纷至沓来。到了公开评奖的日子，我们请了省级、市级媒体的广告负责人、大学老师、客户代表作为评委。最后，“饲料一枝花，骆驼富万家”全票获得一等奖。“六畜丰肥财门开，养猪不忘骆驼牌”等获得二等奖。

其中，有个事情让我永远难忘。浏阳的一名养殖户，用骆驼牌饲料养猪并建了房子，老人家很感激。听到骆驼牌饲料征集广告语的事情后，专门跟两个儿子说，过年送礼就每人写一句给骆驼牌饲料的广告语。小儿子是小学语文老师，写了那句“六畜丰肥财门开，养猪不忘骆驼牌”。

后来，我们与香港大生行合资。长沙—香港通航后，大生行的黄先生一行客人第一次从黄花机场出机场海关，那时人很少，等待出关的时候，海关工作人员闲聊问道，到株洲做什么？黄先生一行说道，去骆驼饲料厂。没想到海关的小伙子脱口而出“饲料一枝花，骆驼富万家”，这令黄先生惊愕不已，连连称奇，机场小伙子咋知道的？小伙子说，看电视的湖南人都知道，那个年代的湖南电视台，每天都有骆驼牌饲料的广告，这句广告语大家已经耳熟能详了。

“饲料一枝花，骆驼富万家”，既是广告语，更是客户对骆驼牌饲料的信赖和忠爱。多年后，“骆驼”商标被评为中国驰名商标，“骆驼饲料”获得首批农牧行业中国名牌产品称号。

“未来的社会，将是一个品牌引领公司的商业社会。”每一个品牌后面，都有一个产品，但每一个产品后面不一定都有一个品牌。

在品牌时代，光有产品的知名度是远远不够的，真正的好品牌必须有销售规模，客户会重复购买，有毛利贡献，为公司带来量和利的增长，有好的口碑，形成品牌的心智认同效应。

当时间融入文化的时候就成为历史，当商标融入文化的时候才能成为品牌。可口可乐的前总裁伍德鲁夫曾说过："即使可口可乐公司在全球所有的工厂一夜之间化为灰烬，但凭借'可口可乐'这块牌子，它在第二天就能重新站起来。"因为可口可乐这块牌子放在世界任何一家公司的头上，都会给它带来滚滚财源。

从创立"骆驼"品牌到服务营销带动农民科技养殖致富，到"骆驼"迈出湖南走向全国，我们一直致力于品牌的价值营销，让品牌为客户带来价值，同时通过市场为品牌沉淀价值，如此相辅相成，循环往复，当客户不仅认同我们的产品，而且认同我们的品牌价值并开始信仰我们的文化的时候，"饲料一枝花，骆驼富万家"的口碑就真正成为利润的源泉和基业长青的基石。

我们不忘初心，致力农家富裕，信奉骆驼精神，一步一个脚印，在广袤的神州大地唱响了嘹亮的《骆驼赞》。

唐人神，"花一样"的名字

1995年，兼并株洲肉联厂后，我开始琢磨给肉制品取个名字。

食品的名字可不同于饲料，人吃肉不是为了长肉，品牌需要好听，容易传播，有美好的寓意。

1991年的时候，我到香港参加经贸考察，曾认真观察过香港的"品牌"现象。当时写了一篇短文《名牌的"感觉价值"》（见第五章），其中写道，名牌产品的价格已不再取决于我们通常所用的"成本定价法"了，它是根据该产品在客户中的名气大小来定的。

名牌卖的是牌子，客户买的也是牌子，这就是名牌的“感觉价值”。

唯有品牌才能既上规模又贡献利润，唯有品牌才能玩得强，玩得久。而要成为“名牌”，不仅需要品质，还需要“感觉价值”。

我想到了之前在美国考察时看到的“唐人街”，中餐馆很红火，中国的美食走天下。中国人相信“神”，我一下子就想到了“唐人神”三个字，唐人美食走天涯，肉食佳品唐人神。

美味总是众口难调。香肠腊肉口味不同，肥肉瘦肉比例不同，价格就自然有差异，该怎么区分才不会让客户觉得便宜的就差些呢?

有一天早上，我在小区花园跑步。园丁忙着浇水剪枝翻土。月季、玫瑰、海棠等，夏花争艳，繁花似锦。我随口问道，玫瑰比月季贵些吧。师傅答道，花本身没有贵贱，都好看。季节不同，花色不同，每个人喜好不同。你喜欢玫瑰就会觉得玫瑰贵，有人还说月季比牡丹好。

我灵感一现，就用花的名字来区分不同口味的香肠。

“花一样”的名字由此诞生了。湘式玫瑰、广式玫瑰、湘式牡丹、大众月季等名字就这样产生了。广式代表口味甜，湘式代表口味咸。牡丹瘦肉更多，玫瑰、月季次之。名字取好了，包装的设计我们参照了花的灵感。

进入肉品行业，我的初心首先是想帮助农民解决卖猪难的问题，其次是想让市民能吃上更好的安全放心肉。如饲料一样，我坚定做高质高价的品牌肉品。因为做低价路线是拼不过个体户的。我们要做品牌，品质第一重要。我们在业内率先开创了“鲜肉做好肠”，用鲜肉做香肠腊肉等中式传统风味制品，并借鉴西方的烤肠技术，首创了“无烟熏工艺”，既保留了传统烟熏风味，又剔除了有害健康的因子，对国内传统腌腊制品的行业标准起到了支撑作用，推动了中式肉制品行业的快速发展，得到了行业和市场的高度认可，以唐人神为主完成的《传统特色肉制品现代化加工关键技术及产业化》获得了 2019 年度国家科学技术进步二等奖。“唐人神”商标获评中国驰名商标。品牌价值为唐人神肉品创造了良好的利润。

一个真正有价值的品牌一定在市场上有好的销量，在客户心中有好的口碑，能为公司带来好的利润，这样才能称得上“驰名商标”。骆驼牌饲料和唐人神肉品都堪称这样的驰名商标，这是我们在品牌打造方面可以引以为豪的事情。

1999 年的 6 月、9 月，当时的湖南省委书记、省长先后来到唐人神视察，参观完唐人神香肠腊制品生产线后，他们来到唐人神产品展厅，变成了客户，都买了许多唐人神香肠和腊制品，要带回去给家人吃。

从“唐人美食走天涯，肉食佳品唐人神”到“唐人美食香，美食唐人神”，唐人神肉品成为“营养美味，放心消费”的代名词。

手书“唐人神”

2000年，唐人神集团成立之际，在“唐人神美食品尝会”上，与会嘉宾和市民客户代表对唐人神香肠、腊肉及其他产品赞不绝口。或许是一盘盘美味佳肴激活了味蕾，在大家由衷的一片赞美声中，我难掩兴奋，感慨万分，为唐人神写了一首赞歌，经著名作曲家白诚仁老师谱曲后，至今传唱：

《唐人神赞》

盘古开天地呀，
神农播五粮。
中华的食文化，
源远流长。
啊，源远流长！
中华的美食，唐人的神韵。
哟，唐人神飘逸着唐人的美食清香。
美食清香！
啊，中华的美食哟，
唐人的神韵！
中华的食文化源远流长，
源远流长！

今又逢盛世呀，
民富国又强。
中华的食文化，
今朝更辉煌！
啊，今朝更辉煌！

五洲的唐人城，唐人的风采。

哟，唐人神演绎着唐人的丰收乐章。

丰收乐章！

啊，五洲的唐人城哟，

中华的风采！

唐人神展示着盛世的辉煌，

盛世的辉煌！

唐人神哟中国神，

明天更加辉煌！

更加辉煌！

爱孩子，就让 Ta 吃香乡猪 · 生态肉

从有肉吃到吃品牌肉再到吃生态肉无抗肉，这是人们生活水平持续提高的必然之路。打造香乡猪生态无抗肉的高端生鲜品牌，是唐人神未来的品牌之路。

在巍巍井冈山罗霄山脉脚下的香乡猪生态牧场，一栋栋山地楼房智能养殖中心蔚为壮观，这里层林叠翠、鸟语花香、山清水秀、生态健康。“自然好环境，自养好猪肉”。香乡猪比黑猪肉更嫩，比白猪肉更香。把两种生猪的优质基因进行生物育种结合，通过生物饲料饲喂，打造出唐人神“香乡猪”高端品牌。

香乡猪生态牧场，环境优雅，恒温恒湿，香乡猪吃酸奶，喝山泉，听音乐，住别墅。比如，生态牧场的“互联网 + 温度湿度移动管理”，很多五星级宾馆都无法做到。在这里，我们通过手机就能轻松实时查看猪舍温度和湿度，提醒饲养管理人员及时干预，这是智慧猪场的“无线温湿度监控”。

2024 年 12 月 18 日，“爱孩子就给 Ta 吃香乡猪 · 生态肉”品牌发布会召开。有国家级的保险公司中国人保品质承保，有业内技术权威院士团队的技术加持，30 年，30 亿元精心打造的“香乡猪 · 生态肉”为品牌生鲜的消费拉开了新的序幕。

2025 年 2 月 28 日，首家香乡猪 · 生态肉线下体验店开业。猪肉肉质细嫩，风味醇厚，梅肉、五花等部位更有丰富的肌内脂肪含量，比黑猪肉更嫩，比白猪肉更香。体验店内产品丰富多样，还有香乡猪 · 生态肉打造的手工香肠、五花肉、梅菜扣肉等精装产品，精准契合品质消费者对于营养及口味的多元化需求。

2025年3月7日，“投资策略私享交流会暨香乡猪品鉴会”召开，诸多金融界重要客户亲身体验香乡猪的品质，感受“从农场到餐桌”的生态美味。

以全产业链保驾护航，从罗霄山脉的生态牧场出发，香乡猪来了，带着青山绿水的花香，带着云雾清泉的纯净。香乡猪来了，来到城市灯火，来到品质消费的万家餐桌，来到品牌生鲜的新时代。

首家香乡猪 · 生态肉线下体验店

稳健节奏创利润

先用小机组打个样

创业之初，许多人都认定饲料厂开业之际就是亏损之时。当时的农村，千家万户都是用米糠、潲水、红薯叶等喂猪，很少有人买商品饲料喂猪。

如何打破“开业之际就是亏损之时”这个魔咒呢？

其间，我带人前往瑞士学习了一个月，明白了经营的两个关键是技术和管理。技术就是把产品做好，管理就是要懂客户从而做好市场，而把内部员工队伍管理好也是为了服务好市场。

我想到国家在改革开放初期先是设立了特区，就是先行先试，一来可以学习，二来可以先尝试。于是我在办公室旁边养了50头猪，在戴家岭山下，按照中国农业科学院教授的配方，自己买来玉米、老糠、豆粕、鱼粉等，又花一万元买了一台小机组，进行粉碎混合。一边自己来喂猪试验，一边卖给周边的养殖户试喂，这样就先做出了产品。在管理方面，我们把目标市场定在了离株洲最近的浏阳市场，因为当时浏阳缺乏能量饲料，正好需要这样的全价配合饲料。

这样边试边卖，居然一炮打响。

通过小机组试验，我们打造了产品，培育了客户，积累了经验，当月就实现了盈利。1987年饲料供不应求，我们又添置了一台小机组，实现了一万吨的销售，当年盈利过百万元。

小机组的意义很大，使我们提前进行了采购、生产、质量、管理等各环节的试运行和团队磨合，不断提升改善配方技术，锤炼了产品，培育了客户，这样就能在新厂大机组生产线投产之日，迅速把市场做起来，实现当期盈利。

后来在肉品、养猪等产业子公司扩张的策略中，我都用到这个思维逻辑，就是先试点，先示范，再推广。这是比较稳健，确保盈利的好方法，也算是我们玩得强，40 年不亏损的秘诀之一吧。

先做好香肠腊肉

啥都做啥都卖，结果啥都不赚钱，还不如先专心做好一个能赚钱的产品，再一步步来。这也是我琢磨出来的稳健经营策略。1995 年兼并株洲肉联厂之时，肉联厂有生鲜、冻肉、香肠腊肉、罐头等产品线，都是亏损的。我便下定决心，先专注做好一个品类。经过分析，我始终觉得香肠腊肉等传统的腌腊制品应该有钱赚，毕竟传承了几千年，怎么会亏钱呢?

“为什么我们做香肠是亏损的，市面上的香肠也都亏损吗?”我问工厂的老师傅。

“个体户的香肠每斤 7 元，肉联厂的每斤 9 元，卖不动，就算卖得动，这个价也是亏!”老师傅叹着气回答。

老师傅的话提醒了我，我来到批发市场，各种烟熏火烤的香肠腊肉真假掺杂，就是比谁价格低。个体小作坊用各种低劣原料，甚至病死猪肉做成腌腊制品，可谓“价格无底线，品质无底线”。

如果走比价格的路线是走不通的，亏死也拼不赢低价的劣质产品。我们必须定位中高端，走高质高价的品牌路线。

我问遍了身边的朋友才明白，对于腌腊制品，大家首先关注的是食品安全。于是，我们取了“唐人神”的名字，创意了“花一样”的名字，选定了香肠腊制品这个传统风味品类进行深耕，用鲜肉做好香肠腊肉。唐人神香肠定价每斤 14 元，差不多比批发市场个体户的贵一倍。我们推出了“香肠香喷喷，我要唐人神”的系列广告和品牌宣传活动，广大市民一下子就喜欢上了唐人神香肠，认为它安全放心，营养美味，更是孩子的餐桌佳肴。在湖南，一代人的童年都是伴随着唐人神香肠的香甜美味记忆。

先把香肠腊肉做强，做出品牌，做出市场，做出利润，再一步步做宽做大，稳扎稳打，节奏稳健，这成为我一贯的坚持。

在肉类产品的开发方面，我们也有过“失败的尝试”，比如西式肉品和休闲食品，就是受挫的案例。在西式肉品的开发中，研发人员和市场人员为了尽快占有市场，走了低价路线。南方市场的西式肉品消费本来就不如北方，西式火腿肠等产品的巨头企业都是北方公司，走低价路线不仅没有抢夺到市场，还造成持续经营亏损，最终投资较大的西式肉品生产线宣告失败。在休闲食品方面，我们误判年轻人喜欢开袋即食的便宜单品，走了低端休闲食品路线，无果而终。此后，我们进行产品线的聚焦回归，确立

唐人神中式风味制品

了“中式风味制品、礼盒、预制食材、品牌生鲜”四大肉类产品线。

先育种再到规模养猪

在养殖上，我们稳健前行，实施了三步走策略，即“育种—自养育肥—以‘公司 + 农户’为主，‘自建自养’为辅的数字化规模养殖”这三步。1996 年兼并株洲种猪场后，我们首先从“投入小、风险小、规模小”的育种环节开始养猪，帮助农民进行品种改良，提升养殖效益。

2014 年，在美神育种基本稳定之后，我们开始探索“规模养殖”，也就是“育肥”。2015 年，唐人神收购湖南龙华农牧 90% 股权。这意味着唐人神强化了生猪养殖基地建设，直接控制养殖终端，更能确保肉品安全。龙华农牧养殖基地位于罗霄山脉脚下的茶陵县，当时已具备 12 万头商品猪的生产能力，其“自育自繁自养规模集约化”的经营模式，能对生产各环节进行全过程控制。

2016 年，全国养猪行业发生了重大改变，越来越多的大企业加入专业化养猪的队伍中来。这时，唐人神确立了“育肥为主，育种为辅”的养殖战略规划，随后投入巨资建成香乡猪生态牧场，香乡猪品牌高端养殖与集团“公司 + 农户”及自建猪场的规模养殖开始并驾齐驱。

公司化规模养殖主要有两种模式：“自建自养”和“公司 + 农户”。经过一段时间的探索，公司进一步确立了以“公司 + 农户”为主，“自建自养”为辅的数字化规模养殖战略。至此，公司养殖产业三步走的战略发展完成落地。这样的养殖产业节奏，避免了公司在猪价周期的“寒冬”中出现大的危机，同时在前期积累了相当丰富的养殖经验，为“公司 + 农户”的管理输出、技术输出、种苗输出奠定了产业基础，保障了公司在养殖领域盈利的持续增长。

产品科技创利润

口口乳生物饲料的营养科技

养殖户都知道，母猪和小猪的饲养最有难度。

小猪的肠道很脆弱，对营养要求又很高。集团饲料产业科研攻关团队多年来在基础理论、应用技术、工艺革新、原料萃取、配方科技、梯度试验等方面开展产品攻关，成功研制了唐人神口口乳生物饲料。其营养高科技表现在以下三个方面：

- 创新性。一是改传统固体饲料为液体生物饲料；二是在液体生物饲料中既保证了高营养成分，又保证了营养物质高消化率，解决了小猪对营养的需求与高营养容易导致小猪腹泻的矛盾。
- 技术突破。口口乳融合了微生物发酵技术以及乳酸菌、芽孢杆菌、酵母菌等多种益生菌的复合发酵体系，分解原料中的抗营养因子（如植酸、非淀粉多糖），提高蛋白质和纤维的消化率。在工艺革新方面，通过控制温度、湿度、pH 值及发酵时间，优化微生物代谢路径，生成有机酸（如乳酸、乙酸）、寡肽、酶类等活性物质，增强饲料功能性。在营养技术调控方面，口口乳通过精准配比氨基酸、维生素及矿物质，平衡饲料营养，同时应用了近红外光谱（NIRS）等快速检测技术优化配方，从而实现肠道菌群平衡调节，增强免疫力，抑制病原菌（如大肠杆菌），减少腹泻等疾病，极大提高饲料转化率。另外，发酵产生的芳香物质改善适口性，增加采食量，对猪产生了天然的诱食效果。

- 应用效果。口口乳采用发酵技术、酶解技术、发芽技术等，使得产品具有提高断奶采食量、减少断奶应激、促进肠道健康、提高仔猪成活率四大功能。在经济效益方面，口口乳成本低，还能大幅度降低料肉比，提高成活率，增加母猪产仔数。

育肥养殖过程中，口口乳的全程饲喂能显著改善肉质，提高肌间脂肪指标，优化口感，使得肥猪身体健康，肉质鲜美。唐人神香乡猪就是全程饲喂了口口乳生物饲料。

口口乳凭借技术创新在补奶增重、教槽伴侣、救护弱仔等多场景应用中表现优异，获得了国家发明专利（专利申请号：201810023036X），受到了专业规模猪场的喜爱，也为企业带来了可观的利润。

湘式预制食材的“美味”科技

2025 年 4 月 10 日，唐人神预制食材的新一代当家产品——鲍花肉酥新品发布会隆重举行，来自全国的 200 多位预制食材客商对该产品给予了高度赞扬。鲍花肉酥具有以下特点：

- 原料保障品质。唐人神湘式高品质预制食材均选择香乡猪高端猪肉原料，产业链保障安全，生态牧场智能养殖确保肉质鲜嫩弹润，营养丰富。
- 工艺保障美味。唐人神鲍花肉酥工艺突破传统裹浆技术，肉浆配比达到 7∶3，实现了油炸品的黄金肉浆比，使酥肉在复热后仍能保持外脆内弹的独特口感，破解了预制酥肉口感油腻、裹浆厚和二次加工易软塌的行业难题，吃起来肉感爆弹，焦香四溢，每一口都是满满的幸福感。

- 技术升级体验。鲍花肉酥融合了多种先进技术，满足了家庭聚会、朋友小聚、休闲时光等多元场景需求。其粒型尺寸精确到了 7mm × 6.5mm，独特的鲍花龙鳞外观优美，受到年轻消费者追捧。

2021 年 2 月，投资 1.5 亿元，建筑面积近 8 000 平方米的唐人神预制食材专业生产线正式投产，年设计产能 5 万吨。2025 年，唐人神营养肉丸研制成功。用香乡猪鲜肉为原料，不添加任何防腐剂，采用 –32℃冷冻锁鲜技术，由肉蛋白、鱼蛋白、蛋蛋白、豆蛋白四种蛋白科学配比的营养肉丸是香乡猪高端预制食材，打造了香乡猪高端湘式预制食材“八大碗”：香乡猪营养肉丸汤、香乡猪营养肉饼、香乡猪营养肉肠、香乡猪红烧肉、香乡猪红烧营养肉丸、香乡猪梅菜扣肉、唐人神鲍花肉酥、金汤酸菜鱼。

美味又营养，我爱香乡猪。

数字化养猪的智能科技

唐人神的香乡猪生态牧场，是结合立体化养殖、智能化管理和生态化设计的行业科技创新：

- 山地楼房猪舍。采用立体多层设计结构，通过电梯、智能传送带实现猪只、饲料、粪污的垂直运输，单栋存栏可达 1 万头以上，土地利用率提升 3 ~ 5 倍。

- “人猪物”数字化在线。养殖中心的人、猪、物实时数字化在线，即生猪的饲料、排泄、体温、呼吸，包括猪群精神健康状况等感官和生理指标都能通过猪场传感机器人智能终端设备转为数字信号；与此同时，生猪的尿液检测、血液检测等理化检验指标也将数字化在线。人的业绩指标如生产成本、生产业绩等，以及温度、湿度等各种现场环境及物料消耗指标都能实时传输到智能运营平台中心（IOC），从而进行管理运营和决策优化。
- 智能化管理运营。当“人猪物”数据实时在线传输到IOC后，AI和线下管理相结合，共同提升生猪管理效率，降低养殖成本，提升生产业绩，包括环境智能控制；智能终端+AI算法识别猪只进食、体温、排泄异常，早期预警疾病（如咳嗽检测准确率超90%）；自动喂料系统按生长阶段精准投喂（节省饲料5%~8%）；机器人巡检替代30%以上人工，降低人猪接触带来的生物安全风险等。

智能养殖的科技含量为规模养殖带来利润保障，从而实现更低的养殖成本和更好的养殖业绩。

“产品+服务”超群创利润

好产品融合好服务创价值

在饲料、肉品实施“以客户为中心，以‘产品+服务’超群为抓手，为客户创价值，公司量利增长”的业务发展战略中，“产品 + 服务”超群为客户创价值、为公司创量利的策略是提升公司盈利能力的关键举措。打造无与伦比、无可挑剔的产品，服务创造客户惊喜就是“产品 + 服务”的朴素内涵。

“产品 + 服务”一体融合，为客户创造更大、更新的价值，不单是指产品的打造，更是把服务与产品融合，产品为载体，服务是灵魂。产品有形，服务无形，两者如同硬件与软件，不可分割。这也是“不创价值不卖肉，不创价值不卖料”的具体落地践行。我们卖料卖肉，都是帮客户赚钱，客户能赚钱，公司才能持续实现量利增长。客户花钱买了产品，但内心感觉离不开服务，这样的价值才能真正把客户紧紧地凝聚在我们的身边，不是竞争对手靠促销降价就能拉跑的。

针对猪场大客户的饲料营销，主要是通过“铁三角”为猪场大客户提供全套的防疫服务、营养套餐服务、融资贷款资金服务等，这就是“产品 + 服务”为客户创造价值的良好开端。

在公司畜禽饲料的“产品 + 服务”超群的实施内容中，包括产品为客户创价值方案（产品个性化定制），养殖成本降低创价值方案，饲养管理、防疫及人员培训服务创价值方案，资金融资创价值方案，数字化技术应用创价值方案，还有精准营养、精益管理、精细防控的“三精”服务等。

肉品推行“产品工程师 + 烹饪工程师”，为客户提供美食的烹饪服务，帮助客户打开市场，提升客流，从而将“产品 + 服务”高度融合，包括产品个性化定制，产品工程师与烹饪工程师为 B 端和 C 端客户创价值，通过直播、短视频等形式为 C 端客户提供产品烹饪价值服务，提供营销铁三角创价值方案、金融资源整合创价值方案、数字化技术应用创价值方案、标杆示范打造方案等。

会议价值营销显威力

在饲料板块，会议价值营销的背景就是以今天的专业养殖和规模养殖需要“料肉比 + 钱肉比”为核心的，包含疫病防治、金融支持、营养方案、驻场服务等一揽子的养殖价值承诺，“不创价值不卖料”，通过会议的形式，让客户认识到唐人神饲料“产品 + 服务”的综合价值。

在肉品板块，会议价值营销是贯彻科学营销“洞察、创造、沟通、交付”八字方针的组织形式，“不创价值不卖肉”，卖产品的同时还卖服务，更卖场景体验。

在养殖板块，会议价值营销推动“规模养殖 + 高端养殖”两条腿走路，“不创价值不卖猪”，唐人神香乡猪高端品牌生鲜，为中高端消费者提供安全放心、无抗生态的美味肉品。

会议价值营销是产品转型、服务转型提升公司竞争力的重要举措，是推进“9421”销售漏斗[①]增加客户的重要手段，是我们大客户转型提升客户价值、公司量利增长和增加奋斗者收入的重要途径。

成功开展会议价值营销，有“五个明确”是需要提前清楚的：

- 明确我们的顾客是谁。
- 明确为顾客创造的主打产品是什么。

---

① “9421”销售漏斗：客户从对产品完全陌生到真正购买会经历几个关键阶段，这些阶段按照顺序排列组成如漏斗一样的通道，从宽到窄，越到后面客户越少，但客户成交意愿越来越高，最终达成交易。“9”代表潜在客户，“4”代表感兴趣的客户，“2”代表准备成交的客户，“1”代表成交客户。

- 明确我们策划的会议价值营销定位的顾客（没买过的）、客户（买过东西的）、用户（持续购买的），以及他们的痛点是什么，他们对内容与形式有无兴趣，是否能解决他们的痛点并增加其对品牌的黏性。
- 明确会议价值营销的投入与产出模式。
- 明确会议价值营销的内容与推进流程，具体包括背景与目标、参会对象、形式与内容、召开流程与清单、预算投入与产出，以及会后的督导推进与改善。

价值营销中的利益分配

创业之初，我不知道生态链的概念。有段时间，销售队伍很努力，在株洲近郊乡镇赶集的日子里，组织人员拖着饲料在镇上现场叫卖，还给养殖户各种优惠。没想到，价格差异让附近原有的经销商十分不满，纷纷发来投诉。

了解情况后，我没有批评销售经理，而是自己思考了一番。一包饲料从工厂到养殖户家中，整个过程有公司、经销商、业务员、养殖户四个环节，而每个环节都需要合理的利润。

养殖户用公司的产品，肯定是因为产品本身质量好，养殖有效益，猪吃了长得好、长得快。想要经销商有积极性，该怎么办呢？我想到办招商会，把经销商请来，参观商谈，划分区域，约法三章，奖罚分明，同时帮助经销商做宣传、做促销，赋能经销商做大。而业务员则负责服务各自的经销商，在自己的区域精耕细作，收获奖金。

1998 年，我们实施了服务营销战略，大获成功。服务营销的成功是产品技术与营销管理的完美结合，更是“利益分配构建生态链”的成功实践。我们在设计服务营销的价值链分配时，对公司、经销商、服务营销人员（内部员工）、终端养殖户的各生态链环节利益进行了综合考虑。

金骆驼800系列等高端浓缩饲料“高质高价”的产品组合，品质超群，毛利率也高，服务营销人员可获得的奖励提成比例最高；终端养殖户也喜欢，愿意掏现钱背起“骆驼”就走。公司在定价之初就给经销商留足了利润空间，甚至比对手的低端饲料经销利润更高。我们向经销商承诺：现款提货，卖不动算利息。但销售的火热场景，彻底打消了经销商的顾虑，优质的经销商纷纷加入骆驼牌饲料的经销渠道，并采用现款现货的方式。

至此，终端养殖户靠科技养殖致富，获得了价值；渠道经销商生意好有利润，获得了价值；服务营销人员有奖励提成，获得了价值；公司迎来了现款现货模式，解决了应收账款的困局，同时销售高质高价的产品也为公司带来了可观的利润。

轻资产运作创利润

我们在饲料产业对外扩张、快速做大规模的过程中，走了一条租赁办厂的低成本扩张道路，实现了很好的利润回报。有的租赁厂子公司，一年的租金只要几万元，却能带来近千万元的经营利润。2000年，唐人神实现了过亿元的利润。几年时间，低成本扩张的轻资产运作为集团积累了丰厚的利润，也为后续的发展扩张打下了坚实的基础。

在增强盈利能力方面，我始终告诫自己不可贪大求快、好大喜功，决不盲目购地建设新厂而使债台高筑。我们也不要虚荣和面子，果断关闭经营亏损并难以改善的租赁厂。在低成本“跑马圈地”扩张之初，我们也曾有过简单求快的做法，盲求快速上量，只要有闲置的老旧饲料厂就想找机会合作，调研和风险评估做得不细致。但我们及时发现了问题，果断止损。我们先后关闭了在辽宁朝阳、河北石家庄、广西百色、广西柳州、重庆合川等地的租赁厂。

租赁办厂，以低成本扩张的轻资产运作不能图快。如果经营得好，再考虑在这个市场投资建设新厂，这样已经有了市场和品牌基础，有了生存发展的土壤，投资失败的概率就会降低。如果租赁期间经营不善，那就果断撤退，因为租金低和初始的改造投入很少，损失就会很小。

在养殖方面，轻资产运作强盈利的主要途径是“公司 + 农户”养猪模式的实施。2015 年，我们开始了规模育肥养殖的大投入大发展。这个时候，唐人神已经上市，具备一定的资金实力。我们一方面投资自建猪场，另一方面创新了模式，实施“公司 + 农户”的轻资产模式，充分利用唐人神资源，在快速做大规模的同时，做出利润。

2016 年 2 月，唐人神决定，同意旗下子公司株洲美神以“公司 + 农户（家庭农场）”的轻资产模式发力养殖端，同时成立养殖产业发展部组织机构，推进“公司 + 农户”养猪模式的普及。

“公司 + 农户”养猪模式是一种农业产业化合作模式，通过整合企业的资源和农户的劳动力，实现规模化、标准化养殖。一般来说，这种模式是由养殖公司提供生产资料（母猪、小猪、饲料、动保兽药等）和管理技术，农户负责养殖（农户自有或自建猪舍），农户基本没有风险，成为“养殖工人”，生猪的收购价格（固定价或浮动价）、利润分配（保底收益 + 分成）、保险机制及违约条款都会事先约定。

在猪舍的建设中，公司提供标准化设计图纸，还会对建设进行资助或提供低息贷款，而农户须符合环保要求（如粪污处理设施）。农户虽依赖公司供应链，但可降低采购风险。农户负责日常投喂、清洁、疫病监测（如非洲猪瘟防控），须按公司规范操作。这种模式的优势是资源整合，企业发挥资金、技术优势，农户则利用闲置土地和劳动力，实施养殖的标准化作业：通过SOP（标准操作流程）确保猪肉质量，提升品牌溢价。

更重要的是，这种轻资产养猪模式省去了公司自建猪场的大笔投入和过程消耗，充分发挥了农户的养殖积极性和责任心，从而达到双赢的局面。

管理创利润

把钱花在经营的刀刃上

2000年，唐人神集团成立的时候，我们想在古大桥建一栋两层楼的新总部办公楼，但缺少现金。那个时候，主要的资金都用来“跑马圈地”，支持子公司在全国扩张。因为我认为要把有限的资金用在经营上，把钱花在刀刃上。当时，新建驻马店湘大需要大量资金，我没有犹豫，把公司账上的本来是要用来建新总部办公楼的钱直接投入新建驻马店湘大。那段时间，扩张速度快，资金周转不畅，古大桥新总部办公楼停停建建，前后花了两年多时间。而我们追求的是事业，不是建楼，虽然那栋楼的建设慢了，但公司的扩张和发展快了。

2000 年，第一个外办子公司河南驻马店湘大开业

建子公司可以创造利润，而建办公楼只能让公司形象好一些。当然，后来公司有实力了，把总部建设得很美，这是形象需要，也是体验营销的需要。不过我始终量力而行，把钱花在该花的地方，花在能创造价值的地方。

后来这也成为唐人神的成本观：好东西、低成本是管理的真功夫！不该花的钱一分也不花，该花的钱一定要舍得花，要花到位；规模降成本、管理降成本、技术降成本是降低成本的三大法宝。

分配创新赢来“高收入 + 低成本”

“公司 + 农户”养猪模式业绩亮眼，养猪生产成本持续降低，健康指标持续向好。

首先是分配机制的创新变革和管理优化。分配机制改变后，所有干部和员工的个人收入与业绩强相关，基本工资在员工收入占比中不到一半。也就是说，一半以上的收入来自业绩改善和业绩增长带来的奖金。改革之后，优秀养殖工人的月收入大幅度增加。人员的收入增长了，养殖的整体人工成本却大幅下降了，使公司的经营利润大大提升。

与此同时，养殖事业部打造干部员工过硬的工作作风：所有人的收入高低全部取决于经营单元的成绩表达。管理干部以身作则，率先垂范，杜绝陋习，禁牌禁酒，无条件执行子公司下发的规则流程清单，对标行业优秀指标并努力超越，不断挑战高目标，公司上下同心，力出一孔，利出一孔。

在分配机制创新改革，打造过硬的工作作风过程中，养殖事业部遵照公司的统一部署，构建养殖板块健康防疫技术统一平台，赋能员工的业绩增长。技术方案统一制定、输出，包括标准统一、流程清单统一、用药规则统一，由此实现了现场管理到位，生产线、子公司、服务部负责严格运营执行到位。

分配创新后，事业部的员工队伍面貌一新，他们严格按照公司统一的规则流程清单，把猪当“人”看，真正像关心小孩一样关心小猪，业绩以肉眼可见的速度增长，这就是管理创利润的魔力所在。

流程再造为高效管理护航

有一个关于流程不到位的笑话。看到长颈鹿从动物园跑出，动物管理员拼命加高栏杆，但是由于缺乏对长颈鹿跑出来的原因的检查及防范流程，长颈鹿还是跑了出来，于是管理员只能继续加高栏杆。看到管理员的举动后，长颈鹿笑话道：“他们何时才能知道，我们跑出去是因为门没关。”

把能力建在流程上，把权力建在组织上，这是流程再造为高效管理护航的内涵所在。

我们有一款销量很好的高端腊肉产品，选用了上好的五花肉做原料。后来由于原料紧张，产品被擅自改了原料，结果造成客户的投诉和抱怨。我们在复盘检查中发现，原因在于原料的采购、入库、出库、质检等环节缺乏流程管控。

由此，我们开始了流程再造的工作。管理创利润的核心内容就包括流程再造，通过流程再造保障品质，降低成本，控制损耗。流程再造后，公司规范了腊肉的原料选用和入库标准，不是哪个人可以随便更改的。只有流程规范了，违反规定的原料采购行为才无法实施，无法进入下一个流程环节，这就从管理上杜绝了类似问题的再发生。

规范了流程之后，再规范权利和责任，就形成了“能力建在流程上，权力建在组织上”的管理局面。管理效果和管理效率随之大大改善和优化。

在养猪业务中，我们过去只知道SOP，即某项具体工作的操作方法，比如高效配种法，难以形成专业能力的复制、延续和全面覆盖。后来进行流程再造，对每一阶段的流程进行再造、优化、固化、数字化，从而实现了好的流程固化，坏的流程淘汰优化。

懂得流程，再造流程后，长颈鹿再也不会“笑话”我们了。

第三章

靠什么玩得久

据统计，中国民营企业的平均寿命为 3.7 年，中小民营企业的平均寿命为 2.5 年。唐人神走过了 40 年历程，靠什么玩得久？树立长期主义价值观，以客户为中心，以奋斗者为本，持续为客户创造新的价值，这是立企之本。战略上专注生猪全产业链，笃守诚信；战术上勤学思变，与时俱进，这是经营长久的法宝。以高球的游戏心态来玩事业，把高球游戏当事业来做，与“飞迪”的高人在一起，步履稳健，张弛有度，才能玩得久，玩得快乐。将创始人的企业家精神融入科学的组织体系之中，坚守中庸之道，赓续传承，唐人神人在数字化农牧企业的未来大道上还将奋勇前行。

坚守长期主义价值观

关于文化价值杠杆的思考

在多年的管理实践中，唐人神找到了撬动企业快速发展的力量支点，那就是“唐人神文化”，我们建立了与众不同的“企业文化—价值杠杆”论。

在日常生活中，我们都有一个基本的经验常识：想要撬动一个沉重的物品时，需要先设置一个支点，再找一根棍子，然后用力撬动即可实现，这就是著名的杠杆原理。

杠杆原理有几个要素：一是有一个支点，二是有一根结实的杠杆（力臂），三是杠杆的受力方向。

同样地，经营企业就好像在撬动一个物体：一要有一个好的文化作支点（大家心往一处想，有共同的价值取向）；二要有一套

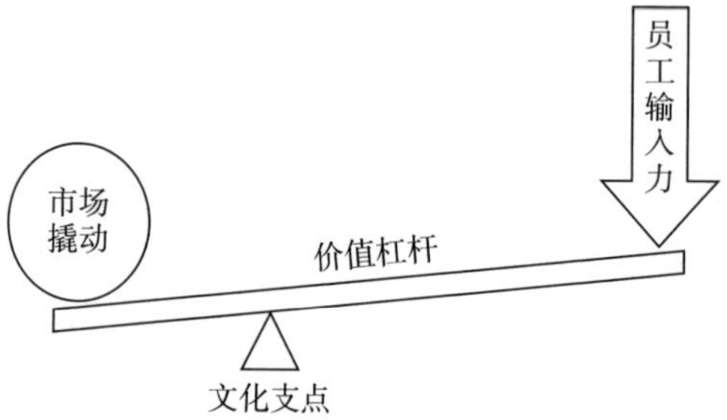

文化价值杠杆示意图

科学的价值评价与分配体系作为结实的价值杠杆（不发生弯曲和折断）；三要员工协同工作（力朝一个方向使），力出一孔；四要设法使文化支点前移，这样企业的经营业绩就能大幅度攀升。

所谓文化支点，就是建立共同的思维理念、共同的行为准则，去达到共同的理想目标的企业文化。

所谓价值杠杆，就是建立一套科学的价值评价与分配体系。薪资、奖金、股权、荣誉、福利、晋升、培训、机会等奖励因素构成了价值杠杆，其中有物质的，也有精神的。

所谓员工协同工作，就是一旦有了共同的文化理念（文化支点），又有了激励员工努力的价值取向（价值杠杆），员工就会同心协力，共同努力工作（输入力最大），从而产生较大的市场推动力，撬动企业快速发展这块巨石。

唐人神企业文化是由最初的骆驼精神发展而来的，我们从建厂之初开始就注重企业文化建设，经过多年的建设和完善，形成了现在独特的唐人神企业文化，如“责任、成果、社会”的唐人神长期主义价值观，“致力农家富裕，打造绿色食品，创造美好生活”的唐人神使命，“义利相溶，养义生利”的经营哲学，等等。

科学评价价值是合理分配价值的前提。我们从工作业绩、工作能力、工作态度三个方面进行考核，并将指标按不同的权重进行分配。通过科学评价，令收入增长源自业绩增长，干好的给面子，给票子，给位子，干不好或干坏的要丢面子，丢票子，丢位子。通过合理分配价值，能够充分调动员工的积极性、主动性、创造性，让员工的潜能得到最大发挥，从而涌现出更多的“三有”（有愿力、有成果、有接班人）干部和“三想”（想做事、想进步、想赚钱）员工。

“企业文化—价值杠杆”论是我们在企业不断变化的环境中，

探索出的一种新的管理模式，在未来数字化的浪潮中，我们将与时俱进，创新完善。

唐人神百年基业的“魂道法术”

2019 年是猪年，也是唐人神创业以来的第三个猪年，面对下一个辛亥猪年，我们制定了未来 12 年的目标规划，正式启动“TRS（唐人神）313 追梦工程”，即用 12 年时间，在唐人神迎来第四个猪年时，要实现销售收入过 1 000 亿元、饲料销量过 1 000 万吨、生猪养殖过 1 000 万头、肉品收入 300 亿元、利润 30 亿元的目标。

2024 年 4 月，唐人神又斥资聘请了国际国内四家顶级咨询机构，正式启动了以“魂道法术”为底层逻辑支撑的 TRS 百年基业经营管理体系建设项目。

TRS 百年基业经营管理体系建设与实践的目标

第一，完成数字化转型，实现 TRS313 追梦工程，跻身农牧企业数智化成功转型前列。

第二，养猪成本管理水平进入行业前三，饲料、肉品综合业绩进入行业前列。

第三，把底层逻辑的“魂”融入业务经营发展之“道”，融入规范流程之“法”，融入具体操作之“术”，筑牢百年基业长青的“底座”。

TRS 百年基业经营管理体系底层内涵

魂：

第一，坚持以低成本生产为中心（养殖），坚持以客户为中心（饲料、肉品）。

第二，坚持低成本养殖领先（养殖），坚持“产品+服务”超群（饲料、肉品）。

第三，坚持以奋斗者为本。

第四，坚持不奋斗就退位。

第五，坚持讲自己敢担当。

第六，坚持人间正道。

道：

第一，未来发展之道。聚焦生猪全产业链经营主航道，坚守“致力农家富裕，打造绿色食品，创造美好生活”未来长期发展之道。

第二，业务发展之道。饲料、肉品坚持以客户为中心，以“产品+服务”为抓手，为客户创价值，探索公司量利增长的业务发展之道。养殖坚持以低成本生产为中心，以“人猪物”为抓手，实现低成本养猪领先的业务发展之道。

第三，人才发展之道。坚持以奋斗者为本的人才发展之道，即坚持以奋斗者“高目标、高效率、高收入”为先导来达成公司“高增长、低成本、高回报”的人才发展之道。

法：

第一，做人。

坚持“厚德博学，行胜于言”，爱客户、爱员工、爱公司、爱产品（爱养猪）、爱社会，不做假，不损害公司利益。

坚持不让“三有”干部和“三想”员工类的奋斗者吃亏。

坚持“四讲四不讲”的原则，讲自己敢担当，不虚报数据。

坚守《干部行为十不准》和《员工奖励条例》。

第二，做事。

坚持为客户创价值，为公司创利润，为员工创收入，持续开展管理与科技创新。

坚持以规章制度来规范管理，以流程与清单来执行任何操作。

坚持数字化“人猪物”（养殖）、“人货场”（饲料、肉品）全面上线，以批次生产数据核算“生产成绩表”、“健康损益表”和“生产成本表”（养殖），核算明白“销量增量表”、“成本效率表”和“利润增长表”（饲料、肉品）。

坚持用规则与流程和数字化来完成“信息流、资金流、人事流、质量流（疫病防控流）”的安全风控管理。

第三，做事业。

坚持合法经营，照章纳税，不掺杂使假，不坑害客户。

坚持品质超群，健康养猪，不隐瞒疫情，不以次充好。

坚持长期主义，不搞短期行为。

坚持与合作伙伴实现生态发展合作共赢。

术：

这里讲的术包括战略落地、经营策略、项目推进、流程再造、清单管理、唐人家[①]数智化运营改善、考核推进等具体举措及操作。

践行长期主义价值观

过去，我们把长期主义价值观定位为“爱、信任、承诺”，很好听，很好记，但是比较“虚”，难以践行落地。

2024 年 9 月，我到美国西点军校考察。西点培养出了两位美国总统、4 000 多位将军、1 000 多名世界 500 强企业董事长，其校

① 唐人家：唐人神集团的数智化管理运营平台，包括内部员工使用的管理驾驶舱、工作台、e 学堂线上培训、心声社区等内容，以及外部客户使用的会员营销系统等。

训是“责任、荣誉、国家”。把“责任”排在第一，我很震惊！按照我们的理解，应该是国家、荣誉排在前面才对啊。于是，我特意向军校的教务主任当面请教，他回答说：“在我们的心里，肯定是国家永远排在首位，但是在实践管理操作中，如果一个人连责任担当都没有，还何谈荣誉和国家呢？”我恍然大悟。

于是，我想到要重塑TRS长期主义价值观。经过一段时间的酝酿和集团中高管的反复研讨，我们重塑并提炼了新的TRS长期主义价值观，那就是：责任、成果、社会。

TRS / 长 / 期 / 主 / 义 / 价 / 值 / 观

责任：敢担责任，善于合作，客户价值

成果：产品超群，多打粮食，肥沃土地

社会：公司发展，回报社会，与时俱进

“责任”的内涵

敢担责任：责任胜过能力。责任本身就是能力之一。敢担责任，在养殖板块就要敢于挑战极限的低成本养殖真功夫；在饲料与肉品板块就要敢于对专业规模养殖户做出钱肉比的价值承诺，为B端肉品大客户做好C端服务，打造极致性价比的“产品+服务”。

善于合作：善于合作就是团队作战、流程再造、项目推进，在唐人家数智化平台进行管理驾驶舱的“人、货（猪）、场（物）”的协同，一起为客户创造价值。

客户价值：一切不能为客户创造价值的机构及人员都要撤换；一切不能为客户创造价值的流程都要再造；一切不能为客户创造价值的行为都要蜕变转型，浴火重生。

"成果"的内涵

产品超群：纵观华为、苹果等顶尖企业，无不是产品超群，纵横天下。产品超群就是好东西价不贵，超出客户预期。

我们养殖的产品是生猪。打造健康好吃、极致低成本的超群生猪产品，要坚持围绕低成本养猪开展一切工作，包括健康防疫降成本，生产技术降成本，营养技术降成本，遗传育种降成本，设备环境降成本，增加研发投入降成本，数字化转型降成本，增加奋斗者收入降成本，等等。

饲料、肉品保持产品超群需要坚持研发投入，包括研发投入增加（资金、人员、设备），产品开发迭代升级，基础应用研究和生产工艺改善，等等；还要全面贯彻产品超群的新理念，包括质量是设计研发与原料选择出来的，质量是生产出来的，质量是全面质量管理出来的，质量是产品检验表达出来的，质量是售后服务提升出来的。

我们导入产品集成开发（IPD），创新业务产品经理和技术产品经理工作内容，确定产品客户定位、技术规划、营销规划和盈利规划等内容，以解决为客户创价值及产品量利持续增长的问题。

多打粮食：多打粮食就是用业绩说话。一切工作围绕业绩改善，以对多打粮食的贡献来确定价值评价和利益分配。

肥沃土地：肥沃土地就是建设好组织，包括组织健康、组织活力、组织能力。肥沃土地的关键是管理干部以身作则，率先垂范，严格执行制度规则和流程清单，打造过硬作风，坚守作风红线，力出一孔，利出一孔。

“社会”的内涵

公司发展：公司发展就是量利持续增长，业绩持续改善。

回报社会：唐人神“致力农家富裕，打造绿色食品，创造美好生活”——创造就业，缴纳税款，资助贫苦学子，打造爱心基金，参与支援捐赠，始终回报社会。

与时俱进：今天，面对外部的不确定性，我认为“只有勤学思变，才能基业长青”。2025 年伊始，我们对三大产业导入全面变革，进行组织重塑、流程再造、项目推进、数字化变革，把能力建在流程上，把权力建在组织上，不断提升组织效率和体系竞争力。

以“责任、成果、社会”为核心的 TRS 长期主义价值观，“人无自我天地宽，人间正道是沧桑”“事有信心心常乐，天道酬勤事必成”的做人做事的人生信条，是我们在不确定的市场环境中立于不败之地的核心竞争力，是基业长青的恒久法宝。

以奋斗者为本玩得久

奋斗者诠释唐人神精神

1999 年，我们开始租赁办厂，“跑马圈地”进行低成本全国扩张，当时一个现实的问题是人手不够。我创建了外办子公司管理干部“三人团”：一名总经理全盘负责，一名销售主管市场，一名财务负责内部所有事务对接。株洲总部全面赋能。签订合同后一个月投产开业，包括旧厂生产线恢复调适，证照事务办理，产品上市，渠道招商，服务营销开展，等等。“三人团”决策效率高，指挥协同快，征战市场果敢，让同行赞叹，被誉为“尖兵团”。

“尖兵团”带领唐人神人以“拼命三郎”的奋斗精神在骆驼牌饲料畅销的山山水水、村村落落留下了一段段佳话。唐人神“雷厉风行，负责到底”“不干则罢，干就争第一”的风范，“敬业、自责、自信、创新”的骆驼精神，像星星之火，在广袤的农牧大地上燎原。

那些年，“尖兵团”带领队伍到处作战，你追我赶，朝气蓬勃。有的新婚第三天就奔赴新岗位，有的刚当爸爸就走马上任，有的筹备新厂三过家门而不入，还有一些巾帼英雄，产假没有休完就奔赴外派岗位。很多外派管理干部都是一两个月才回一次家，虽然家中有老人要照顾，有孩子要培育，有家长里短需要操持，但唐人神的这些外派干部的家属都默默承担，默默支持，成为奋斗者坚强的后盾。

后来条件改善了，我们建设了唐人神家园，创建了唐人神爱心基金和教育基金。在每年除夕前两天，公司都会举行唐人神文化艺术节，员工尤其是外派管理干部及其家属一起参加晚会，看看公司一年的发展，为上台领奖的亲人鼓掌，勤勤恳恳工作，快快乐乐玩耍。我们累但快乐着，因为我们都怀抱着一种信念，一份对事业的激情和责任。这就是唐人神精神。

有一次我到德国柏林参加世界肉类大会，一些中外的企业家朋友问：“唐人神”是不是有点“神”？我不敢简单地用“YES”或“NO”来直接回答，沉思片刻，成功与失败历历在目……从“骆驼精神”到“唐人神精神”，多年来积聚的思想能量，像喷泉一样涌了出来：

"唐人神精神"，亮出你自己！

敬业的作风

《把信送给加西亚》的故事很多人都知道，作者写道："我想告诉那些年轻人，他们所需要的不只是学习书本上的理论知识，也不只是掌握某种技能，而是需要加强一种敬业精神，对于上级的托付，立即采取行动，全心全意去完成任务——把信送给加西亚。"

只有敬业的作风，才会产生对事业的忠诚，才会引发对工作的兴趣与热忱。而成功与失败的真正区别，就在于是否有热忱与兴趣。

只要你相信你所做的事情是有意义的，你就能战胜恐惧与疲惫，把事情做得精益求精，至善至美，并坚持下去。

敬业的作风，还表现出一种诚信，一种做事的诚信和做人的诚信。失去敬业心，一心只想快赚钱、赚快钱、赚钱快的浮躁人士，难免会打破诚信的天平。

自责的心态

在瑞士培训学习时，一位瑞士籍华人给我讲了一个有趣的故事。有五个国家，每个国家都有两个人做"交接针"的游戏，两个人在交接一根针时，不小心把针掉在地上。五个国家的人有五种不同的找针方法：德国人做事严谨，把掉针的地方分成很多方格子，然后一个方格子一个方格子地去找，最后把针找到了；法国人非常浪漫，他们凭借灵感，喝着香槟，吹着口哨，愉快地找到了针；美国人性格开放，不拘一格，他们找了一个扫把一扫，就在扫拢在一起的一小堆垃圾中很快找到了针；日本人讲求合作，两个人商量一起找，你从这边找，我从那边找，一下就找到了；还有一个国家的人则不同，首先不是想如何去找针，而是想办法推卸责任，交针的人说："我交给你，你为什么没拿好？"接针的人说："我还没拿好，你为什么就松手了？"结果两个人吵得一塌糊涂。这是一种人性的劣根性，做事相互责怪，相互推诿，应付了事，难以合作，缺乏自觉性，缺乏承担责任的主动性。

而自责的心态是：讲主观不讲客观，讲内因不讲外因，讲领导不讲群众，讲自己不讲别人。这是唐人神走到今天的做事"圣经"。

1998 年初，公司销量逐月下跌，经营状况危机四起。我们审时度势，大胆推出了服务营销发展战略，创新提出逆向渠道营销模式，改变了行业的赊销格局，每月销量以 30%的增幅飙升。

自信的个性

我们开创了湖南肉类深加工的先河，腊味香肠销量在全国名列前茅，结束了湖南无品牌肉的历史！我们把单一饲料产业通过低成本扩张，成功地打造成"饲料、养殖、肉品"生猪全产业链经营格局。我们创建了"骆驼"和"唐人神"两个国内驰名商标，开创了山地楼房智能养猪的世界先河，打造了香乡猪高端养殖品牌。

是自信与希望支撑着我们的一切！即使遇到天大的困难，我们也将勇往直前，永不言败。"把一切困难都看成是挑战，而不是头痛。"我们宁可不自量，也不可不自信，我们"在黑暗中永不怀疑自己在光明中看见的东西"！因为有梦，所以奋斗；因为相信，所以坚持。

创新的追求

成功没有永恒的答案，成功也永远是相对的，是发展历程中的一个"定格"。因此，保持和拥有创新，将是唐人神做大做强的灵魂所在。

“世上本无路，走的人多了就成为路。”音乐家只用1~7个音符就可以创造出催人泪下和震撼人心的乐章，这难道不都是创新的结果吗？

创新不是标新立异，不是搞花架子，创新是创造更高的客户价值，带来更高的公司量利增长，让奋斗者收入增加。

视过去的成功为今天发展的障碍，永远保持与时俱进的精神状态，是我们创新的不竭动力。

2000年世纪之交，唐人神开启二次创业的新征程。在迎接新世纪、新千年的唐人神干部员工大会上，回望近15年的创业历程，看到会议现场唐人神伙伴一张张充满朝气、充满斗志、充满憧憬的脸庞，我感慨万千。是啊，岁月可以爬上我们的肌肤，创新可以淹没我们的过去，而与时俱进的唐人神精神却永远是我们“致力农家富裕，打造绿色食品，创造美好生活”的不竭动力和精神信仰。一股激情涌上心头，在会议的宣誓现场，我有感而发，写下了《唐人神之歌》。歌词经著名作曲家白诚仁老师谱曲，成为一首铿锵有力、意气风发的战斗序曲，随着唐人神司旗的一次次升起，《唐人神之歌》嘹亮唱响。

唐/人/神/之/歌

我们唐人神，是新世纪的创业人，敬业、自责、自信、创新是我们的精神。我们唐人神，是新世纪的创业人，不干则罢干就争第一，是我们的座右铭。饲料一枝花，骆驼富万家，唐人美食香，我爱唐人神，我们的品牌，我们的骄傲，农业产业化，我们的憧憬，我们是学习、竞争、超越的唐人神，我们是学习、竞争、超越的唐人神。嘿！我们是唐人神。

我们唐人神，是新世纪的创业人，雷厉风行，负责到底，是我们的作风。我们唐人神，是新世纪的创业人，“义利相溶，养义生利”为我们指光明。饲料一枝花，骆驼富万家，唐人美食香，我爱唐人神，我们的品牌，我们的骄傲，农业产业化，我们的憧憬，我们是学习、竞争、超越的唐人神，我们是学习、竞争、超越的唐人神。嘿！我们是唐人神。

养猪人的除夕夜

养猪人的生活枯燥乏味。养猪场分为内场和外场，内场就是猪场的核心生产区、猪舍、内场生活区，外场是猪场的对外联络、管理、销售区。人员从外场进入内场需要全身换衣，层层消毒，不仅仅是紫外线照射和淋浴，还需要消毒水浸泡，包括头发，就像潜水一样，只不过是要反复潜水，让消毒水对全身的每寸肌肤和毛发充分消毒。内场的饲养人员和管理人员一般两三个月都不会离开内场，也就是要一直跟猪生活在一起。管理干部如果离开了猪场所在地，再回来就需要先到外场留宿，进行饮食清空，再层层消毒进入内场。

陶业兼任养殖事业部的总裁后，对养猪人的工作和生活有了全面的了解。连续几年，陶业坚持在猪场过年。除夕，他同猪场员工一起吃饺子，看节目，玩游戏，巡查猪舍。他会打视频电话给我，镜头里还有猪场的伙伴，有时还有一排排猪舍或可爱的猪宝宝们。

我也很高兴。养猪是一项事业，参与其中的人，都很辛苦，很了不起。许多养猪一线的生产工人可能没有很高的文凭，也说不上有多大的目标和梦想，但是他们与生猪朝夕相伴，养好了猪，造福了社会，他们就应该获得报酬和尊重。作为管理者，我们有责任经营好养猪这个事业，打造安全肉品，创造企业效益，为员工带来更好的收入和生活。

这些年，我们持续改善猪场员工的生活环境和各类设施，包括食宿条件，在内场的娱乐设施，比如篮球场、乒乓球室、棋牌室、电视室等。在猪场过除夕很重要，这是价值观的主导和理念的宣贯，是心力的传递；“新猪场、新理念、新人才、新方法、好效益”的数字化运营，清单管理，分配机制改革同样重要，是获得养殖效益的管理手段和途径。两手抓，两条腿走路。从猪场的建设到养殖的经营管理，大家都是在辛苦中成长和收获，累并快乐着。

一年行程 13 万千米

2019 年末，秘书告诉我，我全年行程近 13 万千米，可以绕地球三圈多。

这一年，我去了日本、丹麦、美国、德国、以色列等国家。到美国的那次，飞机落地后我马不停蹄地参加商务活动，5 天行程来不及倒时差就赶回国参加清华大学“创领中国”总裁班的开班仪式。在丹麦，我带养殖团队与丹麦最大的养猪企业交流技术，签署合作协议。在日本，我们学习丰田、优衣库和京瓷的成功经营之道。

这一年，我率领公司高管走遍四大洲，寻找百余名高人指点；重回知名学府清华课堂垫实理论基石，一场场发展战略研讨，一名

参加清华大学“创领中国”“数字中国”学习班

名高人经验传授，一桩桩鲜活的成败案例剖析……“衣带渐宽终不悔，为伊消得人憔悴”，既始终怀着“生死看淡，有梦就干”“人生能有几回搏，一万年太久，只争朝夕”的创业激情，又始终保持科学严谨的理性思维，在没有硝烟的商战中，我们像战士一样，走遍千山万水，千辛万苦、千方百计地“众里寻他千百度”。

这一年，陶业在唐人神的新年升旗仪式上首次提出“团队协作、赢球为王、优胜劣汰的球队文化”，这为新时代新征程奠定了文化底色。全力推进以“球队文化”为导向的团队竞争力，成为此后唐人神人的奋斗主旋律。球队文化是在唐人神“厚德博学、客户价值、产品超群、业绩导向”文化理念基础上的创新提炼和与时俱进，生动形象，务实有力。在球队文化的牵引下，陶业提出“蜕变转型，组织驱动，追求卓越”三大核心管理理念，在三大业务板块和各职能专线推出了一系列变革举措，使饲料、肉品和养殖三大业务板块的专业水平与协同效率迈上新的台阶，唐人神迈入创新发展的新时代！

为客户持续创价值

持续为客户创造新价值

诺基亚的高管在接受微软收购时曾感慨地说："我们没有做错什么，但不知道为什么输了。"这反映了他们在面对市场变化时的无奈和困惑。

反观苹果公司，从2007年开始到2024年9月，iPhone已经更新到16代机。苹果公司的迭代还是以技术基线为标准，而非配置。

纵观世界优秀卓越的企业，如华为、苹果、丰田等，无不是在产品和服务上，持续地为客户创造新的价值。

持续地为客户创造新的价值，不能停留在表面的形式，一定要为客户带来新的价值增长和体验优化。比如苹果手机，这么多代手机的外观并没有变得截然不同，但是内在的配置、技术、功能都在更新迭代，不断地为客户创造惊喜体验。

客户价值不仅仅是货币价值，还有精神价值、时间价值、体力价值等，以及让客户更省钱，或者更省心，或者更省力，或者更愉悦，等等，总之，我们需要持续地为客户创造新的体验、新的价值、新的情绪舒适。如是，企业才能玩得更久。

不创价值不卖料，不创价值不卖肉。

在饲料领域，规模猪场日益看重的是养殖整体效益，并不是单一的价格成本。打折促销只会吸引注重低价的客户，而只关注价格的客户不是我们的目标客户，不看重价值只谈价格的客户迟早会被市场所淘汰。

今天，我们的服务已经与当年的服务营销不可同日而语，简单的“微笑热情”，浅显的“栏杆，潲饱，通风好，有水喝”已经是永远的过去式了。今天的规模专业养殖场，需要价值承诺，需要一揽子的服务增值，需要金融服务，需要动保、营养、饲养管理、种苗等全过程的技术增值。与此相适应，我们的团队、我们的技术赋能能力、我们的“产品 + 服务”配套、我们的数字化水平都需要持续迭代改变，比如通过唐人家线上统一平台，为客户提供更高效的技术答疑和配套服务，才能跟上时代步伐，才能站在竞争前沿，才能持续为客户创造新的价值，才能玩得更久。

在肉品领域，产品工程师 + 烹饪工程师是持续为客户创造新价值的良方。预制食材创新研发体系，设置产品工程师、烹饪工程师相结合的研发模式，使得客户需求与产品研发提前融合，确保定制产品与服务的完美贴合。

香乡猪高端湘式预制食材“八大碗”：香乡猪营养肉丸汤、香乡猪营养肉饼、香乡猪营养肉肠、香乡猪红烧肉、香乡猪红烧营养肉丸、香乡猪梅菜扣肉、唐人神鲍花肉酥、金汤酸菜鱼，受到国内中高端连锁湘菜餐饮的青睐，迅速成为中高端湘菜连锁餐饮的优质食材服务商，这就是持续为客户创造新价值的力量所在。

客户凭什么偏爱你

2018 年的非洲猪瘟还没有结束，2020 年又遭遇了罕见的新冠疫情冲击。历史再次证明，每一次危机后，一定会有大的技术与管理创新突破来促成新的发展。在新的市场形势下，客户凭什么偏爱你？

科研需要回答好三个问题

第一，我是什么？目标客户怎样看我？我能够满足客户怎样的偏好？

第二，我有何不同？我在质量、价格、服务、品牌、风味等方面是否具有竞争力？

第三，何以见得？是否有标杆客户或权威认证？

唐人神科研的三大特色

第一，全面提升 IPD 创新竞争力。仅仅只有产品技术是不够的，必须结合服务才能真正为客户创造价值。产品技术经理和产品业务经理要从产品本身和客户需求两个方面进行整合。

饲料是"营养产品+价值服务"，养殖是"生猪品质+养殖服务"，肉品是"产品工程师+烹饪工程师"的"产品+服务"。

第二，产品优化就是产品迭代创新竞争力。不能单一追求新产品的开发，更要通过梯度试验（从 1.0 到 3.0）不断优化原有产品以达到极致，实现产品迭代，提升核心竞争力。

第三，项目制就是管理集成创新竞争力。各级行政负责人、技术负责人、营销人员、试验员都要全员参与，通过项目制打破管理层级，协同各单位，聚集资源，实现创新。

唐人神科研的三大成果表达

第一，客户价值持续提升有什么指标表达？项目一定源于客户的痛点，科研工作一定要满足客户的需求并创造价值：

- 饲料：料肉比是否更低，生长速度是否更快。
- 养殖：猪肉品质是否更好，增重成本是否更低。
- 肉品：加工菜品是否更安全、美味、方便等。

第二，项目也要源于上销量与增利润，科研工作一定要能促进销量增长，促进产品结构与产线结构调整以改善利润。

第三，项目也可以源于组织机构的创新，如饲料铁三角模式，技术成本专员要转向技术经理，营销人员要转向服务经理，共同配合才能提高养殖效益。

“产品 + 服务”持续超群

饲料方面，坚持“产品 + 服务”持续超群，把产品价值与服务价值的两大价值数据做出来。要坚持“有所为，有所不为”的客户定位，愿意为产品与服务价值付费的才是我们的目标客户，只要低价的坚决放弃。产品价值就是降低料肉比，提升养殖效益；服务价值就是提高成活率或产蛋率。通过会议营销以及自媒体传播等方式，做好实证数据的展示与传播、推广，打造示范亮点与标杆客户。我们要敢于做价值承诺，承诺一头猪、一只鸡、一斤蛋、一条鱼能多赚多少钱。

肉品方面，在今天的预制食材品类中，我们主打湘式风味预制食材，走中高端定位的路线。以西式肉类加工技术及工艺创新嫁接进湖湘本土饮食文化和味蕾元素，我们打造了以香乡猪高端湘式预制食材“八大碗”为主打的湘式预制食材产品阵线，已经在中高端连锁湘菜餐饮机构中获得了火爆的好评。有了超群的产品支持，我们在烹饪服务方面打造出特色。通过 B 端做 C 端，我们帮助银行、学校、企业食堂等大客户，连锁餐饮等客户，制定特色的烹饪流程和方式，组织他们的客户到唐人神参与价值营销会议，帮助客户建立自己的口碑。在著名的连锁湘菜餐饮企业，我们派出配方烹饪工程师，帮助企业定制菜谱，对其进行唐人神产业链安全放心的上市公司品牌背书，让餐饮企业获得更好的客户信任和口碑，从而实现我们的产品销售。

这就是我们在肉品产业实施“产品 + 服务”超群的基本思路和做法，实践证明，“产品 + 服务”为客户创造价值是未来的核心竞争力和护城河。

饲料方面的“产品 + 服务”持续超群，比如对猪场大客户的营销，通过“铁三角”为猪场大客户提供全套的防疫服务、营养套餐服务、融资贷款资金服务等，就是“产品 + 服务”为客户创造更大、更新价值的良好开端。

因此，我们在卖产品的时候，一定要反复问自己，我们为客户创价值的服务是否做到位了，否则宁愿先不卖。因为竞争对手也在销售，如果我们不能将“产品 + 服务”融为一体，持续超群，我们就难以为客户创造比竞争对手更大的价值，更新的价值。

企业家精神 + 组织驱动

工业重镇跑出的农牧“高铁”

2011 年，唐人神集团上市。2023 年，唐人神荣登中国民营企业 500 强。许多人好奇地问：株洲是一个工业城市，是中国的高铁之乡之一，怎么成就了唐人神这个湖南最大的生猪全产业链经营的农牧企业集团？

恰恰是因为我们用工业思维做农牧企业。株洲是工业重镇，有许多大中型国企、央企，激励着我们做大规模。工业企业的标准规范和现代科学的管理体系对我们有着深深的影响。我们借鉴工业规律，遵循农业的行业特征，有困难就自己想办法，努力做，大胆创新，结果越来越好，让一头“猪”跑出了“高铁速度”。

过去，“火车跑得快，全靠车头带”。高铁则不同，“高铁跑得快，动力自己带”，高铁每个车厢自带动力，也就是内生动力，而不仅仅靠车头。高铁既快又稳的奥妙就在于“技术集成 + 三大系统”。

高铁“业务牵引动力 + 人才内生动力 + 数字化管理及运营”的三大系统集成管理，我决心学习借鉴，走一条“学习消化—吸收转化—开创农牧企业数智化管理体系”的未来之路。

学习高铁的技术集成，转化为唐人神的 IPD 系统；学习高铁的三大系统，这样结合起来，唐人神就能持续跑出高铁速度。

第一，业务牵引动力系统。饲料和肉品以客户为中心，以“产品 + 服务”超群为抓手的营销系统，养殖以低成本为中心，以“人猪物”为抓手的低成本生产系统，构成唐人神业务牵引动力系统。为客户创价值，为公司增利是唐人神高速发展的动力源泉所在。

第二，人才内生动力系统。通过以奋斗者为本的高目标、高效率、高收入来达成公司的高增长、低成本、高回报的人才内生动力系统。有愿力、有成果、有接班人的“三有”干部和想做事、想进步、想赚钱的“三想”员工奋斗者队伍，就是唐人神事业发展的内生动力。

第三，数字化管理及运营系统，即以规则流程为基础，以数字化为驱动的管理系统。我们一方面以唐人家云技术为基础搭建个人专属管理驾驶舱，所有业务流程在唐人家线上平台运行，一机在手事全知，阳光之下无死角；另一方面要到现场去检查，发现问题及时解决。线上和现场两者缺一不可。

中国的高铁 2004 年才开始起步，并从日本、欧美引进技术，经历引进—消化吸收—再创新的成功开拓后，中国高铁跑到了世界领先行列。我想，如果把工业重镇的高铁技术更多地学习借鉴到农牧行业，我们一定能创造更多奇迹。

唐人神打造“高铁”三大管理系统

打造学校、家庭、军队、商号“四位一体”新型组织

企业到底应该更像学校，更像家庭，更像军队，还是更像商号？

过去，西方企业多讲管理科学，重工具，重数据，重效益；国内企业更多讲管理智慧，重人情，谈文化，看过程，没有功劳有苦劳。

现在的企业，面临互联网和 AI 等潮水般汹涌的技术，竞争是全天候和全方位的，哪里还能用单一的思维来管理应对呢？

这样一想，是学校，是家庭，是军队，还是商号？就没有疑问了。我们要努力打造学校、家庭、军队、商号“四位一体”的有竞争力的新型经济组织。

明白了这个道理，我们坚持践行。

唐人神是一所学校。我们为新入职员工、在职员工和干部提供各类培训，通过跟院校合办管理培训班，邀请国内知名管理学者和顾问设计编制唐人神经营管理系列课程，打造了唐人家 e 学堂、唐人家大学堂两大培训体系，贯通了线上线下学习通道，通过系统的分层次的应知应会培训，帮助员工提升技能，增加收入。

唐人神是一个大家庭，充满亲情般的关爱与关怀。我和陶业为主出资创建了唐人神爱心基金和教育基金，每年的唐人神文化艺术节晚会都会收到广大干部员工自发的爱心捐赠，以帮助困难的员工家庭渡过难关；对考上大学但有困难的员工子女和社会学生，进行教育扶贫的爱心捐赠，帮助他们通过读书改变人生。

唐人神是一支军队，要鼓励有志青年到一线去“扛枪打仗”，去“建功立业”。真正的将军都是在一线打出来的，“宰相必起于州部，猛将必发于卒伍”。公司要像部队一样有令则行，有禁则止。要目标坚定，意志坚强，作风过硬，纪律严明，讲自己，敢担当。军队要多打胜仗，我们要多打粮食。呼唤军人气概，沧海横流，更显唐人神英雄本色。

唐人神更是一个商号，是一个新型经济组织。饲料和肉品必须坚持“产品 + 服务”领先，养殖必须坚持低成本养猪领先。不赚钱，就淘汰；不奋斗，就退位；不增收，就走人。千方百计让“三有”干部和“三想”员工获得比行业平均高出 30% 以上的收入，这就是商号的利益分享法则。

讲家庭的关爱，讲军队铁的纪律，讲学校的培训成长，讲商号的不奋斗就退位，没业绩就撤换，既有信任又有制度监督，这样“四位一体”的融合，也是管理智慧的中庸之道吧。

“企业家精神 + 组织驱动”的球队组织

2018 年，唐人神创业 30 周年，陶业接任集团总裁。新旧交替后，新时代启航。2019 年猪年，唐人神提出 TRS313 追梦工程，定下下一个猪年要实现的一系列经营高目标。新的一代，要玩得更好，玩得更强，玩得更久，组织体系的保障是基石。

30 年前，公司大事小事都是我自己决策并推进的，几乎事必躬亲，这也是第一代民营企业创业者的共同特征。随着集团规模日益增大，个人驱动很难覆盖到集团各个业务板块和全国的子公司，管理转型势在必行。陶业提出“蜕变转型，组织驱动，追求卓越”。过去我们提倡“合力成就一番单靠个人所不能成就的事业”，听起来有冲击力，但事实上在企业经营管理中难以落地践行。陶业提出组织驱动就是要建立团队协作、赢球为王、优胜劣汰的高能球队文化组织，管理由个人驱动向组织驱动转型升级，这就能落地了。

企业家精神，首先是企业家的战略格局、使命情怀，其次是决策能力及经营才华，再次是企业家挑战目标、百折不挠、不断创新、永不言败的进取精神。以客户为中心，以奋斗者为本，低成本领先，“产品 + 服务”超群，不奋斗就退位，讲自己，敢担当，坚持人间正道。这是企业家精神意义所在，以此精神为底色和基础，构建团队协作、赢球为王、优胜劣汰的球队文化，企业的竞争力必然很强大。球队文化的表现在于：

- “残酷”的人才选拔机制。球队参与竞技比赛，任何失误都可能导致被淘汰出局，因此并不是所有的球员都有上场机会，教练会关注每一位球员的状态并随时做出替换与调整。

在公司也一样，强调的是业绩为王，能者上，庸者下，没有业绩的就只能让位。优胜劣汰也是自然法则，队伍是“打拼”出来的，凡是不求有功但求无过，业绩平平，仍在幻想混日子的员工将会被无情地淘汰。

- “诱人”的收入分配原则。一支优秀的球队肯定有一两位伟大的球星。球队文化中一定会树立危机意识，努力提升优秀球员的收入，让球星与普通球员的薪水有着天壤之别。公司需建立薪资调整的升降机制，干好干坏的收入绝对不一样，以球队文化为导向的团队机制可以让优秀的人才得到充分施展。
- “补位”的协同平台。球队有前锋、中锋和后卫的明确分工，最伟大的球员也不可能一人踢完全场，球队成员只有通过主动补位，相互配合，团队协作，才能创造进球，赢得胜利。在公司，营销部门就是前锋，采购、生产、技术就是中锋，财务、人资、行政等则是后卫，各专线要主动协同，积极联

唐人神总部生态景观花园的球队文化雕塑

动，才能体现自身价值。凡是要领导发话才管用，守着本位主义等靠要的就是没有尽职尽责。

笃守诚信

义利相溶，养义生利

我在决心创业，投身农牧行业的时候，就下定决心，要做“百年企业”。有高人曾经指点我说，企业要做久，有诚信足以。“诚信”就是一个词，其内涵可以无限丰富，我该如何把握诚信的脉搏？

在骆驼牌饲料帮助农民养殖致富，农民奔走相告，赞誉“饲料一枝花，骆驼富万家”的时候；在科技讲座和科技示范的服务营销带动下，农民扛起骆驼牌饲料，边走边竖起大拇指的时候；当我们捐建希望小学，帮助“骆驼村”的贫苦学子读书改变命运，在多个农业高校设立奖学金的时候，我自己默默制定了企业的经营哲学：义利相溶，养义生利。

当初，在讨论这个经营哲学的内涵时，我专门请教了湖南大学的两位教授，并请他们给唐人神当企业文化的顾问。他们提出是“义利相溶”还是“义利相融”的疑问。一个是“溶”字，另一个是“融”字，有什么区别吗？

《说文解字》中解释，“溶”字意为水盛满，其字形由“水”与“容”组成，“容”字在这里表示放入和存储。“溶”有化学过程，两者化为一体。而“融”多指物理变化，例如，冰雪融化只能用“融”，引申为调和、和谐。

义，是指企业对客户（顾客）、员工、股东、社会，以及对企业自身发展的生态链所承担的义务与责任；利，是指企业获得的利益与发展机会。

齐白石弟子、著名金石书画家李立先生
为唐人神集团书写“义利相溶，养义生利”

义利的三个阶段及层次为：义利共存，谋利而不损义，循义而不损利；义利共溶，谋利必先谋义；义利共生，谋义不谋利而利自生，谋人道不谋物用而物用自生，谋公平不谋效率而效率自生。

我们坚持义利兼顾，养义生利，强调客户利益、员工利益、股东利益、社会利益、同业利益相溶。我们认为利在义中，义在利中。尽企业之义不可以无财，理天下之财不可以无义。

于是，我们用了“溶”，义利相溶，养义生利。

“长毛猪”和“酸肉丸子”催生的《质量宣言》

2001 年的秋天，我到广西贺州看市场。我们来到一个骆驼牌饲料的忠实养殖户家中，看到他正在拆猪舍，我好奇地问是什么原因。原来他家最近猪长得不好，光长毛不长肉。主家相信骆驼牌饲料没问题，就请来风水先生，说要拆掉一间猪舍来破风水。我到猪圈看了猪后，马上安排对子公司这批饲料进行多样本抽检。

果然，是饲料的一种原料出现了问题。子公司总经理擅自替换原料，导致营养失衡。我很气愤，养殖户的这份信任和忠诚，我们何以面对，我们的良心何安?

我更改了后续的行程，迅速返回养殖户家中，坦诚地解释了饲料原料导致这批饲料产品营养出现问题，这才导致猪不长肉光长毛。我带着子公司管理团队诚恳地道歉，并就地召集科技养殖的讲座会，感谢当地乡亲对骆驼牌饲料的厚爱，赠送给这位养殖户一吨饲料作为拆猪舍的补偿。我们的坦白和诚信，赢得了养殖户的赞誉。

公司开除了这位子公司总经理。在经营企业的过程中，一些人聪明过了头，没有守住诚信底线，伤害了客户。不诚信不坦诚的人，有再多的聪明，我也不能接受。

就在这个事件之后不久，肉品又出了“酸肉丸子”事件。连锁门店为了节省电费，晚上关闭了冻柜的电源，导致肉丸子变味发酸，但又怕扔了浪费，就打折促销。有一位老人吃了觉得味道发酸，但他的儿子是株洲一家央企的年轻副总，跟我比较熟悉，非常信任唐人神，认为是公司开发了有利于老人消化的“酸味肉丸”。幸亏那天碰巧在市里开会，我们坐在一起，他跟我说起，我才发现问题，及时解释清楚，才没有导致老人家吃出问题。

我带了新产品和现金，赶到这位副总的家中，耐心解释，诚恳道歉。老人家明白事情经过后也很感动。后来我听说，这位副总在他们全公司的大会上专门提到此事，赞扬唐人神的负责与自责，坦诚与诚信。

处罚一名员工不难，但究竟怎样才能唤起所有员工对质量、对诚信的长期坚守和警惕呢？我想到了宣誓的方式，中国人相信发誓，发了誓就要遵守。西方人也如此，美国总统就职前也宣誓。于是我写下了《唐人神集团质量宣言》。

唐人神集团质量宣言

今天，我真正认识了质量，产品质量与工作质量是我们生存的土壤，是企业强盛与破产的分界。

我认同：忽视质量就是自杀和犯罪。

我坚持：质量是企业中唯一不能妥协的经营理念。

我宣誓：从点滴做起，从自己做起，从今天做起。

时刻不忘质量，大胆改进质量工作。

勇于坚持质量原则，乐意接受质量处罚。

产业链确保安全肉品

我第一次到德国，入住房间的时候，发现窗户是向内开的。

为什么德国的窗户要内开？

如果窗户向外开，不管铰链和托架如何结实，经长期受力（玻璃窗很重）和频繁推拉，窗户就容易在大风等极端天气时掉落，造成意外，何况很多铰链等五金件是没有那么结实的。内开模式也可以防止小孩攀爬，避免平推外开玻璃窗的高层坠楼隐患。

德国的制造品质世界闻名。德国人信奉质量是设计出来的，他们在生活中的每处设计，都以经久耐用、安全、环保、健康等作为质量的最高准则。质量是设计出来的，这让我对质量有了新的认知：设计决定质量，生产呈现质量，检验表达质量，管理保障质量，服务提升质量。

如果能够以德国人严谨、理性、科学的质量设计思维，结合中国的艺术智慧和美学情怀去设计产品，将对产品力的打造有奇妙的效果。

唐人神肉品的安全性和高端品质就是先从设计开始，由生猪全产业链的经营模式设计来确保的。

生猪育种，健康育肥，饲料营养，动物保健，屠宰加工，品牌专卖销售，从养殖源头到餐桌的每个环节，唐人神全程可控，从而保障了品质，这是我们能够玩得久的质量根本。

唐人神肉品“金猪送福”高端礼盒，就是放心品质和高端品质的典范。这款礼盒采用罗霄山脉脚下的唐人神香乡猪无抗肉生态原料，运用荣获 2019 年度国家科学技术进步奖二等奖的腊制品独家工艺技术加工，将湘西独特风味与湘式腊制品特色糅为一体，内含“年腊乳猪、土家十八洞五花腊肉、手工香肠、腊猪耳、腊头皮、腊猪心、腊猪肚、团圆香饼”八款精品，打造出了这款经典礼盒“生态健康、腊香馥郁、回味悠长”的独特品质。同时，我们在包装的美学设计、文字的情感共鸣、细节的精心点缀方面，下足功夫，真正实现了赏心悦目、温情馈赠的效果。身边的朋友收到礼盒，纷纷点赞。有的客户说，把肉品吃完了，盒子舍不得丢，太漂亮了，里面还有小的挂件礼品，也是精美绝伦。

设计决定质量。生猪全产业链确保安全健康，营养美味，放心消费。

专注产业链经营

三步走完成产业链蜕变

在产业链的构建历程中，我们用三步走完成产业链蜕变。

第一步，创业前30年。这个阶段，唐人神是“有肉品和养殖的饲料企业”，我们一直在饲料产业发力经营，其间做了肉品、养殖的布局，如同“下围棋”，我们在做强做实饲料这个基础产业的同时，腾出手来，布局了“肉类和养殖”这两颗“闲子”。

第二步，创业30～40年。我们在养殖产业投入百亿元巨资，使唐人神成为“有饲料和肉品的养殖企业”。从育种到规模育肥，投资30亿元打造了香乡猪生态牧场，聚焦湖南、广东、河南、山东，打造“公司＋农户”轻资产养殖模式。

第三步，创业40～50年。我们将在肉品上加大投入，唐人神将是“有饲料和养殖的肉品企业”。唐人神肉品从做好香肠腊肉开始，有了中式风味制品的盈利保障之后，再稳健延伸产品线，形成今天的中式风味制品、礼盒、预制食材、品牌生鲜四大肉类产品线组合。

此后，唐人神生猪全产业链“饲料、养殖、肉品”三大产业将环环相扣，并驾齐驱，在中国农牧行业大地上奔腾向前。

2011年3月25日，在深圳证券交易所，唐人神集团上市“一锤定音”。从1998年完成股份制改造，先后三次冲击首次公开募股（IPO），中途几次放弃又再启动。2008年在“飞迪”的高人指点下，再次发起进攻，历经三年，终于登陆，成为生猪全产业链经营第一股。

上市很难，我之前就有充分的心理准备，但回首历程，还是没有想到有这么难。我曾经在内心深处问过自己无数次，把公司经营好，不缺钱，还赚钱，自由自在不是很好吗？为什么要上市？企业做大了，属于社会。小生意是为了自己，大生意是为了社会。我从创业之日起，就想做一番事业，做一番大生意，注定不只是为了自己。公司上市，接受整个社会的监督，使公司透明化、规范化，这是其一。其二，生猪全产业链要上规模，需要庞大的资金，雄厚的资金需要资本市场的支持。

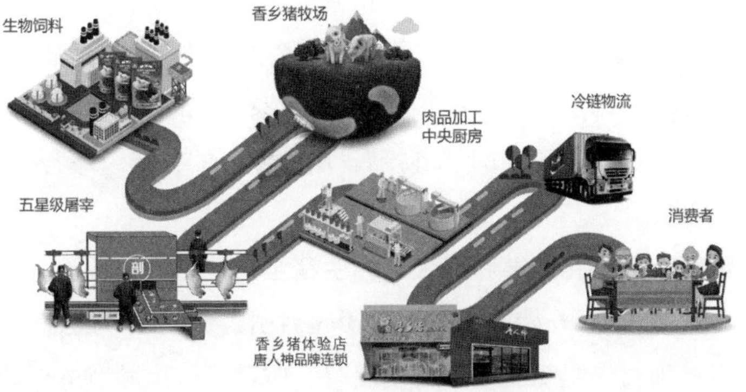

唐人神生猪全产业链：从养殖源头到餐桌的安全放心

产业链平衡利润抗风险

要想玩得久，公司的经营模式要具备抗风险能力。我们以生猪全产业链经营模式为定位，“舞”好这条“链”，就能抵御市场行情风险，提升管理效率，保持稳定的盈利性。

第一，全产业链整合可平衡各产业环节之间的盈利能力，实现平衡发展。猪价高，饲料好销，利润也好；猪价低，饲料不好销，肉品好销，利润照样好。实现端对端的内部市场交割，实现上游对下游的品牌加持赋能。比如，饲料营养对养殖端的端对端“链接”，可以实现饲料营养的定制和价值承诺以及一揽子的动保服务，减少不必要的兽药支出，又能实现生猪“养大于防、防大于治”的健康保障；通过养殖端的加持，提升肉品消费端的品牌力，比如香乡猪·生态肉，就是从养殖端的无抗、生态牧场开始，培育出消费端的品牌价值。全产业链整合是新质生产力在农牧产品上的呈现。

第二，全产业链是抗衡周期波动风险和疫情风险的防洪堤。产业链，对于企业穿越价格周期和抵御疫病冲击来说，如同抗击海浪的防洪堤。“链条”能给生猪全产业链企业带来强劲的韧性，就如同在汹涌的大海上，一艘船很容易被颠覆，而如果同样的船，通过科学的方式进行了牢固的“链接”，成为闭环的“链”，其安全性将呈指数级提升。

第三，数字化变革将极大助力生猪全产业链的管理整合和管理提效。从2019年开始，唐人神集团先后引入十家顶级的咨询公司，从流程、项目、组织驱动、营销变革、质量等各个环节进行数字化转型升级再造。集团已经打造出全球一流的企业管理软件SAP的数据底座，通过养殖的“人猪物”和饲料、肉品的“人货场”上线，完成唐人家管理驾驶舱数字在线，从而实现“一机在手，尽知公司事，阳光之下无死角”，通过数字化实现“把能力建在流程上，把权力建在组织上”，保证集团对产业链各业务的高效管控和对组织的高速驱动。

向产业链新高度进发

2018年7月27日，唐人神集团董事会全票通过由陶业接棒，升任集团总裁。随后，唐人神在江西宜春明月山召开半年度工作会议，陶业提出“由个人驱动转变为组织驱动”的管理转型，并在战略研讨会上表示，要坚定生猪全产业链的战略定位，让管理转型为产业链保驾护航。

2018 年 7 月，明月山组织转型会议

明月山会议是陶业担任总裁后召开的第一次重要会议。传承赓续，新的启航。陶业血气方刚，洪亮的声音在明月山回荡：

> 创业 30 年来，以创业情怀和情感凝聚的企业家驱动机制，要逐步转变为以企业家精神为引领，以球队文化为武装的管理流程体系组织驱动，对外推行价值营销的好服务，对内打造总成本领先的好产品。专注生猪全产业链经营，以管理体系的组织能力，为生猪全产业链的有效链接保驾护航。
>
> 专注聚焦，做强做实生猪全产业链。具体地说，在饲料产业，我们将顺应家庭农场与规模猪场兴起的大潮流，依托国家

认定企业技术中心、院士工作站、比利美英伟三大研究院，不断提升饲料产品精准营养水平，依托美神十几年的养殖技术持续增强客户价值服务能力，依托集团30年的管理探索和资源积累，不断创新发展机制与合作模式，加快实现从单一产品供应商向综合价值服务商的转型。

在养殖产业，我们将顺应养殖工业化时代的到来，抢占生猪产业结构性转型的发展先机，依托饲料产业全国布局，通过先进的养猪模式以及智慧猪场管理系统，由原来单一的种猪产业向生猪育肥产业进行全面延伸，并不断推进猪场经营模式与管理方式的变革，实现养殖低成本、规模高效率、管理数智化，逐步实现生猪千万头的发展目标。

在肉品产业，我们将顺应农牧行业向消费端延伸的大趋势，抓住消费升级及新质生产力的大机遇，依托肉类产业20多年的发展探索以及产业链资源优势，在继承中式风味制品优势的同时，努力打造更优质、更美味、更安全的香乡猪·生态肉以及预制食材、风味制品、礼盒等系列产品，开创唐人神肉品产业发展新纪元。

我相信，饲料、养殖、肉品三大产业秉承着专业经营、产业协同、共同发展的经营方针，终将实现唐人神集团全产业链世界农牧食品企业的新梦想。

我坐在参会席，第一次这样完整地看着、听着陶业系统地讲述自己对一个集团、一个生猪全产业链的全局规划。

望着窗外的蓝天白云和树木环绕，我突然想起陶业小时候种树的情景。他种了一棵小桑树，很喜欢，培土，浇水，施肥，每次搬家他都自己移栽，每次他从外地回来，先看望爷爷奶奶，然后就会跑到院子里，看看桑树长得怎样。

桑树越长越高，越长越壮……

高球游戏的心态

52 岁时，我第一次握紧高尔夫球杆，此后高球成为我的业余最爱。高球运动，让我感悟到许多道理。创建农牧行业“飞迪”高球俱乐部后，我们创新了“高球赛事 + 高人论坛”的模式，把游戏当事业来做。同理，我把高球游戏的道理玩到了事业当中，把来自高人论坛的交流收获应用到企业经营当中，受益匪浅。2011 年上市，2016 年规模育肥的养殖转型，2022 年成功穿越猪价周期，其中有许多决策得益于高球，得益于“飞迪”。有人开玩笑说，幸亏抽空去打高球了，养猪扩张的步伐就没有那么大，那么快，反而“因懒得福”，没有因为摊子太大、扩张太快而让疫情和行情击穿击垮。或许，这就是游戏的心态，助力我们玩得更久。

只要还在桌上，就有机会，有的时候，可以慢慢来。

初识高尔夫

第一次拿起高尔夫球杆，已是 50 岁出头的年龄。之前去世界各地，看到过各种各样的高尔夫场景，但我一心一意搞企业，奔忙不停，总觉得自己没有时间花在这个慢悠悠的运动上，所以一直坚持跑步、打球等运动，没想过要去玩高尔夫这个“贵族运动”。后来在美国的时候，一个朋友说，高尔夫不是“贵族运动”，不是“昂贵的消费”，它是既可以锤炼你的意志力，又能提升你的智力和体力的完美结合，是一项很好的修炼自我、结交朋友、促进事业的绿色运动，也是一种人生的快乐享受。我仔细了解后，对高尔夫有了新的认知。

这项源于 15 世纪苏格兰牧人的游戏，原来是那样魅力无穷。高尔夫（GOLF）蕴含：绿色（Green）、氧气（Oxygen）、阳光（Light）、友谊（Friendship）。在欧美等西方国家，高尔夫运动并没有贵族或高消费的标签，很多普通人都非常喜欢并热衷这项独特的户外运动。与其他运动不同，高尔夫运动不是对抗性竞技运动，你不是与对手对抗，而是与自己对话。

第一次正式打高尔夫，还是在株洲市的企业家联谊活动中。我至今清楚记得，手握高尔夫球杆，盯着那颗乳白色的小球，挥杆过去，球没动，球杆差点脱手了，旁边的朋友说没关系，别急。我挪了挪脚步，调整呼吸，又挥杆，还是打空了，我的脸上开始冒汗，笑得有点尴尬了。换了根球杆，这次我看了看远处的标旗，先用球杆轻轻碰触了球，感觉到位了，再举手抬臂挥杆，结果球还是纹丝不动。这下围观的朋友开玩笑说：“试杆不能超过三次啊。”我哪是试杆了，分明是没够着，挥了空杆。在一阵玩笑声中，从来不服输的我，暗暗下决心要练好这个高尔夫。

我知道自己完全不是天赋型选手，无论是工作还是学习，包括运动，我从来都是坚持自律，顽强练习。对高球也要业余地玩，专业地学，不断寻求科学的方法提高自己的水平，从而超越自己甚至超越对手。

打的是球，修的是心

为了练好高尔夫，我拿出了钻研的劲头，查阅资料，找到高尔夫的练习影像资料，自己边练习边修正动作，用摄像机拍摄自己的动作，再对照专业的动作进行纠错，同时还找教练示范指导。这样一段时间之后，我的高球水平提升很快，大概半年的时间，我就可以打到 90 杆以内了，三年打出三次 78 杆，这对年过半百的业余选手而言，算是不错的表现了吧。

高球是智力和体力的完美结合，在阳光中、绿草上漫步挥杆，优雅中蕴含着力量的集聚。高球更是谋划与操作的实践，打高球，有置身于天地之间、山水之间、朋友之间吸收能量的场景，更有杆杆有希望、洞洞有风险、场场有遗憾的追求与回味。有时候要大胆赌一把，或许打出个“小鸟”，有时候可能没中，球打进了水中央，到底是冒险还是谨慎，是选长杆还是短杆，是分步走还是可以一击到位，这些不仅仅考量技术水平，更考验谋划的思维和对情绪的控制能力。

多年后，我悟出一个道理，高尔夫打的是球，修的是心，启迪着企业经营。

高球运动中，发球台教人如何规划，教人在眺望前一定先确定脚下的位置，也就是立足定位，找准方向。用一号木挥杆，豪情万丈，但需要丈量预判前方球道的宽窄，如果球道宽，可以一挥而就，如果球道窄，可能需要换短杆，宁愿多打一杆，以免长杆一挥打偏了，反而差之毫厘，谬以千里。

第一洞教我归零再挥杆，上一场的成功或失误，都得放下了，人生没有回头路，但人生处处有开始，我们要懂得新的开始。在高球的“长草区”，再好的击球计划也可能被一粒碎石打乱。好比在工作中，再好的规划也可能因为市场或其他原因而变化，需要懂得谨慎应对。“沙坑”教我坚持，陷入低谷时，心急不心慌，沉着应对才能也一定能找到出路。当农牧行业碰到价格周期和动物疫病的“寒冬期”，我反复告诫自己，不能慌，向内心寻找力量才能坚韧不拔，最终穿越周期，迎来新的曙光。

“果岭”教我遇到任何事情不要心急，要全面读懂果岭，是左边高还是右边高，草纹的方向是逆向还是顺向，是上坡还是下坡。你只有绕洞走一圈，静下心判断确定方向以后，再果断地推杆，才能顺利入洞。

开球如同我们在经营中确定战略，客户定位、产品定位一定要准，不可急急忙忙，要认清目标，用心判断。“三对眼睛”看市场：第一对眼睛是看清楚客户是谁，找到自己的目标客户；第二对眼睛是看透看懂客户需要什么，包括需要什么样的产品、价格和服务；第三对眼睛要看到客户的需求我们能否满足，能否上量，是否有利润。

果岭推杆如同落地执行，临门一脚。最好的战略，经过“策略—项目—任务—运营”的逻辑落地。果岭推杆教我们细致地执行，胜利之前更要关注细节，确保成果“入洞”，胜利到手。

高球也如同人生，完美的一击未必赢洞，但清醒的每一步都在征服自我。18洞的旅程，胜负之外锤炼韧性，修磨智慧，收获朋友，启迪事业。风雨后更懂阳光，挥杆后携手前行。

真的是“绿色鸦片”吗

滑雪、高尔夫和潜水这三种运动被称为“绿色鸦片”。“绿色”是指这三项运动都是贴近自然、有益健康的，而“鸦片”意指会“上瘾”，会成为终身的嗜好。如果只是把打球当成一个锻炼项目、一个结交朋友的平台，也不在意杆数成绩，出出汗，散散步，那的确不会上瘾。

当你同时有两个目标——既有锻炼身体的运动目标，又有锻炼“高球智商”，追求高球杆数进步的成绩目标，乐趣会成倍增长，自然就会“上瘾”。因为你会获得从最初运动分泌的多巴胺，到高球带给你的内啡肽，追求进步的内啡肽，这就是“绿色鸦片”的乐趣。

内啡肽和多巴胺都能让人感到快乐，但两者产生的生理机制则大不相同，内啡肽不是奖励，准确地说是补偿。内啡肽是一种延迟满足，它的分泌是吝啬的，一般要经历一个自律坚持、坚韧努力的过程才能获得。多巴胺是一种奖励机制，快感容易获得，比如吃美食、追剧、打游戏等，身体都会分泌多巴胺，你会感受到愉悦。然而，多巴胺分泌之后一般会急剧下降，让人易陷入空虚和焦虑，而要排除这种空虚和焦虑，只有再重复以前的行为。但因为耐受性阈值的提高，要想获得与之前一样多的多巴胺，必须加大剂量，俗称“上瘾”。内啡肽不同，分泌后会相对持久，人也会上瘾，比如跑步，我刚开始很难坚持，但坚持下来之后，跑过“极点”，出身汗，洗个澡，就觉得神清气爽，这是内啡肽分泌的结果，是一种不同于多巴胺的、更积极的、更有意义的、更健康的、更持久的“上瘾”。

内啡肽主导愉悦时，人必然要做一些需要艰辛付出才会有结果的事情，而这种事情一般是很有意义的过程。在追求高球杆数成绩提升的过程中，我就会用经营的思维来用心打好每一个“洞”，用心挥好每一杆。这一杆选什么杆，长杆短杆，木杆铁杆，打远杆还是近杆，冒险一点一杆打过，还是谨慎一点分杆推进，一杆打过去了，成绩好了，一杆没打过去，可能罚杆，甚至落水，这些过程就是思考、计算、控制自我情绪的过程。蓝天白云，绿草如茵，朋友三五,四周安静，微风轻拂，我在享受着美好的氛围，也在享受着高球的技巧和锤炼中的乐趣。这样的“玩”，是高级的“玩”。随着成绩提升，杆数越来越好，我常常打出“小鸟”，甚至碰巧打出“老鹰”和“一杆进洞”，成就感油然而生。这样的过程，必然催生内啡肽的分泌，也会因为令人“上瘾”形成一种正向加持，造成良性循环。高球的“绿色鸦片”不断给我的大脑以奖励，我从内啡肽带来的愉悦感中获得高级的乐趣，意义斐然。

我不反对、不质疑多巴胺带来的快乐和愉悦，但我更喜欢内啡肽带来的感觉，高球带给我越来越好的内啡肽体验，这大概就是对“绿色鸦片”“上瘾”了吧。

高球的运动智商

高球的练习，让我经历了一个痛并快乐的过程。

有一次出差，顺便和朋友到球场看看，碰到一位高人，挥杆转身抬头，一套动作下来，行云流水，风度优雅。我胆子大，直接就过去搭讪，请教。认识之后，他很惊讶，惊讶的不是我喜欢高球，而是我这个年龄却这么认真地学习高球，追求球技的进步。他说，想进步，就要提升高球的运动智商。

“高球的运动智商”，我乍一听有点蒙，经他解释，我恍然大悟。读书有智商，做生意有智商，高球也有“运动智商”，就像所有的运动一样，运动都有“运动智商”，代表你对这项运动的规律和技巧的领悟力。

“运动智商”跟我们平常所说的“智商”不同，“运动智商”是可以在适合自己的运动项目中，通过有方法的练习而不断提升的，甚至能达到很高的水平。

我不相信自己的高球智商低，于是按照高人的指点，开始了提升高球智商之旅，并约了球友一同修炼。

首先是认识到自己在打球中的误区。我的最大误区就在急于求成，认为数量之中出质量，一上来就对标最好的动作和水平，想通过多打球，快速达成目标。比如，我过于追求标准的挥杆动作，但其实高尔夫挥杆没有绝对意义上的“标准”，世界上也不存在一模一样的挥杆。挥杆要因人而异，每个人都应该根据自身条件与习惯选择适合自己的挥杆动作。教科书式的挥杆并不适用于所有人。我最初总是不断模仿职业球手的动作，并强行纠正自己的习惯，无论多别扭，都咬牙坚持，这其实是步入了误区，走了极端。比如，我想通过大量打球积累经验，给自己制定了每天打够 500 颗球的目标，其实不然。有时候，100 颗有质量的击球远比 1 000 颗无质量的击球更有意义，也更有效率。欲速则不达，过多不正确的练习反而会让自己偏离正确的轨道。因此，球手在初学阶段没必要追求击球数量，按照规范姿势将每一颗球打好，这才是提升球技的捷径。只有认真对待每一次击球才能对挥杆动作产生更多的思考，达到巩固挥杆、完善挥杆的目的。是不是打得越远越好？其实打得远确实很重要，但更重要的是精准度。还有，将练习场练习与下场相结合才是最有效率的方式。而在练习场，也要尽量贴近球场击球的状况，告诉自己即便是在练习场，机会也只有一次。

认识了误区后，我按照高球的运动规则，结合自己的身体特征，从站姿、握杆、开球、甩杆、选杆、判断等每个步骤的技术细节上提升自己的运动智商。我对每一次“高球”都“上瘾”，其中蕴含的愉悦、快乐、思考、智慧让我收获许多内啡肽。但我没有时间经常去打球，毕竟经营企业是我最主要的事情，我不会对打球频率“上瘾”，只是业余地玩，不能天天泡在球场里。

在高球中练习的运动智商反过来对我在经营企业上有很多帮助。有些事情并非“从来急”，而是“欲速则不达”。整体上，要有事业的紧迫感，有竞争的危机感，但每个朝夕急不得，饭要一口一口吃，路要一步一步走。稳扎稳打，看似慢，其实慢中有快。

创建“飞迪”

2007年，偶然的机缘，我和农牧行业的几位球友想到发起农牧行业高尔夫俱乐部。叫什么名字呢？那次正好是在内蒙古草原，大家策马奔腾。看了骑马的照片，我有一种飞腾的感觉。大家都是因饲料工业结缘，高尔夫又是发源于西方的运动，于是我想到饲料的英文“feed”，谐音就是“飞的”，而我又想到高球给我那么多的启迪，就脱口而出“飞迪”。大家都觉得好，一致同意叫“飞迪”。我练球最认真，杆数进步最快，组织活动最热心，参加活动最坚持，于是在组建“飞迪”高球俱乐部时大家公推我当首届会长，没想到这个会长一当就当到现在，大家不肯换，这是当时没想到的。

慢慢地，我在高球游戏中感受到了满满的愉悦和快乐。自创业开始，我全身心投入的只有工作和事业，随着事业一步步做大做强，我在艰辛痛苦中享受到事业成功的快乐。从事高球运动后，我感受了这种游戏的快乐。我想到了打麻将，许多人能通宵达旦，甘之如饴，其快乐是毋庸置疑的。突然间，我感觉事业也是一种游戏，让人痛并快乐着。事业与游戏大有相通之处，只要大家“自愿加入，共同目标，约法三章，奖罚分明，使命驱动”，这场事业的游戏玩起来一定不累。人生苦短，一定要快乐，“玩”事业，玩得大，玩得强，玩得久，要累并快乐着。

事业可以当游戏来“玩”，游戏能否当事业来做呢？

于是，“高球赛事＋高人论坛”模式应运而生。我们把每次“飞迪”球赛分成两个时段，上午时段进行高球比赛，下午或晚上时段举办高人论坛。高人论坛就是大家一起畅聊，话题包括生活、人生、事业、行业、经济、形势，甚至哲学，但是不谈国家大事，不谈政治，谈话不记录，不对外。

我始终认为“一场高球聚集宇宙能量，重要的不是高球，而是与高人交流”。大家相聚一堂，互为高人，一起学，互相教，平等交流。打球的场景和过程以及高人论坛营造了“高人交流众人教”的沟通氛围。大家探讨每个公司的资产股份化、股份证券化、证券公众化（上市公司），对会员的事业发展帮助极大。大家愉悦了身心，锻炼了身体，交流了管理思想，明确了发展方向，18 年间先后打出了 9 家上市公司，平均每两年上市一家。唐人神正是在 2007 年首届“飞迪”高尔夫高人论坛后启动上市工作的，在高人的帮助下于 2011 年 3 月如愿在深交所上市，成功穿过无数猪周期的险滩。

“飞迪”采取“高球赛事 + 高人论坛”模式，
在高尔夫球发源地英国圣安德鲁斯举行活动

在过去两年的猪周期寒冬，农牧行业有三家上市公司黯然离场，但“飞迪”高球俱乐部的会员都顺利挺过来了。“飞迪”高球俱乐部成员企业成为中国农牧行业的排头兵，最高市值近万亿元。

“飞迪”，农牧行业的“高球奥运”

在国内，许多高球球会组建之后就渐渐销声匿迹，普通行业球会更是很难组建起来，而组建起来坚持活动的又少之又少。农牧行业“飞迪”高球俱乐部，无疑是创造了行业高球俱乐部组织的奇迹。我是主要发起人，也一直担任会长，曾经有其他行业的好朋友，打破砂锅问到底，一定要我说说“飞迪”18 年没有垮掉，还富有旺盛生命力的秘诀。我笑了笑，没有立即回答他。他的问题的确勾起了我许多的回望和思考。后来我简明地讲述了过程，半开玩笑地说：我们一起打造了农牧行业的“高球奥运”——更高、更强、更美好：高球水平更高，企业经营更强、更持久，大家为自己、为企业、为社会创造更多美好。

企业“飞迪”的主要成员是农牧行业的企业家，几乎全是农牧行业大佬，其企业高峰期的市值达到万亿元。成员企业有的年营收过千亿元，利润过百亿元。他们肯定都很忙，那怎么吸引他们呢？

如果说“秘诀”，那就是按照定战略、搭机构、建班子、做项目的企业经济工作思维来运作“飞迪”高球俱乐部这个项目，把游戏当事业来做。

我从创办开始一直担任会长，其间我几次提出更换会长，大家都坚持让我来负责。一来我是主要发起人；二来我年龄较大，有些事情我说比较让人容易接受；三是我的确倾注了许多的心力和心血来做这件事情。俱乐部创建 18 年了，举行了 70 次活动，我迄今没有缺勤过一次。有一次我的父亲突然发病，有中风症状，恰巧当天是俱乐部的球赛活动。我赶紧联系医院的朋友，送父亲办理好住院，安排好所有事项，然后让家人陪护父亲。父亲明白我本来是出差参加“飞迪”活动的，在病房之中就催促我出发。于是我乘当天晚上的航班赶到长白山，正常参加了第二天的活动。会员球友都非常感动，纷纷表示我没有必要这么赶时间，完全可以请假的。我心里想，大家信任和支持我担任会长，我一定要克服常人不能克服的困难。

“飞迪”的活动形式为“高球赛事 + 高人论坛”，这是我们的创举，这也是把游戏当事业来做的核心内涵。高球赛事是运动享受，高人论坛是事业交流和人生分享。这样的“玩”就让大家有事业和人生的收获，而不仅仅是游戏的“玩乐”。每次活动的上午是高球运动，下午和晚上是高人论坛，论坛话题自选，不做统一规定，当次活动的执行会长提供主话题。每次举办高人论坛，大家都是经过充分思考和准备的，有的是把自己对行业和经济的思考说出来，有的是把自己的管理体会和感想分享出来，有的是谈人生和哲学，有的会聊艺术与生活，都非常有角度，有新意，有启迪，让人有思维起飞、人生启迪的收获感。高球带来的快乐是永恒的，高人论坛的话题总是与时俱进，次次有新意。有的执行会长会提前准备小礼物和话题，并通知各位会员，期待碰撞出更多更好的思维火花。

我清晰地记得有一次在昆明，话题是“幸福人生”。或许大家都会很奇怪，一帮企业家，也算是有钱的“大佬”，在一起讨论“幸福人生”？事实就是如此。那次活动是云南的执行会长赞助，在彩云之南，花香四溢，温暖如春。当日晚上，我们喝了点儿小酒，泡过温泉后，大家围炉而坐，执行会长用当地的特色酒饮和果蔬招待大家，“幸福人生”的话题由此打开。有一个会员，妥妥的行业大拿，竟然准备了 PPT，大家都知道，他在集团内部开会都很少用 PPT，但在“飞迪昆明幸福人生”的高人论坛上自己写了 PPT。虽然格式并不时尚，也不花哨，但字字句句都是箴言。

的确，无论财富，无论地位，幸福的人生，一定需要善于交往，沟通才会快乐。尽管孤独也会快乐，但在一起才会有升华的快乐。第 70 届“飞迪”赛事在成都举行，主题就是“在一起，更美好”，许多美好的瞬间我们都记下来，做成短视频和精美的画册，所有的会员都很感动，视若珍品。

在一起，更美好！

“飞迪”三悟

2024 年 8 月 12 日，第 69 届“飞迪”赛事在美丽浪漫的海滨城市大连圆满举行。算是缘分，第 69 届，我正好 69 岁，69 届赛事，69 届高人论坛，我没有缺席过一届。回想自 2007 年“飞迪”农牧高球俱乐部创始起，许多农牧企业大佬纷纷支持加入，“飞迪”逐渐变成一个高球事业。我也倾注心力，把“飞迪”当“儿子”培育，往事历历在目，遥看大海，浮想联翩。

因事业结缘高球，因高球促进事业。其中的人生回望让我心潮起伏，夜深难寐，于是欣然提笔，在大连海滨，写下了自己对事业、对人生、对高球的一些感悟。

《花开花落人依俏——高球感悟》

春有百花秋有月，夏有凉风冬有雪。
若无闲事挥两杆，便是人间好时节。
一场高球聚能量，高人交流众人教。

云卷云舒随风去，花开花落人依俏。

《人间至爱是清欢——人生感悟》

人生哪能多如意，万事只求半称心。
浊酒一杯无悲喜，半醉半醒方为真。
富贵福禄切莫贪，为道中庸有高参。
一山一水一浮生，人间至爱是清欢。

《天道酬勤事必成——事业感悟》

高人指点有前程，贵人相助满感恩。
自己奋斗不言败，天道酬勤事必成。
事有信心心常乐，人无自我天地宽。
勤学思变道至简，人间正道是沧桑。

高球感悟

四时景色不同，四季高球皆美。打球时，我们以平常心怀抱自然：在泰国的山花烂漫中打，在英国圣安德鲁斯高球发源圣地打，在法国浪漫的梧桐树林中打，在海岛的椰树海风中打。春天百花争艳，夏日凉风习习，金秋霜叶染红，冬日椰树摇曳，以平常心观照高球自然之美。“飞迪”球友多是农牧企业的老板，还有相关领域的学者朋友。疫情困扰、行情低迷、管理难题、消费紧缩等“烦恼”要面对，客户价值、员工增收、资本回报、公司增长等“闲事”要解决。“挥两杆”，“挥一挥衣袖，不带走一片云彩”，洒脱。有闲事不怕，“挥两杆”就把闲事挥走了。相约“飞迪”，携好友挥两杆，赏花望月，迎风冒雪，闲事也能先放下。放下闲事，暂得平常心，以平常心境吸入自然能量，便是人间好时节。

一场高球聚能量，高人交流众人教。“挥两杆”之后，参加高人论坛，就会得到启迪，有高手相助，高人指点，那些事业中的烦恼和难题都将“一扫而光”，又将获得新的能量，事业就会更上层楼。

第一首小诗的尾联呼应首联，化用明代陈继儒《幽窗小记》辑录洪应明《菜根谭》中的句子：“宠辱不惊，看庭前花开花落；去留无意，望天上云卷云舒。”还记得南岳大师有言：“身外浮云，不扫自去。”意为旁人恶言碎语，有如浮云，无须解释。

乐观积极是担当，收放自如是俊俏。以“人依俏”结尾，寓意深远。

毛泽东的《卜算子・咏梅》中有：“已是悬崖百丈冰，犹有花枝俏。俏也不争春，只把春来报。待到山花烂漫时，她在丛中笑。”梅花是唐人神的司徽标志，我们对梅花喜爱入心。在风雪冰崖中，梅花“迎春、报春”，在百花齐放时，她与百花共春光。她敢于面对艰难环境，乐于做报春使者，善于共赢胜利局面，这是智勇的俊俏。豁达的智者，积极的勇者，喜梅之人“人依俏”。

平常心看（高球美景）、平常心打（众人教球）、平常心说（高人论坛），“自然的高球、众人的高球、人生的高球”之三大感悟，从“人间四季好时节”到“高人交流众人教”，再到“花开花落人依俏”，层层递进，步步升华。

高球带给我快乐与启迪，我也想借此寄语“飞迪”球友：花开花落年更岁，踏遍青山叶染秋，江山易老自天然，心境不老人不老。这份自信，这份超然，这份“飞迪”人的“俊俏”，漫随云卷云舒，无惧花开花落。

诗歌先后引用慧开禅师公案、《幽窗小记》字句、《卜算子·咏梅》意境，典故贴切，组合出新。其中，我也是学习并借鉴了王国维曾引用晏殊、柳永、辛弃疾之句，开创“人生三境界”说。

尼采有言：“宁可去追求虚无，也不能无所追求。”企业家追求百年基业长青，政治家追求社会理想抱负，学者追求研究成果突破，发明家追求创新成果，参禅悟道者追求随缘放下。

我追求什么呢？

在春有百花时到高球场挥杆，在农牧大地上倾听驼铃叮咚，在一山一水一浮生的山河一园欣赏锦绣景观，都是我对爱的追求，对生命的热爱。这份爱从少年初心到青年志向再到毕生情怀，从来都是那么纯粹的简单，从来都是那么自然的洒脱，从来都是那么清澈的欢喜。

第 69 届“飞迪”高球赛事在大连举行

人生感悟

弘一法师半世风流半世僧，是中国近现代文化史上的一位艺术全才。他在 39 岁时突然到虎跑寺出家，在灵隐寺受戒，修行最严戒律，念佛不忘救国，成为律宗第十一代祖师。我打心底佩服他。灵隐寺“人生哪能多如意，万事只求半称心”的对联就是法师所写。事不求满，人不求全。据说出家时，他的日本妻子雪子追至西湖边，法师以“爱是慈悲，人生无常”回赠，便头也不回遁入空门。

积极努力面对，坦然接受一切。认真做，不过于计较结果。西方的祷告忏悔，就是跟自己的内心对话。普通人难舍名利，哪肯半点放下。有的高级干部退休之后难以释怀，放不下，恢复不了平常心，反而不如普通人健康长寿。

富贵福禄切莫贪，为道中庸有高参。《红楼梦》有语：“身后有余忘缩手，眼前无路想回头。”结果贾府落了个“树倒猢狲散”的结局。败就败在“贪”，贪心贪多，啥都想要，这是人性的弱点。赚钱当官，享福受禄，都是如此，世人贪得无厌，贪心不足蛇吞象，往往回头无路，到头成空。自从企业越来越大，越做越好，我就特别警醒自己不要贪。

中国文化崇尚中庸，认为这是人生之最高境界。曾听老师讲授中庸，他随手拿一支钢笔放到支架上，靠近笔套的这头，钢笔就平衡了。老师说这是物理上的平衡，不在钢笔的中间点，不是简单的对半分。《论语·雍也》首提中庸，乃中正平和，不偏不倚，无过无不及，恰到好处。人生处世，能够时时事事谨记中庸之道，尽可能不偏不急，这也就是平常心的最高境界吧。

一山一水一浮生，人间至爱是清欢。能够偷得浮生半日闲，读喜欢的书，做喜欢的事，见喜欢的人，有内心的真爱，简简单单的欢喜，这就是清欢。把自己一生的历练与感悟写成文字以传承，不亦乐乎？把多年看不懂的书重新拿出来，先贤圣人如立眼前，默然对话，不亦乐乎？干自己喜欢的事，做饲料、肉品和养殖，虽不时尚，不亦乐乎？运动打球，若无闲事挥两杆，不亦乐乎？跟喜欢的一帮人努力做好企业，不亦乐乎？与家人朋友一起，享受岁月静好，不亦乐乎？

事业感悟

感悟事业，首先感恩。

从创立“骆驼”品牌，到与香港大生行合资，再兼并联合成立集团，进入肉品加工和养殖领域，从骆驼牌饲料到唐人神肉品到香乡猪养殖，从单一的饲料小厂，到生猪全产业链经营的唐人神集团上市公司，披星戴月，筚路蓝缕，踏遍千山看风景。

如果没有贵人相助，如果没有高人指点，我也不会知晓，农业没有规模和管理技术就谈不上成本优势和竞争力，也赚不了钱；没有科技，不研究防疫技术和遗传育种技术就没有未来的护城河，碰到灾害、疫病、行情等困难，没有资本支持根本挺不过去。唐人神在1998年、2002年、2008年连推三次上市，2011年终成正果，这正是自己“奋斗不言败”的真实写照，否则在超长的猪下行周期会很艰难。

我们努力做好企业，回报社会，回报国家，满怀感恩。在我心中，慧眼的伯乐、“飞迪”会友、同事、供应商、客户、社会精英、经典图书的作者等，都是高人，都是贵人，他们帮助我踏上事业征途，指点我们一路披荆斩棘，乘风破浪。

业精于勤，天道酬勤，也始终是我坚守的信仰。

有成功的商人说过，生意合作，拿七分利正常，拿八分利也不为过，但只拿六分利，这是“人无自我天地宽”的直白诠释。人性自私，不是不要自己，而是秉持利他的初心。我们跟香港大生行的合作就是很好的例子。香港大生行1992年投给我们1 200万港币现金，后来把派来的副总经理和财务总监都撤了，因为他们知道我是感恩和勤奋的人。我时常在内心告诫自己：“我们不能让投资高人吃亏，宁愿自己多付出，心里也先想着他人，这样路会越来越宽。”后来许多投资人就是为这份信任而来的。我的朋友南岳大师告诉我：“缘是天意要珍惜，分是人为要努力。”国外的企业家和成功人士也讲天意，上帝的旨意，命运的安排，确实有巧合的成分。一个人按照成功的过往重新走一遍也是走不出来的。

我一直好学勤学，不曾停歇。这两年，我带高管团队到“飞迪”高球俱乐部会员企业学习，大家携手共进，推动中国农牧行业进步。

子曰：“学而不思则罔，思而不学则殆。”我觉得：“学而不行则浮，行而不学则庸。”只学习不行动就会浮夸不务实，容易垮；只埋头行动不学习，新知识、新管理不明白，容易陷入平庸难以突破。我们做企业，要懂得勤学思变。客户、产品、竞争都在变，不仅要勤学，还要因势变革，企业才能长青。

大道至简，就是专注。唐人神专注生猪全产业链，才能够活到今天。人间正道是沧桑，我们对外的交道，始终遵循“君子之交淡如水”，相信“水至清有鱼”，保持规则清晰，边界清晰，让企业始终成长在法律法规的阳关大道上。

事业有成，我的感悟就是，感恩、奋斗、自信、利他、勤学、思变、专注、正道。

数字化转型升级玩得久

养猪遇见 AI：和院士一起探索智能养猪

在思考 AI 对于养猪业的影响时，我常问三个问题：

- 为什么中国汽车工业数十年没有突破，而中国高铁短短 10 年就领先世界？
- 为什么 5G 技术在美国没有突破？而中国民营企业华为实现了突破？
- 中国是世界上最大的养猪国与猪肉消费国，中国养猪业能否借鉴中国高铁的发展模式，领先世界？

我的答案是，中国高铁发展模式有技术解码，走了管理集成创新与技术集成创新发展之路。华为崇尚技术，尊重人才，持续投入，合作开发，所以突破 5G 技术引领全球。养猪业完全可以借助 AI，实现数字化转型升级，走中国高铁发展般的养猪产业升级道路。

难点是很明显的，谁来做管理集成与技术集成的平台牵引人？政府？协会？院所？还是企业？

唐人神人试图探索答案。

我们首先寻找智能养猪的八大核心技术：健康评估技术、育种技术、营养技术、母猪生产技术、防疫技术、管理技术、工程设备技术、环保技术。

其次寻找国际国内的顶级院所与专家。精诚所至，金石为开。2019 年 7 月中旬，我在武汉粮院参加一个庆典活动，到现场得知健康防疫领域的沈建忠院士出席了活动。我连忙请工作人员帮忙调整，把我安排和沈院士晚餐同桌。见面之后，我把唐人神在智能养猪方面的构想说出来。我提到，智能养猪不是炫科技，是及时发现早期的生猪疾病并在线传输，通过大数据进行赋权的 AI 处理，对各种健康情况进行智能汇总，表示出这个猪场的健康等级是绿色、黄色还是红色。沈院士听了后很感兴趣，很快就来到唐人神交流探讨相关信息。

2021 年 3 月，陈焕春院士、印遇龙院士、沈建忠院士相聚唐人神集团，共襄智能养猪之大计。陈焕春院士长期从事动物传染病与人畜共患病研究工作，主要针对中国动物重大传染病与人畜共患传染病等方面进行研究。印遇龙院士是中国动物营养与饲料科学领域的权威专家，长期聚焦生猪健康养殖与生态营养调控研究。沈建忠院士长期从事基础兽医学领域中动物源性食品安全和兽医公共卫生的基础理论与技术研究。在此基础上，我们创新组建了 TRS 智能养猪技术项目组。我自己担任总架构师，邀请专家院士分别担任远程疫病诊断、健康养殖、饲料营养、遗传育种、AI 智能设备、系统管理等各个项目小组的负责人。政府支持，企业、院所、协会通力协作，我们由此开展智能养猪技术项目的规划与实施。比如，在猪场健康智能评估技术项目中，我们制定了以下项目规划和实施路径。

- 项目规划：通过对猪场生猪的血液、唾液、精液、饲料、粪便、尿液、饮水、空气、土壤、病毒、细菌、流行病等指标的监测、检测与数据采集，通过 AI、云计算（算力）找到各指标影响猪场健康的权重，每天动态检测调整，取得该猪场的健康评分等级，为猪场提供科学的免疫程序、消毒体系设计和健康预警决策依据。
- 实施路径：准确全面采集数据，建立人工健康评估系统；做常规健康评估与 AI（算力）评估；逐步积累数据、对标完善，形成科学评估体系。

在饲料营养与价值创造智能分析技术项目中，我们通过大数据采集，利用 AI 运算找到饲料营养调控对生猪生产效率、生猪猪肉品质和综合价值的影响模型，从而找到饲料营养调控对生猪生产效率的价值创造规律，包括饲料营养（生物饲料）调控对猪肉品质的价值提升，饲料营养调控对原料行情变化和猪肉行情变化的价值影响。

在猪场远程智能诊断技术项目中，利用5G技术升级和现场快速检测技术，通过众多兽医专家对各种猪病的诊断，经AI机器人优选，提供最佳诊断意见书。后续把猪发病的各种机制与病因及诊断方案输入机器人，它自行运算迭代产生最佳诊断方案供人们选择应用。

2021年3月，院士智能养猪项目在唐人神集团签约。当养猪产业遇到了AI，猪，真的要“飞”了。

院士智能养猪项目在唐人神集团签约

（图中左一为印遇龙院士，左二为沈建忠院士，左四为陈焕春院士）

养猪还要数字化吗

2020年10月16日，我参加“数字中国”在深圳的开班仪式之后，老师和同学就好奇而直爽地问到：养猪还要数字化？

是的，我们做农牧企业，专注生猪全产业链经营，为什么要引进数字化转型，理由包括（1）实现由个人驱动向组织驱动的必然选择；（2）把个人能力建立在组织能力上；（3）把组织能力表现在高效流程上；（4）把高效流程建立在数字化系统上；（5）提高管理效率，降低经营风险，提升客户黏性与满意度，增强企业市场竞争力。

数字化并非一转就灵，数字化转型有许多不能解决的问题，包括：（1）不能解决战略发展方向错误的问题；（2）不能解决公司"产品 + 服务"平庸的问题；（3）不能解决干部业务能力、作风不佳，以及激励不到位的问题；（4）不能解决客户不断增加而产品供不应求导致量利无法双增的问题。

我们通过数字化转型能够解决的问题主要包括（1）能够解决现有经营活动的数字化程度不足的问题；（2）能够固化高效流程，从而解决人为因素影响的问题；（3）能够及时发现经营活动中发生的问题；（4）能够及时处理经营活动中发生的问题；（5）能够把有能力的人转换成高效的流程节点，转化成高效的数字化管理系统的一环（今后不再依靠某个厉害的人）。

数字化转型的核心是以数据在线和流程规则为基础的 IOC，能够支持和优化业务主管的经营决策，从而真正全面提升公司的综合竞争力。

其中，通过养殖"人猪物"，饲料、肉品"人货场"的对象数字化，进入作业数字化、交易数字化、办公数字化，再与 IOC 循环互联，从而完成业务决策对饲料和肉品的客户、产品、利润、团队的数字化掌控，以及对养殖成本、团队、猪、物的数字化掌控。在这个数字化运营智能决策的过程中，唐人家专属管理驾驶舱，就像汽车的仪表导航中控，对方向（目标）、速度（销售）、油量（利润、现金流）、温度（风险）进行实时监控调整，优化前进。

我们推进数字化转型的技术路径。

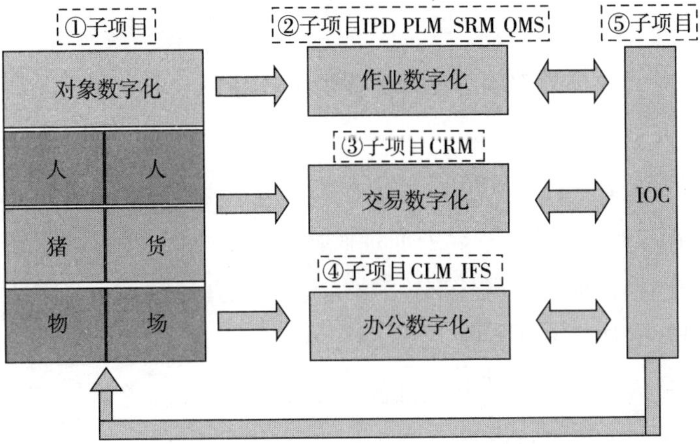

数字化转型技术路径示意图

注：IPD是集成产品开发的缩写，PLM是产品生命周期管理的缩写，SRM是供应商关系管理的缩写，QMS是质量管理体系的缩写，CRM是客户关系管理的缩写，CLM是客户生命周期管理的缩写，IFS是集成财务系统的缩写。

我们还要实现内部数字化孪生和外部数字化孪生。

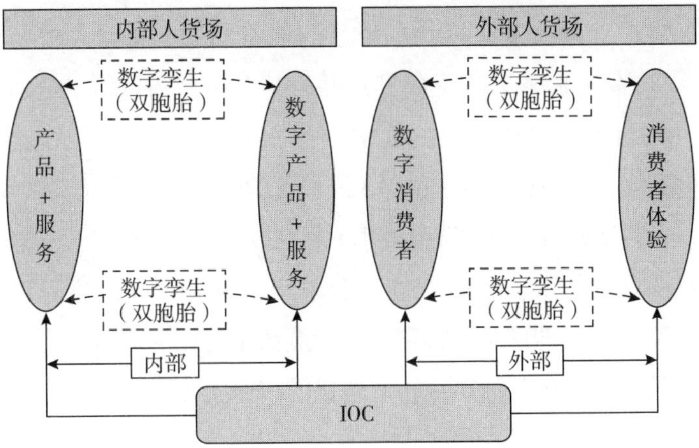

内外部数字化孪生示意图

首先，要把内部的对象（人 + 产品 + 服务）转化成数字化信号（在线）。

同时，要把外部的对象（消费者 + 产品 + 服务）转化成数字化信号（在线）。

接着，要利用 IOC（唐人家平台）及时确认内部确定的对象与外部确定的对象的数字孪生（双胞胎）是否匹配（满意），及时进行改善调整，最终实现外部（消费者）满意并持续购买与内部（公司）量利增加、奋斗者收入增加的目标。

围绕人、产品、客户、利润、团队五大关键任务，在数字化转型过程中我们要推进以下工作：

- 人：解决现有组织流程再造，引进能人，同时提升现有高管和关键岗位员工的业务能力，强化作风考核，全面推进高激励与强淘汰措施。
- 产品：解决“产品 + 服务”不强的问题，持续推进 IPD、SRM、QMS 流程再造与改善。
- 客户：解决现有客户的质量与数量问题，重新寻找与公司“产品 + 服务”适配的客户并为其创造新的价值，全面推进 CRM 流程再造升级，助力客户的商业成功。
- 利润：解决公司盈利能力不断弱化的问题，通过“产品 + 服务”的再造提升销量，降低成本，提高效率，全面提升盈利能力。
- 团队：解决公司组织能力及系统竞争力不强的流程再造问题，全面推进对象数字化、作业数字化、交易数字化、办公数字化和运营数字化转型项目的落地实施。

从 2019 年开始，我们先后聘请了 10 家国内外顶级的咨询公司，组成了“数字化转型”的咨询军团为我们提供帮助、启迪思维、导入工具。到2030年，唐人神将完成数字智能化转型的战略目标，跻身于世界农牧企业数智化成功转型前列。

在这个过程中，我们从对数字化的茫然、好奇、胆怯，到了解、认知、改变、革新，并坚定地走“数智农牧”的道路，信心满怀、前行无惧。

咨询助力，数智链接美好生活

2024年5月30日，唐人神集团与来自我国、德国、美国的4家数字化转型顶级咨询公司签约，计划投资超3亿元，开启企业数智化管理新时代。

4家咨询公司，加上法律、营销、生产、质量管理、人力资源方面的几家配合的咨询公司，相当于10家顶级的咨询公司组成了咨询军团，为唐人神集团数字化转型加持赋能。通过数字化、信息化技术，全面在线运营，让业务产生质变，助力业务持续成功。相比过去一些农牧企业的数字化转型，唐人神数字化转型咨询军团项目有两个关键的不同之处。一是唐人神数字化转型以企业自身业务为主，咨询军团为辅，而不是把转型变革交给咨询公司来做。这样才能真正让集团管理者与咨询专家一道，变革传统管理思维理念和流程，达成一致转型的共同目标。二是转型的出发点和落脚点都是服务于经营。咨询军团的服务是工具，服务于经营业绩的达成。

陶业在启动仪式上说，2024年，唐人神集团开启管理转型，推进项目建设、流程再造、策略优化。管理转型旨在实现组织驱动，即“企业家精神 + 项目驱动 + 流程驱动 + 数字化驱动”。数字化转型旨在以“企业家精神”为魂，整合项目驱动和流程驱动的“道、法、术”，围绕为客户创价值，围绕公司实现量利增长，围绕员工促进收入增加，为“产品 + 服务”超群和“低成本”领先提供系统的、持续的、全面的管理支撑，并通过前沿的 IT 技术，全新的架构思维，构筑数字化流程管理体系，为改善当下业绩和提升未来竞争力奠定管理基石。比如，在 IPD 中，我们创新了产品技术经理和产品业务经理结合的模式，就像餐馆做生意，经理（店长）是业务经理，厨师是技术经理，共同服务好客户。

农牧同行和有关媒体纷纷评价，此次数字化转型，唐人神集团开农牧行业先河，投入大，模式新，必将大获全胜。

唐人神生猪全产业链的核心意义是唐人神香乡猪·生态肉的高端品质升级。唐人神集团将成为有饲料和养殖的全产业链农牧食品企业，唐人神美食，“链接”更美好的生活。

位于湘赣边界罗霄山脉下的茶陵县严塘镇十里冲湖里湿地，香乡猪生态牧场呈现出一片现代的山地楼房智能单体养殖景象。这里山清水秀、空气清新、四季如春、植物茂盛、鸟语花香，堪称“天然氧吧”。数十栋山地楼房智能化猪舍在绿水青山间有序排列，随山赋形，傍水而居，从空中鸟瞰，宛如镶嵌在绿草地上的白玉，简直就是高档小区的感觉。香乡猪生态牧场常年恒温恒湿，配备数智化管理系统，生猪吃“酸奶”、听音乐、喝山泉水、住“五星级”房间，享受着快乐的猪猪生活。比黑猪肉更嫩，比白猪肉更香，是传统特色风味肉在现代科学遗传育种技术中的完美绽放。香乡猪·生态肉，肌间脂肪处于理想状态，肉质红润，营养丰富，蕴含的大理石纹让香乡猪口感细嫩鲜美，一经上市便受到消费者的追捧和热爱。香乡猪出色的养殖性能和肉色品质在唐人神得到完美结合，必将成为高端特色品质猪肉中的佼佼者。

为梦想而奋斗

一江春水向东流

2019年，行程12.8万千米，祖国的大好河山，在眼前掠过。在飞机上，好多次看到长江东流，大海奔涌。2020年，办公室的同事依照惯例问我，是否在新年之际给伙伴们写点文字，表达新年祝福。猛然间，在飞机上看大地河山，一江春水的情景再次浮现脑海。好吧，那就写《一江春水向东流》。

斗转星移，光阴似箭！新30年追梦再起跑刚一年，充满期待的2020年新年钟声又再次敲响！

TRS313追梦工程全面启动，我们初心不改的是“三创”宗旨，即为客户满意创价值，为公司发展创价值，为员工成长创价值！寒冬酷暑，栉风沐雨，我们逢山开路，遇水架桥，日夜兼程……

这一年，为了把TRS313追梦工程的美好梦想描绘成战略地图，再根据战略地图找到实施的路径，进而掌握高效推进的方法论，我们求知若渴，知行合一，大胆探索，勇于创新！为了增强“脑力”，我们组建“TRS追梦读书会”，读经典图书；去清华大学“创领中国”总裁班汲取新知识，探索成长方向；行万里路去寻找高人智慧，并聘请了国内国际四大咨询机构提供外脑支持。这一年，我带领团队赴日本寻找东方儒家智慧与西方科学管理的融合之道；飞赴美国，探讨国际育种企业和生物公司的全基因选育合作和分子营养应用；去丹麦育种王国探索联合育种；赴德国学习百年隐形冠军企业的成功之道；再到以色列取经犹太人的商业法则。这一年，乘坐飞机、高铁共计108次，行程达12.8万千米，绕地球三圈多。

因为梦想，所以奔跑……

这一年，我们不仅提出了TRS313追梦工程的伟大梦想，发布了TRS长期主义价值观，更重要的是，这一年我们描绘了梦想实现的战略地图，找到了战略实施路径，同时学到了实施项目达成的方法论……在“因为梦想，所以奋斗”的感召下，一批大学教授、北大博士后、旅美博士、企业精英、战略预备队员纷纷聚集唐人神，共同追梦奋斗！事业合伙人机制落地操作，管理模式不断创新，包括两轮驱动模式、目标达成五步法、项目制推进SMART原则[①]、精益管理等全面试行，一个勇敢、好战、求胜、有算力的高能组织日益壮大。

这一年，我们充实和稳健地奔跑在追梦的路上，我们的脑力、腰力与腿力日益协同强大！

“沉舟侧畔千帆过，病树前头万木春。”一场百年不遇的非洲猪瘟，自2018年8月3日暴发以来，2019年更是山崩地裂般地破坏了大大小小的猪场。从北到南，从东到西，波及29个省（自治区、直辖市），有的市县70%的猪场被彻底摧毁。一时间，政府一筹莫展，猪场老板生死挣扎、欲哭无泪，饲料企业销量直线下降、纷纷裁员歇业。深深懂得斯托克代尔悖论（既要坚守成功的信念，又要直面残酷的事实）的英雄唐人神人，经受住了这场生与死的考验……

这一年，唐人神养猪人顶着猪瘟压力，不靠天不靠地，靠科学防疫流程与手段。多少养猪人战斗在养猪一线，通宵达旦地轮流巡

---

① SMART原则，也被称为制定目标的黄金法则，由Specific（明确性）、Measurable（衡量性）、Attainable（可实现性）、Relevant（相关性）、Time-based（时限性）5个英语单词的首字母组成，这5个单词是在设置目标时应遵循的原则。——编者注

逻，顶着酷暑严寒，不放过一丝丝细节。为了严防死守，他们甚至舍弃了家庭一年的团聚，取消了给父母的生日拜寿，放弃了与朋友的聚会。多少饲料营销员日夜奔走在猪场防疫的战斗一线。多少肉品人员日夜检控，确保市民猪肉安全……他们是最值得尊敬和大力颂扬的英雄，向他们致谢！向他们致敬！经过这场洗礼的组织与战士，今后碰到任何艰难与险阻，还能阻挡其前进吗？我们始终相信泰戈尔的名言："只有经历过地狱般煎熬的人，才有建造天堂的能力！"这场"猪瘟"将改变中国养殖业的竞争格局，也将改变人们的消费习惯，唐人神全产业链生态发展抵抗风险的发展战略，将进一步受到实践的检验。我们活下来了，还怕没有未来吗？"沉舟侧畔千帆过，病树前头万木春"的新时代正召唤着我们继续破浪前行！

罕见的、突如其来的"猪瘟"给中国的养猪业、饲料产业、消费习惯都带来了无法预见的改变。根据有关权威机构预测，未来5年将有一半的猪场和饲料企业关闭或转产，留下来的猪场、饲料厂不是"金子"就是"银子"，有道是：问君能有几多愁，恰似一江春水向东流。

风险与机遇同在！

这一年，我们顶着巨大的外部压力，分别开工建设甘肃天水武山、云南禄丰、河南南乐、湘西花垣等地100万头生猪、100万头屠宰、30万吨饲料的产业链项目，还有福建、广西、广东、山东、内蒙古等地的项目……

这一年，香乡猪50万头养殖项目和30万吨生物饲料，以及广西钦州30万吨生物饲料项目如期投产，江西30万吨水产项目如期开工，武汉汉南中国最大的年产45万吨水产饲料项目正接近尾声……

这一年，专家院士领衔的AI六大养猪项目正式启动，12.5亿元的公司可转债项目即将全部完成。

这一年，唐人神6 000万元教育扶贫基金完成组建并资助215名贫寒学子，助力他们完成大学梦……

岁月易老，初心不改；一万年太久，只争朝夕。在这充满希望的春天就要来临之际，问君能有几多愁？一江春水向东流，长风破浪会有时，直挂云帆济沧海！

春天来了，梦想收获的秋天还会远吗？亲爱的唐人神伙伴们，让我们一起努力吧！

因为有梦，所以奋斗

2019年是乙亥猪年，却是猪不平常的一年。非洲猪瘟肆虐全国，养猪行业遭受重创。而后新冠袭来，防不胜防。春节我在海南，正月初一（2月5日）开始，我就感觉心潮澎湃，夜不能寐。2019年，在创业30年的时点，唐人神新旧30年的历史交汇点，不免抚今忆昔，回首往事。正月初六（2月10日）晚，天气很好，皓月临窗，大海茫茫，情难自禁，写下一行行文字，借用诗歌的形式深情回望，分享梦想。

《因为有梦，所以奋斗》

（一）

昨夜西风凋碧树，独上高楼，望尽天涯路。

让养猪赚钱不再成为难事，

让市民吃上安全美味的肉品不再成为难事，

让贫苦孩子用知识改变命运不再成为难事。

三大梦想，筑梦未来。

三大产业，生态发展。

沧海桑田，寒冬酷暑，脚踏实地，驼铃叮咚。

一头猪上做文章，

我们初心不改，砥砺前行。

因为有梦，所以奋斗！

（二）

衣带渐宽终不悔，

为伊消得人憔悴。

三十年，披星戴月，筚路蓝缕，

逢山开路，遇水架桥，日夜兼程，

栉风沐雨，薪火相传，玉汝于成。

新三十年，我们再出发。

TRS313 追梦工程号角已吹响，

TRS 长期主义价值观，我们信仰不改。

我们是爱、信任、承诺的高能球队组织。

我们认同组织驱动、蜕变转型、奋楫者赢！

因为有梦，所以奋斗！

（三）

众里寻他千百度，蓦然回首，

那人却在灯火阑珊处。

事业有路勤为径，梅花香自苦寒来。

事有信心心常乐，人无自我天地宽。

天道酬勤事必成，人间正道是沧桑。

春华秋实，岁物丰成。

你站立的地方，就是唐人神旗帜高高飘扬的地方。

你怎么样，唐人神就怎么样。

你怎么改变，唐人神就怎么进步。

你怎么奋斗，唐人神就怎么辉煌。

因为相信，所以看见！

因为有梦，所以奋斗！

“昨夜西风凋碧树，独上高楼，望尽天涯路。”国学大师王国维喻之为人生第一层境界。此境界就是“立志”，年少最难在“立志”。大多数人往往被现实生活所困，基本无缘高楼。倘若梦想之初，处处为名为利为自我，处处计算权衡，怎能“上高楼”，遑论“望尽天涯路”。怀抱“无我”的梦想，才有执着的忘我奋斗。

自创业开始，我们逐步立下三大志向：让养猪赚钱不再成为难事，让市民吃上安全美味的肉品不再成为难事，让贫苦孩子用知识改变命运不再成为难事。由实业兴邦到教育扶贫，环环关联，成就了唐人神生猪全产业链经营的事业梦想和回报社会的时代梦想。有梦想不难，难的是为梦想执着奋斗，“沧海桑田，寒冬酷暑，脚踏实地，驼铃叮咚”，历经坎坷初心不改，遭遇困境而不惧，身临顺境而不惑，“路漫漫其修远兮”“虽九死其犹未悔”。不计个人名利，不惧世事纷扰，哪怕西风冷冽、落叶凋零，依旧望远前行，上下求索，颜色憔悴而毅然不止。

“衣带渐宽终不悔，为伊消得人憔悴。”站在唐人神新旧 30 年的历史交替点，回望岁月，内心是波涛汹涌的往事翻腾。

我从 16 岁参加工作起坚持每天跑步，几十年如一日，刮风下雨跑，除夕跑，等候火车、飞机时跑，在大洋彼岸跑，在外地学习考察期间跑，在北京参会期间也跑。家人朋友每每问我，一天不跑也没关系吧？我说，古人“卧薪尝胆”“苦其心志，劳其筋骨”，跑步不仅在磨砺意志，而且还可以锻炼身体。人生和事业没有随随便便可以成功的。马云说：“今天很残酷，明天更残酷，后天很美好，但是大多数人死在了明天的晚上。”这是因为没有超强的意志力而熬不过。

我天资平平，却怀抱梦想，深知唯有不断学习，而且是加倍学习，方能有所进步，这是我创业以来从未懈怠的地方。唐人神的发展史也是我们的学习成长史。从学习饲料到学习肉品再到学习养猪，从个人努力到团队协作再到管理企业，学无止境。为了梦想，只有不断学习充电，让自己有能量冲击一个个艰难险阻。正是十年如一日锤炼出来的超强毅力，才能面对无数的发展难题，正是不断学习积累的知识和技能，才能牵引企业从一个胜利走向另一个胜利。

“为伊消得人憔悴”，“伊人”谓何？“伊人”就是望尽天涯路之后的唐人神新30年“TRS313追梦工程”，“伊人”就是责任、成果、社会的“TRS长期主义价值观”。

企业的成功印证了“天道酬勤事必成，人间正道是沧桑”。寒来暑往、年岁更迭，为伊憔悴的成功，绝对不仅仅表现在企业的规模、销售、利润等经营指标上。“望尽天涯路”是怀抱梦想，“衣带渐宽”是忘我奋斗，那么“蓦然回首”呢？第三层境界到底是怎样的境界？“灯火阑珊处”的“那人”到底是谁呢？

王国维借用了南宋辛弃疾的《青玉案·元夕》来阐述第三层境界。正是这首词的下阕所言“蓦然回首”：是繁华褪去之后的“初心依旧”，是灯火阑珊处的“人无自我天地宽”。30年新旧交替的春天来临，面对大海，过往的“骆驼”足迹已被风沙抹平，过往的鲜花掌声已不值得任何留恋，只有“忘我”地奋斗，“无我”地升华。

我顿时明白：“你站立的地方，就是唐人神旗帜高高飘扬的地方。你怎么样，唐人神就怎么样。你怎么改变，唐人神就怎么进步。你怎么奋斗，唐人神就怎么辉煌。”

我猛然看到，在美丽的湖南茶陵严塘镇十里冲湖里湿地生态牧场，香乡猪吃酸奶、喝山泉、听音乐，在堪称“五星级宾馆”的25℃恒温猪舍中健康生长。我相信，致力农家富裕，打造绿色食品，创造美好生活的使命将日益弘扬光大，香乡猪高端品牌肉会成为肉品消费的新风景线，唐人神生猪全产业链经营的旗帜将在神州大地高高飘扬！

“蓦然回首”——

相信新的梦想，相信新的奋斗，相信新的启航。

“灯火阑珊处”——

“那人”不就是一条唐人神卓越的生猪全产业链农牧食品企业发展路径吗？

“那人”不就是一支由充满青春活力的“80后”总裁陶业带领的践行TRS长期主义价值观的唐人神高能球队组织吗？

“那人”不就是一面唐人神用30年30亿元打造的“罗霄山脉茶陵十里冲湖里湿地香乡猪高端品牌肉”的崭新旗帜吗？

那晚，海风拂面，星空浩瀚。宇宙之大，历史之长，我们如此渺小而短暂，然生命的意义，在于梦想，在于希望，奋斗不息，进取不止。

如饮甘露，如沐春风，如仰高山，如临大海。

第一篇

哲学大师斯宾诺莎有一句影响我一生的名言："人类所能企及的最高活动就是为明白而学习，因为明白了就获得了自由。"一个人的成长和进步，我始终认为就是认知的不断修正与改变。怎样才能修正与改变认知呢？我慢慢摸索出，只有向书本学，向高人学，走出去学，才是提升认知的唯一途径。一个人不论出身普通，还是书香门第，都是一个不断认知自我，然后做认知改变，进而做认知行动的过程，这就是我的成长三部曲。

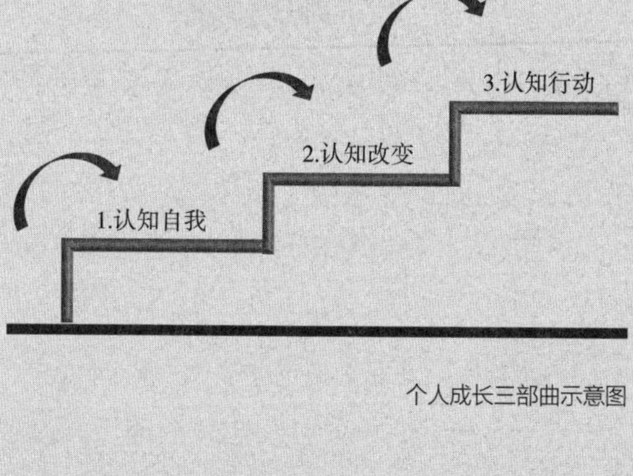

个人成长三部曲示意图

因创业需要而学，因自己喜欢而学。从职工大学自动化控制到饲料、肉品、养殖的业务学习，再到经营管理等，求学的脚步不曾停歇。博士学习期间在中南大学校园晨读的场景宛如昨日，花甲之年学“数字化”还被选为“班长”又历历在目。求学一生，沽到老学到老。

而立之年开始，有幸去世界各地游学，见闻了发达市场的科学管理。在香港的霓虹灯下，在唐人街的中餐馆，在芝加哥的期货交易所，在瑞士的万国宫，在日本银座的优衣库，在西点军校的校史馆等，这些见闻打开了我的“天窗”。我在此后的创业途中不断地“反刍”思悟，认知成长，他山之石让多年后的我依旧受益匪浅。

不断地学习、反思，认知自我、认知改变、认知行动，这是我的终身成长。1999 年，我写了《成功人士的十大品德修炼》（见第六章），后刊发在《湖南日报》，当时有很大影响。我把自己在学中干，在干中学的经历和感悟，比如对人才的认知、对组织的认知、对管理的认知等写出来，一是督促自己在改善和行动中成长，二是给有志创业或用心做企业的同人以启迪，这是我的“学以致用”。

我深有同感：学习不是为了一纸文凭，而是为了对世界保持好奇。学是人生的杠杆，认知是支点，行动是发力点。学得越扎实，认知越靠前，行动越专注，撬动的力量就越大。不断学习、不断认知、不断成长，才能有机会不断行动、不断实践，从而持续进步。我很幸运，可以学到老，这是上苍对我的垂青，让我得以真正体验活到老的价值和快乐。

第四章

求学

我从小喜欢刨根问底，对新事物和新知识充满好奇。家训的指引，父母的言传身教，更让我喜欢读书学习。高考落榜是我人生的挫折，也是人生的转折，更是终身求学的开端。害怕新领域、新问题是人之常情，在快速迭代的 AI 时代，在诸多不确定的“乌卡”时代，唯有不断求学，勤学思变，才能破茧成蝶，常变长青。

落榜的挫折是转折

1979年的夏天，很热。我住的地方叫南岳岭，在株洲火车站对面的山坡上。火车南来北往，鸣笛声很嘈杂。第三次参加高考，5分之差无缘大学梦。我跟父亲说，我想要去查分数。

父亲说，不用查，老师不会搞错的。

坐在门口的坪里，我可以远远地看到铁路横穿这个小城，绿皮火车的大灯刺破夏日的热浪，扭动着长长的身躯，两声刺耳的鸣笛，朝站台奔去。

一切突然成了“泡影”。这是我有记忆以来最大的失落。

从小就有人夸我聪明。13岁那年，我自己按说明书装配好了家里新买的缝纫机。14岁开始学做木匠活，做了一张八方桌，用到现在还是牢固如初。16岁参加工作，在粮店上班，我做保管员。月底忙的时候，主任安排我去给开票员搭把手，我发现绝大部分跨月粮的买家都是以10斤为单位来买的，以10斤为单位的金额比较固定，我便把开票金额背了下来。直到今天，我依然能脱口而出10斤和10斤倍数的开票米价：1.42、2.84、5.68……在粮店工作的业余时间我锻炼身体和学习，从那个时候开始坚持跑步，锻炼身体，磨炼毅力，到今天未曾间断。那时候的学习内容主要是写作、练字和画画，完全没有规划未来，也没有努力的方向，只是知道不能浪费时间，得学习知识。19岁时，人生第一次当了“小干部”，在“备战备荒”防空洞青年突击队里，我担任小组长，管8～10个人，在漫天沙尘和硝烟弥漫中，我总是第一个冲进隧洞。1975 年，20 岁，我从粮店调到了大米厂上班。由于瘦弱身躯扛包吃力，我想学技术，便进入电工班。这个时候，已经是 1977 年的秋天了。

那个秋天，恢复高考的消息在神州大地犹如春雷般炸响。我学了 9 年一贯制的小学和初中，没有学过高中课程，也没有高中教材或辅导书，但我仍然报名了。1977 年的 12 月，也是恢复高考的第一年考试，分数不出意外的低。

1978 年，我第二次参加高考，父亲到处翻找，弄来了一些他那个年代的旧书，有数学、化学等，我白天上班，晚上发狠看书。那个夏天的夜晚，酷暑闷热，蚊虫很多，母亲用桶装了冷水，我把双脚泡进水里，既降温，又避免蚊虫咬。父亲和母亲也陪着我，母亲摇蒲扇，父亲试图回忆起一些知识点给我辅导。我还记得，临考前，我想到一个办法，选择题干脆直接蒙，蒙对蒙错看运气。父亲平时很少批评我，但这次他说，学知识要踏实，会就是会，不会就是不会，不能靠蒙。白天，父亲会抽时间去捞点鱼虾给我补营养，毕竟湘江就在不远的地方，岸边总有捕捞鱼虾的机会。

再次名落孙山。

1979 年，我第三次参加高考。我铆足干劲，遗憾的是离上大学仍有 5 分之差。虽然上了中专线，但进不了我心属的技术专业，于是我放弃了上中专。之后我考上电视大学，而电视大学当时是全日制，单位不同意，于是没上成。1980 年，我考入职工大学的自动化控制专业，是我喜欢的专业，而且是业余时间上课的大学，单位也同意我去读。

直到现在，我还记得到株洲市第一中学参加高考的情景：走过株洲最老的那条石板街（今天的解放街），两边有许多商铺，有好奇张望的，有指指点点的。有个声音今天依旧回响耳边，他跟旁边的邻居说："别小看他们啊，以后都坐包包车。"包包车就是"轿车"，意思是学子们以后都是当干部的。

但是，我没考上，是不是以后就坐不了"包包车"了呢？

会装电视机的小电工

1979 年，我在电工班，那时候每天的工作就是电路巡检，电路电气设备维护维修等。那个时候，黑白电视机还没有进入百姓家庭，当时的韶峰牌黑白电视机要卖 400 多元，还要票。我就想，能不能自己买到元器件组装呢？之前，我组装过一些东西，现在做了电工，对电子元器件了解了许多。

我跑到电子元件市场，买到电路板、各种电子元件和一些关键元件，又跑到韶峰电视机厂弄到了装配图纸，买了显像管、机箱等，来来回回跑了好多次。自己又学会了绕电机线圈，忙活了三个多月，终于装出了南岳岭住宿区的第一台黑白电视机。能不能收到信号看上电视呢？又是一个夏天的夜晚，也就是我高考落榜的第二个夏天的夜晚，我把天线装好，一切就绪，我紧张地打开了电视机。雪花点飘出来了，"嘶嘶嘶"的声音也有了，电视机没"爆炸"，第一步成功了，我转动频道，调到中央电视台，《新闻联播》出现了，我高兴得跳起来，左邻右舍都围着呢，消息一下传开来。

一年以后，我从高考落榜的失落中恢复过来。组装一个电视机没有什么价值，但在这个过程中我所经历的思考、学习、探索、实践，最终促成了这个事情，这个过程对我来说有意义，它让我找回了"自信"。

组装电视机还给我带来了一个新的机会。厂长把我从配电房（电工班）调到了技术室（办公室），参与“大米厂成品库自动码包线”的项目设计、实施。我有了“以工代干”的身份。在那个年代，算是“干部”了。在自动码包线的车间改造中，我担任厂长的助手，我如饥似渴地学习各种知识，包括看图、绘图、电子学、机电控制等，每天走起路来都感到踏实而轻松，有使不完的干劲儿，经常早出晚归，熬夜查看资料，以便对设备设施的改造革新提出更多的建议和方案。

在自动码包线的项目完成之后，我更加坚定了要学习进修的决心。上帝关闭了“正规大学”这扇门，却打开了“业余大学”这扇窗。1980 年，株洲职工大学招生的信息公开发布了，这个是以业余学习为主，不耽误上班时间，每周三个晚上和一个周日上课，一个学期的学费只要 60 元，而且是自动控制专业，后来叫电气班，学习四年。我报名了。

又进入了紧张的备考。

火车上的不眠之夜

就在业余大学临考前两个月，单位组织到上海学习。那还是我第一次出远门。我揣上书，打算出差途中抓紧复习。

跟随三位领导一同上车，找到硬卧床铺，已经是晚上了，我年轻，就睡上铺，拿车票的时候，我动了点小心思，让他们三个睡一块儿，我睡另外一个隔间。因为有个领导不喜欢读书，看到我带着书出差肯定要教训我。

上铺的灯光好，在车厢的吵闹声中反而显得安静。我背靠外、侧卧，从下面看还以为睡着了呢。可是晚上硬卧车厢竟然熄灯了。那时候还是第一次睡卧铺，也没想带个手电筒，这咋办呢？

我悄悄爬下床铺，去找别的有灯的地方。

硬座车厢有灯，但是人挤人，没法看。我发现硬卧车厢的端头，车门的位置正好有灯，把通道门关上，正好形成一个小空间，于是赶紧坐在门后的车厢底板上，津津有味地看起书来。

夜晚的火车，其实很安静，“哐当哐当”的车轮和铁轨的碰撞声，很规律、很自然，外面是无边的夜空，也不知道这列钢铁长龙奔驰在何方。数学看完了，看化学。现在回想，当时也不困不累，只希望看得更多、更快、更懂。今天，我自己都不明白，当时对知识的渴望，为何那样强烈？或许正是因为天资一般，这次机会再不能错过，所以潜意识中就想加倍努力吧。

列车在呼啸前行，我在这个窄小的空间看书，安静而开阔。

突然，“请陶一山同志到餐车，有人找”的声音从车厢广播连续传来。我抬头一看，天空已经光亮了，肯定是领导们在到处找我。我赶紧起身，把书塞进背后的裤腰带里，刚要进餐车，和领导迎面碰上。领导很着急地问：“陶一山，你去哪里了？我们还以为你下错车站了，快吃饭，马上到上海了。”

原来他们是担心我第一次出门搞不清，生怕我中途下错车了。他们不知道这个小电工，这个天资平平的小电工，这个 5 分之差落榜的小电工，还有个读书梦，还有更多的想法，就如同夜晚中前行的列车，人生的轨道在向远方伸展，他要努力奔驰，白天黑夜，风雨无阻，也不知疲倦，也不知苦累，乐在其中。

后来，条件慢慢改善，我可以睡软卧，也可以坐飞机，不需要这样挑灯夜读，但我很怀念那段时光。

刚当“爸爸”的学生不请假

1980 年的夏天，我迎来了人生的大学，尽管是“业余大学”，但实现了我的“大学梦”，而且是“工程师梦”。我以名列前茅的分数考入了株洲职工大学自动控制班（电气班），学期四年，每周三个晚上和一个周日的学习时间，所以也被称为“职工业余大学”。

“stay hungry，stay foolish”，是苹果 CEO 乔布斯在斯坦福大学 2005 年毕业典礼上发表演讲时的一句名言。

2024 年 12 月 13 日，株洲职工大学 80 届电气班毕业 40 周年聚会在唐人神集团举行。全班 34 位同学来了 29 位。40 年前，那个中午要当新郎官去接新娘子，上午仍旧参加了三节课的郭同学也来了。40 年前，那个晚上老婆生孩子，通宵未眠，兴奋地当了爸爸，早上依旧上课不迟到的我，就是班长。大家的思绪自然回到了那段青葱岁月。自从知道了这句“stay hungry，stay foolish”，每当回想起在职工大学的四年学习时光，我就会想起这句话。在职工大学的学习，是“如饥似渴”的，这四年的业余大学，训练了我自学的毅力和能力，此后一生的学习成长，受益于此。

我没有缺过一堂课，四年里没有在星期日休息过，每周有三个晚上，四年就有 600 多个晚上风餐露宿到学校学习，后来才能驾驭瑞士布勒的全进口饲料生产线。

1981 年 12 月 6 日星期日的凌晨，我人生最开心、最重要的时刻来了，我当爸爸了。和绝大多数父亲一样，就算通宵未眠，内心的欣喜和快乐，也足以让自己精力充沛地迎接新的黎明。在职工业余大学读书，渴望做出一番事业的我，给儿子取名“陶业”。那个清晨，我在医院把事情安排妥当，还是按时去学校上课。

我骑着单车，特意绕行了一段江边的道路。冬日的朝阳温暖地照耀着大地，湘江蜿蜒北上，绕过奔龙山，晨曦之中波光粼粼，有船正中流击水。

我至今清晰记得，那天上午是徐老师的高等数学课。我那时的兴奋是不言而喻的，但进了课堂，也就放松下来了，毕竟连续忙碌了几天，又一晚没有睡觉，听着听着就瞌睡了。猛然醒来，是徐老师在敲我的课桌。徐老师是学校从电子研究所请来的，教我们数学，很认真、很严谨。他生气地说："你是班长，咋上课打瞌睡？"我羞愧地低下了头。

上完课，同学们找到徐老师，说陶一山昨晚当爸爸了。徐老师赶紧走到我跟前，略有歉意地说："你有理由请假啊，你真是太认真了。"

电气班的"工程师梦"

虽然是职工业余大学，课程设计却很系统全面，包括数理化的基础理论，以及机械电子和自动化控制的专业课程，内容很扎实，老师讲授也很专业，大家听课都非常认真。我们是很快乐、很自然地"卷"，就像饥饿的人看到了面包，吃得很香。

四年的职工大学时光飞逝而过，很快迎来了毕业设计的阶段。搜索百度文库，今天还能看到《原木自动测积仪》的实用新型专利，申请（专利权）人是湖南株洲市职工大学，发明人是陶一山，公告号是 CN85200857 U。关于这套仪器的发明设计过程，40 年来我总是历历在目。这是我"工程师梦"的一部分。学校请湖南大学自动化系老师指导做毕业论文设计，我在湖南大学完成了这套装置的优化和成型，后来申请了专利。我在前文提到过，当时有广东的老板愿意高价购买这项专利。

在湖南大学完成这套“原木自动测积仪”毕业设计之后，我回到学校，又进行了两周的升降机变速箱组装图的辅助毕业设计。在微弱的灯光下，我趴在制图板上，一笔一画，学习用专业的语言和符号把自己的构想描绘出来，让所有相关的人能看懂，这就是“工程师”的起步啊。那段时间，我每天都要画到深夜，再骑车回家。冬天的夜晚，寒风刺骨，眼睛由于长时间盯着图纸，被冷风一吹，第二天就会肿起来。从设计到描图再到蓝图，在我的心中，这就是工程师的成长阶梯。我打听到一位技术员会晒图，便跑去找他学习晒蓝图。工程人员都知道蓝图的意义，在建筑工地、制造车间，拿着蓝图指点技术江山，那种成就感，正是一个“工程师梦”的场景。氨水的味道真是特别，在特别的气味中，我的蓝图晒出来了，这是我绘制的蓝图，那上面有我的签名，对当年的我来说，这是多么有意义的事情。几年以后，我开始创业，一位名牌大学毕业的技术员在公司的档案室里发现了有我设计签名的蓝图，很是惊讶。他惊讶的是，陶厂长从职工业余大学毕业，居然会设计、描图、晒蓝图，这可是一般的本科生都不一定全会的。

“工程师梦”牵引我在职工大学电气班度过了无比充实而快乐的四年学习时光。我在工程技术、逻辑流程等方面的科学思维方式，几乎都是在职工大学的四年学习中奠定基础的。这个过程中养成的“自我”学习习惯，在夜以继日和风雨兼程中，刻入骨髓，融入血脉，伴随我一生。

我非常怀念和感恩那段时光中的每个瞬间、每位同学、每位老师。年龄越增长，这份情愫越浓郁。在40周年的同学聚会上，我并没有因为同学们的赞美而感慨，唯有对40年前职工大学学习时光的回忆和感恩，很少喝酒的我，给每位同学都敬了酒，那些美好、那些奋发，在一杯杯酒中，清香四溢。

先练“正楷”

我把自己临摹的毛泽东诗词草书作品张贴在墙壁上，“风雨送春归，飞雪迎春到……”过年的时候，亲戚朋友都啧啧称赞，当着父亲的面夸奖我字写得真好。父亲笑着点头，客气了几句。

那个时候，我在粮店上班，业余时间就喜欢练习书法、画画、看书、写作。其实我在小时候就喜爱练字，那时候父亲不让我们出去野，把我们关在家里，拿报纸让我们练字。

参加工作后，我有工资了，便到书店买来字帖。那个时候，我最喜欢毛泽东的书法，大气磅礴，龙飞凤舞，写起来感觉酣畅淋漓，气势恢宏。我买来几本毛泽东诗词草书字帖，在单身宿舍里舞墨挥毫，写得那叫一个过瘾啊。

春节刚过，墙壁上的字还在闪闪发光，亲戚们的夸奖还没消退，父亲就“端来了一盆冷水”。有一天，他指着墙壁上的字，严肃地对我说，还是要先练正楷。

先练“正楷”！父亲的话如同当头棒喝。

父亲不是书法家，我也没有受教于书法名家。但是，我听从了父亲的建议，从夸奖声中静下心来，开始练习正楷。

我跟专业的书法老师探讨过该如何练字，答案是先练正楷。万丈高楼平地起，正楷的基础扎实了，再练行书草书就不会偏。

2008 年，我在办公桌的背景墙上题写了一幅匾额“厚德博学，行胜于言”。曾经有位书法家来访，看到墙上的字，脱口而出：“不骄不躁，德正行稳，看来董事长是有很深的正楷功底啊。”他是从字的结构和笔墨的角度来说的，意思是心境平和，用笔稳健，结构方正。

客人未免有谬赞之嫌。“不骄不躁，德正行稳”的点评，却很入心。在正楷的练习过程中，我调整情绪的能力增强了，没有那么急躁，明白了“欲速则不达”的道理。后来我在文章《成功人士的十大品德修炼》中，专门写了一段“学会控制情绪”的文字。

有些时候，他人的赞美不见得是好事，会让自己陷入虚荣的快感。还是要安安静静先练习“正楷”，基础扎实了，再迎来多少赞美，都不会“飘”，不会“起飞”，毕竟，“起飞的猪”搞不好会摔得很惨。

手书行楷“厚德博学，行胜于言”

武汉粮院学“营养平衡”

1989年，我到武汉粮院学习动物营养和饲料加工。在武汉粮院，我意识到浓缩饲料有着巨大市场。

武汉粮院教会了我一个很重要的理论，即营养平衡的木桶理论。动物和人一样，需要营养的协同与平衡。浓缩饲料是一种蛋白饲料，蛋白质的平衡很关键。其中，赖氨酸的作用至关重要。缺乏赖氨酸会导致生长速度减慢，体重增加不良，适量补充赖氨酸能够显著提升动物的生长速度和饲料利用率。有些饲料厂家为了追求蛋白质的含量高，从而忽悠养殖户和经销商，添加了许多无效的蛋白原料，也就是说，虽然有些饲料的蛋白质含量高，但生猪不能吸收，导致营养水平下降甚至有害猪的健康生长，比如添加羽毛粉之类的高蛋白原料，这就违背了营养均衡。

我国的养殖区域广，散养户养殖习惯差异大，散养户并不会按照科学的方式进行浓缩饲料（蛋白饲料）和能量饲料、青绿饲料的配比，而是看猪价行情来任意调整添加量，公司的营养配方师都对此感到头疼。

我在学习之后，对浓缩饲料的氨基酸含量做了深入研究和调适，取得了配方突破。我们在浓缩饲料整体蛋白质平衡的体系中，突出强化了赖氨酸的有效成分，从而让浓缩饲料的品质成为行业翘楚。也正是有了在武汉粮院的动物营养和饲料加工专业的系统学习，我才得以主导了金骆驼 800 系列等高端浓缩饲料的成功开发，从而为服务营销的成功开展奠定了坚实的产品基础。

中青班的班长工作忙

1992—1997 年，我先后参加株洲市和湖南省的中青年干部培训班，都担任班长。中青年干部培训班简称“中青班”，是中国共产党培训后备干部的学习培训班。中青班的教学安排，着眼于提高青年干部的综合素质。在形式上采取老师讲授、专题讨论与实地考察相结合；内容上兼顾党的经典理论与最新的理论成果作为课程主线。

中青班的大多数学员来自政府部门或事业单位。来自企业的学员比较少，且大多数是国有企业。我当时比较打眼，因为我是很年轻的企业负责人，而且企业被我做得红红火火。很多同学甚至认为我就是到中青班“镀金”的，尤其是我还在省市两级中青班，都担任班长。

直到今天，我越来越认知到，是中青班的培训在我的思维中播下了辩证的种子，让我的中庸思维产生萌芽。这对于此后我驾驭一个上市集团，是很好的认知启蒙。中国革命和中国共产党的光辉历程，是一个思想和实践的宝藏，从事企业管理，我从中挖掘了无数成功的经验和认知的改变。井冈山的斗争给了我“服务营销”逆向渠道的启迪，共产党人艰苦奋斗的优良作风，理论联系实际、密切联系群众、批评与自我批评的三大作风，对我的一生产生影响，并融入我们的企业经营和文化建设中。

那段时间，工厂的事情很多。我白天到中青班参加全日制学习，晚上和周末要回公司处理工作。我还记得有一次清早赶去长沙上课，结果因为疲劳驾驶，车子在路上发生碰撞，危险的情况让我瞬间吓醒，惊出一身冷汗，赶紧打电话喊公司的司机过来处理交通事故，我仍旧赶去上课。

其实有很多同学参加中青班的学习，业余时间都在与同学或领导沟通交流，这也是互相建立联系的机会，为工作营造更好的氛围。我因为工作太忙，内心也没想过要去“走动走动”，所以几年培训下来，我没有参加过聚会，也没有请过客。众人以“权”为“贵”，其实我的个性并不适合“当官”，人间至爱是清欢，我养猪、做饲料、卖肉品、读书、写字，觉得蛮好。

晨读中的美好校园

5 分之差落榜，无缘大学校园生活，这一直是我内心的缺憾。

然而，机会总是留给有准备的人。

2003 年，我考入中南大学商学院攻读管理工程的博士学位。终于可以有机会圆“大学校园生活梦”了。之前我在湖南大学完成了工商管理硕士（MBA）的全部课程和学业，但那个时候由于工作太忙，都是在周末参加的，也无法真正融入校园，去体验校园生活。这次博士基础理论学一年，我不能错过了。

我租了一位老师的房子，在中南大学的家属区住了下来。

今天，以“知行合一、经世致用”为校训的中南大学在岳麓山下，与千年学府岳麓书院近在咫尺。惟楚有才，于斯为盛。岳麓山的钟灵毓秀为中南大学的校园树起了巍峨绵延的山林倚仗。校园后面有条蜿蜒曲折的小路，可以直达岳麓山上。校园道路两旁，梧桐婆娑，古樟参天，“森林大学”的美誉果然不虚。

清晨，朝阳透过百年古树，阳光的剪影洒落在树叶的间隙。在校园的每个角落，都有学生晨读的身影。在校园一处水景旁边，有许多学生对着池水大声诵读英语课文，互相练习英语对话。我就跟着学习、练习。我年龄大许多，开始不好意思，几天下来，也不管发音准不准，就大声说出来。琅琅的读书声，夹杂着我蹩脚的口语在清晨明媚的校园一角散发开来，在红砖青瓦的苏式教学楼前回荡，这就是美丽的校园。

夜晚，华灯初上，夜幕降临，一栋栋教学楼典雅端庄，教室的窗口灯火通明，如同一双双明亮的眼睛，透过夜空，怀抱对知识的渴望。我有时在图书室学习思考，有时在住处处理工作事务，每星期日才回工厂现场办公。

博士课程很繁重。为了节约时间，我自创了“营养套餐”，一次性烧制好三天的菜——一大盆红烧肉，放到冰箱。每天煮面条吃的时候，挖一坨红烧肉，加个鸡蛋，再煮点青菜，“能量面条 + 蛋白质 + 维生素”，这就是营养齐全的美味，我戏称是“全价配合饲料”。我还把这个方法教给了别人，节省时间，美味放心，还营养均衡。

在充实和宁静的校园生活中，我构想了题为《我国生猪现货及期货市场研究》的博士论文，后来顺利开题，顺利写作，一次性答辩通过，获得教授们的高度评价，也为中国生猪期货上市提供了最早的理论支持。

那之后，我陆续参加了长江商学院首届高级工商管理硕士（EMBA），清华大学“创领中国”“数字中国”总裁班的学习，但都不是在校园生活。

中南大学的校园，很美，很有味。

深淘滩，低作堰

——打造“好东西，价不贵”的百年企业发展模式

2 000 多年前的水利工程，历经岁月沧桑，抵御地震灾害，仍

岿然不动，这就是“都江堰”。2007 年 12 月，“飞迪”高球俱乐部首届“唐人神”杯高尔夫赛事在成都青城山举行，下午的论坛议程选在都江堰举行。

我怀着对先辈崇高的敬仰心情，身临其境目睹了当今世界年代久远、唯一留存、以无坝引水为特征的伟大水利工程。其缔造者李冰父子与劳动人民在实践中总结出“深淘滩，低作堰”的治水六字诀，正是这简单的治水六字诀，使得该工程经受住了 2 000 多年中数千次的洪水洗礼和地震破坏，依然“我自岿然不动”，造福于人民，其丰富的治水哲理思想被世人所仰慕。

“深淘滩，低作堰”的治水理念

都江堰无坝引水工程，主要枢纽是渠首的三大工程：鱼嘴分水堤、飞沙堰、宝瓶口。据史料记载，李冰当年在岷江弯道江心做鱼嘴分水堤从岷江引水，将岷江分为内江和外江，再开凿离堆山体，使内江灌区有一个坚固的、水量可控的引水口，后人称“宝瓶口”。“堰”就是在内江从宝瓶口离堆前转弯的河床边顺水建的堤，后人称“飞沙堰”，枯水季节拦水流入宝瓶口，保证灌溉和航运之用；丰水季节具有强大的排沙功能和防洪功能。“滩”就是洪水上涨时，部分沙石会在飞沙堰前至宝瓶口的一段内江河床里淤积。为保证江河的流水量，得把滩深淘。而把“滩”淘到一定的深度，既能够保证枯水季节时，内江河床里有足够的灌溉用水流量（河床实际容量增加了），又能保证洪水时也不至于水面上涨淹没冲垮堰坝。因此，为了告诫后人怎样实践六字诀，李冰在河滩中埋入石马（后改为卧铁），当石马被河沙掩埋后，就必须淘沙，而不要去高作堰，这样河床保持一定的深度，洪水来时，才能泄洪。反之，如果不深淘滩，一味把“堰”作高，表面上，在枯水季节堰高挡水，能够很快增加宝瓶口的进水，满足内江的灌溉需要，但那是一种急功近利的做法，在洪水季节就会造成严重淤积，甚至冲垮堰坝，使工程逐渐废弃，或毁于一旦。这是都江堰千年不被洪水冲垮的奥妙所在。

深淘滩需要挖沙清淤，是很艰难的事情，且每年都要做，还要做到位，见到石马（卧铁）才行，相反，高作堰是很容易的事情，在岸上干的活，多垒点石头就可以了。古人选择了年复一年的艰苦工作，是智慧也是勤劳，辛勤的默默劳动换来了天府之国的千秋富庶。

“滩”喻为成本，“堰”喻为价格

看到如此宏大的都江堰千年水利工程，我突然想到，要打造企业的百年基业长青，是不是能借鉴都江堰的治水理念，那就是打造“好东西，价不贵”的百年企业发展模式。如果把“滩”喻为成本，把“堰”喻为价格，“深淘滩”就是要把成本挖到位，练就低成本的真功夫，即大幅度降低成本；“低作堰”就是价格要平，不能高，走物美价平的规模之路。“滩”低了，河床的容量大了，规模（流量）就上来了。因此，“淘”就要大胆投入，要加人，要投入工具，激励大家拼命淘。深滩与低堰相辅相成，同样，低成本功夫与物美价平道路也是密不可分的。前者是后者的基础，反过来“回报”前者的“深淘滩”。

企业若执行“低淘滩，高作堰”会怎样？把价格定高，表面收入增加了，恰恰由于价格高，毛利空间大，似乎没必要压费用（深淘滩），往往会导致内部管理、成本控制的“淤泥滩”越积越厚，最后也难以获得好的收益（水流量）。而且，这种光靠高价格（高作堰）带来的收入增加也如同治水，往往是短期的，难以持久，难以抵挡激烈的市场竞争洪流。最终不是流量（现金流）枯竭，就是高堰堤（高价）被市场冲垮。

淘滩是艰难的事情，要遵循“淘滩”的标准，如同李冰埋石马，我们在低成本控制方面也要埋石马，这个石马就是行业最先进的管理成本、生产成本、营销成本，我们要对标改善，不断“深淘”。

远望都江堰，那里并没有奇特的建筑造型，翻开历史档案，也找不到治水的长篇大论。“深淘滩，低作堰”，一切顺应自然而战胜自然，正是智慧所在。要做世界级农牧加工企业，练就一剑封喉的低成本硬功夫，走物美价平的规模发展之路，恰是沧桑正道。

学到老，活到老

俗话说，活到老，学到老，意指终身学习。我觉得，智能时代，万物互联，要反过来看，“学到老，才能更好地活到老”。

今天的衣食住行，到处是移动互联，“一机在手，畅行四周”。新冠疫情期间，没有智能手机，会感觉“寸步难行”。所以说，不学习，估计活到老都很困难，至少会失去许多乐趣。

活到老不仅仅是延续生命，长寿只是一个生理指标，还要有品质，健康快乐地活到老。要做到老有所乐、老有所为，自然要学习。今天的科技和文明快速迭代和进步，过去的老经验肯定不够用，不学怎么能很好地活到老呢？

我的确好学，也喜欢问问题。一部分原因是天生的，一部分原因是连续的高考落榜让我明白了自己的愚钝，唯有不断学习，在干中学，在学中干，才能干好事情。

2025 年的春节，深度求索（DeepSeek）和人形机器人成为顶流热点，刷爆全网。我连续使用 DeepSeek，询问养殖数智化、肉品销售等许多问题，并慢慢掌握了问话技巧。当看到人形机器人的灵活动作时，我又在思考，为什么一定要做得如此手脚灵活，这样花费成本高，技术也很难，其实对不同场景的机器人，设计不同的操作就好，毕竟，我们设计机器人是用来帮助人类的，而不是要长得像人类。不久以后，简化版的人形机器人就面世了，朋友们开玩笑说，我应该去搞 AI。

人生就是体验的过程，体验自然、体验世界、体验社会、体验成功、体验快乐、体验艺术、体验美。尽管要赚钱，但赚钱是为了实现更好的体验。树木可以活百年千年，它不需要学习，人不是树木，人的不同，恰恰在于能学习、能认知。人生一世，草木一秋，不学习、不明白，有什么意思呢？

学到老，心才年轻。我跟孙子学乐高积木，不仅仅是天伦之乐，我还能从中学习不少东西。过去忙于工作，基本缺席了儿子的成长，现在有机会带孙子，我便开始学习怎么与孩子相处，既能有益于孩子的成长，又能让孩子享受愉快的陪伴，这也算是学到老，活到老吧。

请教同行“飞迪”情

我为农牧行业“飞迪”高球俱乐部创建了“高球赛事 + 高人论坛”模式，把游戏当事业来做，自己也受益匪浅。

2008年，正是有“飞迪”高人的提点和指导，唐人神重新启动上市冲刺，终于在2011年成功敲钟，成为生猪全产业链经营第一股。其中，许多理念和方法，都源于“飞迪”高人论坛的启迪，以及球友的倾囊相助。他们把自己上市成功的经历和艰难，一一相告，我豁然开朗。

上市之后，我们募集资金，并对养殖板块进行了巨额投入，深度入局规模养殖。这个阶段的唐人神集团就是“有饲料和肉品的养殖公司”，一部分自建猪场自养，一部分采用“公司+农户”轻资产模式养殖。集团对养殖板块先后投资过百亿元。但猪瘟冲击、行情冲击、管理难题一度让养殖陷入寒冬，别人已经进入春天，我们还在寒冬，养殖成本居高不下，养殖管理问题重重，疫病控制漏洞百出。思考再三，我下了决心，一定要向“飞迪”球友中的养殖高手全方位学习。在干中学，尤其是在干的过程中碰到的难题，更要加强学习。就像读书，遇到问题不会解的时候，更要向老师、向高手请教，这样进步才快，成绩才能飞速提升。我向牧原集团学习，请他们给我指导。牧原集团无疑是养殖领域的世界老大，秦董事长毫无保留，悉心指导，在业务层面和管理层面给予我们莫大的帮助。有时候在高球赛事，有时候在高人论坛，有时候在行业会议，有时候在猪场现场，或者当面，或者电话，我有疑就问，秦董事长有问必答。后来我带集团高管团队和养殖管理团队前往牧原集团多次现场学习，他们派出强大的接待阵容，对我们的养殖业务进行了一对一的辅导，让我们感动不已。

2024年，我们肉品业务陷入发展的僵局，难以拓展。我带团队成员前往成都学习，在成都的“飞迪”球友企业单位，我们采取了“集中介绍—分开对应辅导—集中答疑总结”的流程，和成都高金等肉品企业进行了现场无缝对接。我们的业务人员提出了一个个非常具体而现实的问题，“飞迪”球友企业事无巨细，不辞烦琐，为我们带来了屠宰业态的详细解码和肉品销售创新模式的讲授，可谓是“知无不言，言无不尽”。现场学习之后，大家还在线上建群沟通，让学习的温度持续了一段时间，固化学习的效果。

饲料行业面临专业养殖规模的快速转型，我们过去的浓缩饲料思维和服务营销的做法已经落后于市场的需求了，因此饲料板块也面临很大的发展瓶颈。为此，我带饲料板块的管理团队成员前往山东饲料同行学习“会议价值营销”的操盘新法。对方把他们的成功案例几乎做成了教材，给我们进行了 PPT 的详细阐述，再为我们的提问一一答疑，之后还带我们一起到市场走访，参加他们正在进行的“大客户会议价值营销会”，让我们沉浸式观摩，身临其境，学习认知。

我们还到农牧行业的其他头部企业学习取经，都是高兴而去，满载而归。向优秀的同行学习，业务相通、场景相似，这样的学习效果可想而知，有的方法几乎是立竿见影，学回来就能用，用了就有效。这样我们也更有压力，不能辜负了优秀的同行老师们，一定要在自己的领域做好做优秀，为打造世界级水平的中国农牧行业而共同努力。

花甲之年学“数字”

我的老家有句俗语：60 岁不会养猪鸡，还用你教？意思是事情很简单，我这么大的人不用你教。过去养猪、养鸡实在简单，鸡随地放养，猪圈也很简单。六畜丰肥主要靠风调雨顺。“养猪不赚钱，回头看看田”，养猪全凭猪粪肥田。养鸡则主要为下蛋换盐。养猪为过年，养鸡为换盐，除此之外没有念想。所以，许多人都习惯性认为，养猪还能有什么奥妙？更别说跟“数字化”扯上关联。但我不是这么认知的，曾经的饲料就是二八糠，曾经的养猪就是散养，但是今天的饲料分类很专业了，今天的养殖更是进展到规模专业的养殖企业来干了。所以，数字化一定是未来，不是我们今天想不想数字化转型的问题，而是要考虑怎么转型的问题。2019—2023年，我先后参加清华大学“创领中国”和“数字中国”两个学习班，由此拉开了唐人神的数字化转型序幕，开启了唐人神的数字化未来之旅。

2019年，我参加“创领中国”学习班。“创领中国”是由清华大学五道口金融学院、清华大学美术学院和全球设计创新公司IDEO共同推出，以创新思维为核心的企业家课程。有一次IDEO总裁授课，我请教他一个问题：过去凡事都是我亲力亲为，一旦我不深入过问细节，往往推动迟缓，甚至不动。现在新旧交替，公司规模日益扩大，我也没有那么多精力和时间，怎么办？他思考片刻后回答我说：一是树立“牺牲组织效率换来组织能力提升”的理念。如果我用一天时间就能搞好的事情，我一定让团队花一周甚至一个月的时间来完成，而不再是我亲力亲为；二是推进组织流程建设，将能力建在流程上，将权力建在组织上；三是实施启发性决策，不要一开始就拍板，而要给团队出选择题，做选择性决策。我听后获益匪浅。

大概是2021年11月，有一次要到杭州上课，那堂课是阿里云创始人王坚院士讲授的。王坚在他2018年出版的《在线》一书中强调，数据的价值在于其在线性。数据不是因为大而产生价值，而是因为在线而产生价值。数据可以在更大的范围内流动，从而产生巨大的变化。我从事的不是计算机或算力的行业，但我对王坚院士的观点深为认同。于是，我想尽办法去杭州听课。正值疫情期间，各地都在防控，而我一点都没有担心疫情风险，而是担心不能按时上课。

在“创领中国”学习班上得知了“数字中国”课程开班的消息后，我第一个报名参加。因为新冠疫情的原因，“创领中国”课程尚未结业，我就开始了“数字中国”课程的学习。

“数字中国”课程是由清华大学五道口金融学院与华为共创的“数字中国 · 企业家课程”（简称“数字中国”），首次系统讲授从战略到落地的数字化转型实践与管理方法论。

2020 年 10 月 16 日，“数字中国”课程在深圳开班。一周前，我启程去美国参加美国养猪的行业会议，散会后就往机场赶，如期参加了开班仪式。大家惊讶我的精神，可以往返美国不倒时差，而且全班只有我一个人来自农牧行业。开班仪式之后，老师和同学就好奇直爽地问道：

养猪还要数字化？

在他们看来，做饲料、养猪、卖肉，咋就与高科技的“数字化”关联上了呢。两天课程后，我又被同学推选当上“班长”。难道是因为我从美国赶回的诚意吗？肯定不是。因为在首期班首次课程，为期两天的课堂中，我听课认真，提问最多，给同学们留下了印象。的确有不少同学，就是冲着拓宽视野、结交朋友而参加的，我的内心，却是的确想学习“数字化”，一探“数字化变革转型”究竟，思索数智化农牧的未来之路。当然，大家的好奇，我只能报之以“微笑”，不多解释。

“数字中国”为我打开了新的一扇窗，一扇展望农牧行业“数字化”未来的时代之窗。

从而立之年的“电气班”自动控制学习，踏入农牧行业的大道，到花甲之年历经“创领中国”“数字中国”的认知洗礼，我不怕不懂，不怕失面子，就是不想落后。学到老，活到老，我幸运地赶上了“数字化”这趟未来列车。

农牧行业的数字化未来，我们已经在路上。

第五章

游学

1987 年到瑞士学习一个月，1991 年到香港寻求合资，1992 年合资签约，1993 年赴美国、日本等国参加培训或经贸考察，对西方的“发达”有了许多身临其境的了解，其间的见闻给我很大震撼，认知和眼界由此打开。当时应媒体朋友的约稿写成了若干篇小文章并陆续发表在部分报刊（为保持原貌，本书在辑录时对原文涉及的地缘政治称谓、技术名词均保留当时语境）。这些小文章是我当年对商业和管理的思考，这些思考如同一粒粒种子，在后来的经营管理中生根发芽，开花结果。比如《霓虹灯下的遐想》让我后来在品牌营销方面迈出了创新的步伐，株洲大桥上第一块品牌广告就是“唐人神肉品”，在大桥上投放商业广告，既美化了品牌，又靓丽了城市。《名牌的“感觉价值”》就是我后来形成“产品＋服务”超群的思想源泉，也是我努力打造“骆驼”“唐人神”两个中国驰名商标的理论起点。《在“湖南又一村”侃来历》则直接催生了“唐人神”品牌的诞生。芝加哥期货交易所见闻作用甚大，后来我博士论文的主题《我国生猪现货及期货市场研究》，正是受此启发。2004 年，我成为中国第一个提交生猪期货上市提案的人。西点校训、明治维新百人学习团的故事、优衣库和京瓷哲学的成功启迪、苹果公司的参观访问等见闻和经历，对我的认知和行动，有着直接的影响。那些人类历史上的科技文明和社会文明，为我们留存了一座座宝库，我们取之不尽，用之不竭。

万国宫的使命[①]

1987 年阳春三月，我在瑞士学习培训期间，游览了扬名于世的联合国日内瓦办事处——万国宫。

一早，我们一行数人在瑞士朋友的陪同下，兴致勃勃地来到了向往已久的万国宫。眼前，这幢横向延展的巨大楼宇，巍峨壮观、气势雄伟。建造大厦外部所用的是意大利侏罗山的石灰石，它虽然没有北京故宫那样五彩缤纷的颜色，但远远望去，却像那绿色海洋中的一颗白色明珠。

踱入万国宫正厅，只见展橱里陈列着各种珍贵的邮票，这就是万国宫的集邮博物馆。它收藏着一整套由联合国及其前身发行的各类和平纪念邮票。

穿过博物馆，来到裁军会议厅。这里寂静肃穆，厅内陈设典雅，四周壁上陈列着两次世界大战期间诞生的艺术巨作。其中有西班牙著名画家何塞·玛利亚·赛特描述征服战争、赢得和平的名画。透过画面，我仿佛看到世界各国人民维护和平的强烈愿望。万国宫每年都要接待各国参加讨论裁军、维护世界和平的代表，为世界和平不断做出努力。我好奇地找到“CHINA”（中国）席位，装模作样地坐下，戴好耳机，拿起笔墨，签署“裁军协议”，“咔嚓”一声，

---

① 本文写于 1988 年 4 月。当时的所见所闻对我后续长期的经营决策有很大启发，故收录于本书。

朋友为我留下了这有趣而难忘的镜头。

万国宫不同于皇家宫苑注重豪华富丽，而讲究幽静、典雅。宫内布局精巧，厅中有厅，纵横交错，匠心别具，为人们开展缔造世界和平的活动提供了场所。约有三千多名国际公务员是这万国宫的常住“居民”，每年前来参加各种会议的代表约数万人。数百名新闻记者在这里采集新闻，发往天涯海角。

随后，我们浏览了占据整个万国宫一侧翼的图书馆。这里收藏了大量的国际性书籍、报刊和档案。作为图书馆组成部分的国联博物馆收藏了大量两次世界大战期间的纪念品，真使人应接不暇。这里还陈列有各国政府赠送的珍贵礼品，有美国赠送的浑天仪，苏联赠送的征服宇宙纪念碑等。然而，最使游客流连忘返的还是中国政府赠送的精美刺绣工艺品——天坛。一位美国老人看后心醉神迷，拉着我的手惊讶地询问：“这天坛刺绣是人工还是机器之作？”当

1987 年，在瑞士学习培训

她知道这是中国人用精巧双手刺绣出来的，连声说道：“Miracle！Miracle！（奇迹！奇迹！）”此时此刻，身在异国的我，一股热血充满全身，我为之振奋！为之骄傲！

万国宫始建于1929年，1946年转为联合国欧洲总部使用。其土地由雷维利奥德·德拉里夫（Revilliod de la Rive）家族于1890年捐赠给日内瓦。万国宫——缔造国际和平与安全的场所，这里每年举行数千场国际会议，担当着促进世界和平与发展的伟大使命。望着雄伟壮观的万国宫，我想，我们做企业，使命是什么呢？我来瑞士学习最先进的饲料加工技术，我们创业做饲料，应该担当怎样的使命呢？这或许需要一生来回答。

弹丸之地看腾飞①

1991年11月17日正午时分，我们株洲赴港经贸考察团一行10人，乘坐“星湖”号高速气垫船离开了广州洲头嘴码头，经过3小时10分的高速航行，便踏上了香港这块神秘的土地，开始了为期8天的经贸考察。

中国香港这个被世界誉为“亚洲四小龙”之一的弹丸之地，主要由港岛、九龙半岛、新界和周围262个大大小小的岛屿组成。香港人口约为500万人，比株洲的人口多一点，其中90%是华人。粤语是香港人使用的方言，也是除英语之外的第二种官方语言。

---

① 本文写于1991年12月。当时的所见所闻对我后续长期的经营决策有很大启发，故收录于本书。

20 世纪 50 年代初期，香港地区的生活水平及建筑与内地相差无几。香港电影《红蝙蝠公寓》所展示的景象便是那个时期的真实写照。然而，近几十年来，特别是我国实行改革开放政策以来，香港更是如虎添翼，他们抓住了新技术革命的大好时机，如蛟龙腾海而起，一跃成为举世瞩目的亚洲经济发达地区，其工业、商业、进出口贸易、海运、空运的建设规模大、速度快，实行低税率制度，形成了优良的投资环境，加上国际资本不断涌来，外汇市场日渐兴旺，现已成为世界第三大金融中心，仅次于纽约、伦敦。

香港的交通十分发达。一条条高速公路井然有序，大小车辆各行其道，飞奔如梭。大街小巷无一自行车，自然使得汽车交通流畅自如，两条全长 2 千米的海底隧道把香港岛与九龙半岛紧密相连。

香港由于地域窄小，人口密度大，地皮贵如黄金，建筑物只好向高空发展，全世界的著名建筑师云集香港，费尽了心血，形成了不同建筑风格的高层建筑，整体建筑高低错落有致、别具一格，远远望去，好一派国际现代都市的景象！那高耸入云的中国银行大厦，巍然矗立在港岛太平山下，显得格外壮观，建筑之高、造型之美显示了“中国银行”的雄厚经济实力，大长了国人的志气！

世界工业品展览会上的沉思 ①

在繁华的香港岛上，耸立着一座富丽堂皇的展览大厦，在大厦内我们有幸观摩了“香港第十届世界工业品展览”，来自全世界

① 本文写于 1991 年 12 月。当时的所见所闻对我后续长期的经营决策有很大启发，故收录于本书。

十几个国家的客商，把自己的高新科技产品都展示出来，从塑料注塑机到食品包装机，从日用餐具到高科技的激光切割机，产品琳琅满目，令人目不暇接。其中不乏设计之新颖、工艺之精细、造型之美观的产品，给人以耳目一新之感。

在展厅的一角，苏联的黄金首饰展厅引起了我们的好奇心，看着那些制作不太精美的黄金首饰，我们随意问了一下价格，经过苏联小姐的几番计算，每克单价高达156港元，而当时香港的金价每克约100港元，如此大的差价又有谁敢问津呢？那位苏联小姐似乎知道了我们想些什么，笑着风趣地说："卖不卖得出不是我的事，我的任务是参展。"一句话逗得我们满堂大笑。

在展厅悦耳的轻音乐中，我们看见了我国大陆的沿海城市，如广州、深圳、大连等城市的厂家的拳头产品，这些产品也引起了众多外国客商的浓厚兴趣，一种民族的自豪感油然而生。陪同我们一道参观的香港经贸中心的古先生问及有没有我们湖南的产品参展，遗憾的是走遍整个大厅也未见其露脸。我们心想，在这样大型的世界工业品展览上，我们湖南为什么不将自己的拳头产品放于此一展芳容呢？没有广泛的产品信息交流，不了解世界工业品的发展趋势，一心只想我们的产品走向世界，其结果是可想而知的。

名牌的"感觉价值"①

考察之余，我们有意地浏览了香港的豪华超级市场和地摊商品

① 本文写于1992年1月。当时的所见所闻对我后续长期的经营决策有很大启发，故收录于本书。

街（男人街）。同是一种皮带，质地也差不多，可意大利名牌皮带在香港著名 SOGO 百货公司的标价为 1 500 港元一根，而男人街上一根非名牌产品却只能卖到 50 港元，价格相差几倍甚至几十倍。同行的制革厂同志见后惊愕不已，我们辛辛苦苦加工十几张皮，价格难道还比不上一根皮带？赴深加工创名牌的意识油然升起。麦当劳的汉堡包是大众化的快餐食品，但是，它以自己的优质产品成为世界的名牌，光是麦当劳这个牌子，就注册 30 亿美元。香港领带大王曾宪梓先生为创“金利来”领带名牌，从一把剪刀、一把尺子、一台“蝴蝶”牌缝纫机起家，历尽艰难，耗费了大半辈子的心血。他收集了几百种世界名牌领带样品进行研究，同时为满足世界不同地区、不同职业、不同肤色人的欣赏水平设计出几千种花样，然后经过筛选，精心制作，终于创出了“金利来”这一世界名牌。而今，在香港这个有钱人的都市里，系上一根“金利来”也被称作“真正的男人享受”。而与其配套使用的“金利来”领夹，竟然也卖到 350 港元一个！

名牌产品的价格已不再取决于我们通常所用的“成本定价法”了，它是根据该产品在客户中的名气大小来定的。名牌卖的是牌子，客户买的也是牌子，这就是名牌的“感觉价值”。

双向炒鱿鱼的危机意识[1]

早就听说香港老板喜欢炒鱿鱼（开除工人），此次赴港有机会

---

① 本文写于 1992 年 1 月。当时的所见所闻对我后续长期的经营决策有很大启发，故收录于本书。

真实考察，了解到香港几家企业的情况。其实，炒鱿鱼是双向的。工人干得不好，老板可以炒工人的鱿鱼，同理，老板管理水平低下，工人同样可以炒老板的鱿鱼。

香港工人的月工资收入是不同的，主要是论其技术和职务而定。普通工人月工资为 5 000 港元左右，除吃饭花去约 1 200 港元，住房约 2 000 港元外，所剩无几。因此工人从学校毕业进入工厂后，必须自觉努力地掌握生产技术，因为随着自己的技术的不断提高，工资也会提高，靠工龄增工资的现象是没有的。每个部门经理的选拔，也是从技术业务尖子中挑选。由于工资分配机制的激励，刺激了工人学技术的劲头。否则，产品老是出次品，工作完不成任务就得赶快“告老还乡”——辞职为上策，等老板炒鱿鱼那就不太体面了。即使被老板炒了鱿鱼，工人也是怨自己，不存在任何报复老板之意。香港大生行饲料有限公司和雄丰玻璃有限公司的经理都向我们介绍过此类情况。

相反，随着企业间竞争的加剧，老板同样也有一种危机感，生怕有本事的职工炒了自己的鱿鱼，为了避免这类现象发生，公司老板也设法采取措施，留住工厂的技术业务尖子。如震雄塑料有限公司是家在国际上颇有影响力的塑料机械生产厂家，从我们参观的过程中了解到，为了增强公司的凝聚力，这家公司经常组织员工进行郊游、野餐及联谊舞会以联络感情，增强公司的团体意识，同时及时给那些业务、技术上做出成绩的员工加薪或委任部门经理，以维持人员的稳定性，防止他们跳槽甚至将技术资料外传。

由于双向炒鱿鱼机制的存在，香港企业每年有 5% 左右的员工加入“双炒”的行列。这些现象的发生，在某种意义上讲又是形成香港企业优胜劣汰轨迹的动力。

交通管理探秘①

不论是在宽阔的高速公路上驾车行驶，还是在无人管理的地铁中候车，我总感觉香港的交通管理非同一般。

香港大约有3%的市民拥有汽车，可见车辆之多。一天夜晚，我们与朋友在驾车返回旅馆的途中，遇到了十字路口的红灯，此时车辆已寥寥无几，我们催其一闯而过，可香港那位朋友一边刹车一边讲起了香港的交通管理。香港各条路上都装有雷达测速，一旦发现有车超速，警车就会火速而来，闯红灯、超速等违章行为发生后，每次罚款300~500港元，同时加记违章3分，两年内若违章超过15分，就得吊销执照一年，若违章停车，警察一张罚款单会压在你的雨刮器上，一星期不去缴款，下个星期加倍，两个星期不缴则吊销执照，托人讲情是绝对没有用的。

感触更深的是，香港的地铁从售票、进站到出站都是自动管理的。每个站口都有地铁运行图，上面标有各站的票价，你只要根据自己到站的地点，将相应的硬币投到自动售票机中，一张精美的票据（磁卡）就会送到你的手里，你凭着这张磁卡就可以通过车站的进出口，同行的一位小伙子抱着好奇的心理，用一张名片代票，想考验一下电脑的识别性能，结果被电脑查出后立刻亮出一排“请补票”的红色字样，真叫人称赞不已。香港地铁每天要输送几十万人的客流，每个站口仅有一个兑换硬币的值班员。争吵、骂人等不文明行为的频率，自然大大减少。

---

① 本文写于1992年1月。当时的所见所闻对我后续长期的经营决策有很大启发，故收录于本书。

效益至上的观念[①]

香港人的高收入、高消费自然和不自然地产生了干什么都得讲效益的观念。

我们接触的许多贸易公司，有的年营业额在两亿港元左右，可公司人员却只有 20 余人。香港雄丰玻璃有限公司是两兄弟开创的公司，年营业额在一亿港元左右。总经理自己开车、拟合同、操作电脑。当我们问及为何不请秘书代劳时，他风趣地告诉我们，趁自己还年轻多干点，一来可以锻炼身体，二来也节约一些开支，若是增加 10 个人，一年下来就得付出 70 万港元的工资，相当于将一台高级奔驰车送了别人，你会舍得吗？为了一笔生意日夜兼程，几天几夜不睡觉也是常事。

香港岛至九龙半岛的海底隧道公司是私人建设运营的，1969 年动工时耗资 3.2 亿港元，仅用 3 年时间建成，当时通过车辆并不太多，可这家私人隧道公司的老板预测到 10 年后车流会与日俱增，可以暂时少赚点，只要投资方向没有错，将有很大的潜在效益，所以很乐意干。随着我国改革开放政策的实施，香港经济有了大的飞跃发展，我们在隧道旁简单地数了一下，每道平均每秒钟过四辆车，每辆车收费 10 港元，一个月收入就高达 1 000 多万港元。今天，这家隧道公司的老板已成为香港最有钱的老板之一。

“登山难，求人更难。春冰薄，人情更薄。黄连苦，贫穷更苦。”这是雄丰工程公司徐经理，对为什么要“效益至上”的注解。年轻

① 本文写于 1992 年 1 月。当时的所见所闻对我后续长期的经营决策有很大启发，故收录于本书。

的徐女士若有所思地说道：“我们也是受过磨难的，公司的今天是靠自己奋斗出来的。效益至上是公司每个人的行为准则。每当一项工程完成，滚滚而来的金钱，一方面是对我们卓有成效工作的报偿，更重要的另一方面是标志我们没有做无用功啊！”

信息的价值观念①

据报载，大约在 10 年前的一个夜晚，美国的信息专家维真先生看着自己写的“information”（信息）和“entrepreneurs”（企业家）两个词时，突发奇想，写出“infopreneurs”一词，意为信息创业者或信息企业家。随后，他在美国专利商标局登记注册这个词——一个新的英文词汇诞生了。

香港岛上的瑞安中心大厦三楼，有一家世界著名的信息广告公司。这里荟萃了全世界优秀的信息人才，采用先进的计算机信息处理系统，利用国际联网技术，每天将采集到的全世界各国经济信息，输入庞大的数据库，继而进行综合分析整理，最后，将整理资料通过现代化的通信手段传到全世界各地的子公司。由于该公司的信息庞大，并且准确、及时，因此每年的营业额都在上亿美元。许多公司的老板都不惜重金在这购买世界股市行情变化的信息。由于特殊的地理位置，随着世界贸易的不断扩大，香港这个弹丸之地却成了全球信息的“晴雨表”，信息已成为该地区的重要产业之一。“一

---

① 本文写于 1992 年 1 月。当时的所见所闻对我后续长期的经营决策有很大启发，故收录于本书。

条有价值的信息可以使公司赚到千万港元，相反，没有信息或一条错误的信息也可使我们一夜之间破产！”一位香港颇有名气的公司老板深有体会地对我们说。

在参观王安电脑公司香港分公司时，我们了解到，王安电脑公司是一家著名的跨国电脑公司，鼎盛时，年收入都在几十亿美元，但早几年也许是由于信息失误或闭塞，王安电脑公司的软件系统不能与著名的国际商业机器公司（IBM）的产品相兼容，导致大量的用户都转购 IBM 产品，使王安电脑公司的电脑产品发生严重滞销，公司陷入了困境，年度亏损达数亿美元。可喜的是，公司很快发现了这个问题，一方面生产国际通用型电脑，另一方面赶快调整策略，在办公自动化方面投入大量资金，采用了计算机图像技术，开发、研制出新型办公电脑，领导全世界电脑的新潮流。由于该公司注意收集与综合各类信息，不断推出新的产品，使公司逐步摆脱困境，重新步入复兴阶段。难怪香港的企业家风趣地说，公司可以穷得没有桌椅，但不能没有赚钱的信息工具——电话、电传！

霓虹灯下的遐想①

1991 年 11 月 27 日的傍晚，当我们全团人员赶到九龙半岛尖沙咀码头准备乘船返程时，正是掌灯时分。整个港岛一片灯火通明，夜色斑斓。那五光十色的霓虹灯、花团锦簇的彩灯把整个香港装点

① 本文写于 1992 年 1 月。当时的所见所闻对我后续长期的经营决策有很大启发，故收录于本书。

得漂亮极了。当我们乘坐的“星湖”号大型客轮缓缓离开码头时，我们一起拥到了甲板上。微微的海风偶尔伴随着几声海鸥的悦耳叫声，令人心旷神怡。举目远眺，港岛太平山下的高层建筑，在彩灯照耀下，依稀可见，波光粼粼的海面也被照耀得五彩缤纷。

我们定睛一瞧，那诱人的灯光原来都是世界各著名公司的广告！我们震惊了，“NEC”“CASIO”等大型霓虹灯广告，都是国外企业的著名商标。我们放大视野，做一次全面的扫描：在我国风靡一时的十大驰名商标竟没有一个在此显脸，这不能不说是一大缺憾。香港经贸局商务中心的先生告诉我们，全世界大约有几万家大大小小的公司在香港做了广告，广告费高达数亿美元。特别是日本厂商为了提高商标的知名度，不惜重金在香港这个国际口岸城市最繁华、最显眼的地方布下了商标广告的“天罗地网”。不论是电视、广播，还是路牌，就连地铁、客轮、飞机等小小的票据上，也充满了广告。用日本人的话说，叫你从早上睁开眼睛到晚上闭上眼睛前都要自觉或不自觉地接受我们商标广告的强化。这就是企业产品走向世界的强硬手段之一。难怪我们晚上漫步于九龙弥敦道时，就连卖茶的小店铺也不惜资金树起了光怪陆离的霓虹广告。一位港人告诉我们：“在香港，没有广告就没有公司！没有公司，就没有广告。”这就是香港人的广告意识！

透过这形式各异的广告，我们设想，在广告宣传给各企业带来的各种效益外，若没有这些花费巨资创造的色彩斑斓的广告，国际都市——香港的夜色将是怎样一种情景呢？若单靠政府投资来装点城市，又能达到什么程度呢？若只是灯光闪烁，没有内容，是否显得空洞？

这些闪耀在夜空中的霓虹灯品牌，既照亮了城市，更照亮了经济。

抓基础建设——政府的主要职能[①]

阳春三月，应美国布勒公司邀请，我随湘大实业有限公司赴美考察组一行，对美国进行了为期 21 天的考察。

这时恰逢春意浓郁，春光醉人。一座长 19 千米的海湾大桥，像一条巨龙横卧两岸，显得格外壮观。那一条条纵横交错的高速公路被彩蝶般的立交桥依托着，宛如彩带一般当空舞动。好一派美国的现代城市风光！接待我们的华裔美国人吴先生亲自驾车领我们观光，他兴致勃勃地告诉我们：美国从 19 世纪初开始工业革命，20 世纪初工业化已基本完成，国民经济达到了崭新的水平。20 世纪 70 年代，美国的工业产值、对外出口值、黄金储备量分别占世界总数量的60%、32%、70%。目前，这三个项目的指标均有所下降，但其国内生产总值（GDP）仍位居世界首位。美国经济的飞速发展，除了美国人民的不懈努力，也离不开历届政府对国家基础设施建设的重视。

通过数届政府的努力，全美已建立起庞大的铁路、公路、航空、内河航运和管道运输网。目前铁路总长超过 30 万千米，铁路网的平均密度为每 100 平方千米有 4.5 千米铁路，全美公路总长 600 万千米，哪里有房子，哪里就通公路。公路全部由政府修建，已形成千支相连、四通八达的公路系统。特别是近几十年来，高速公路发展迅速，其长度为 7 万多千米，占世界高速公路的 2/3。航空运输业发达，定期航线总长超过 28 万千米，遍布全美各地，600

① 本文写于 1993 年 7 月。当时的所见所闻对我后续长期的经营决策有很大启发，故收录于本书。

多个大、中、小城市都有航班相通。繁忙的纽约、华盛顿、芝加哥等城市机场，平均每56秒就有一架飞机起落。

探索了美国经济发展的奥秘，翻阅了美国历届总统施政纲领，“修路、架桥、搞服务”难道不正是政府的主要职能之一吗？

美国企业：专业管理，跨国经营①

1993年3月23日，当我们离开西部城市旧金山假日酒店飞往东部城市纽约时，在繁华的百老汇大街，我们又住进了一家假日酒店。正当我们赞叹这家宾馆具有如此强的经济实力时，同行的香港大生行罗先生告诉我：美国的宾馆，基本被几家有名的公司控制着，这些分布在全美乃至全世界的宾馆，其产权一般都不是自己的，像假日酒店在30多个国家拥有300多家宾馆，他们是跨国经营的宾馆管理集团。随着商品生产的高度发展，专业分工已是必然趋势，而跨国公司将在未来世界经济发展中发挥越来越大的作用。美国加州州立大学经济学教授李先生说：在经济高度发达的美国，专业化公司已相当普遍。以生产运动鞋而闻名全世界的耐克公司，其经营方式就是自己不做鞋，而每年出产的9 000万双耐克鞋，是由分散在世界各地的40个厂家完成的。耐克公司7 800名员工的任务是，设计新产品，寻找生产厂，销售成品鞋。耐克公司这种专业化的管理模式，使它设计创造了家喻户晓的名牌运动鞋。它每年

① 本文写于1993年7月。当时的所见所闻对我后续长期的经营决策有很大启发，故收录于本书。

推出 100 多个新式样，地球上哪家工厂生产质量好，交货及时，就同哪家签合同。耐克公司的经济效益自然相当可观。

自己建宾馆叫人家来经营，自己设计名牌鞋叫人家去生产，这岂不是“肥水流进外人田”吗？然而，遍布世界各地的几百家假日酒店的成功经营事实，耐克公司的日益壮大，都能够说明专业管理、跨国经营是企业走向市场并获得成功的必然选择。

在“湖南又一村”侃来历①

1993 年 3 月 31 日傍晚，我们来到唐人街。吃了十几天的“洋”饭，今天想找一家地道的中国餐馆换一换胃口。花花绿绿的霓虹灯广告招牌在招揽着客人，正当我们不知寻找哪家餐厅就餐时，同行的一位朋友惊喜地喊道：“湖南又一村餐馆。”大家自然高兴地走进了这家具有浓郁乡情的餐馆。身在异国他乡的我们，就像回到了家乡一样感到格外亲切。吃着并不地道的湘菜，看见川流不息的不同肤色的客人，我正纳闷：这家湖南餐馆生意为什么这样红火？餐馆的金老板似乎发现了我想要问的问题。他说：“我并不是湖南人，出生在上海，后来才到美国。美国的各个行业竞争都非常激烈，餐馆更是如此。1972年尼克松总统访华，毛泽东主席接见并设宴招待。家宴有两个特点：一是茅台酒，二是湖南菜。当时美国几百家大小报纸都做了报道。没吃过中餐的美国人，自然首先想吃的就是湖南

① 本文写于 1993 年 7 月。当时的所见所闻对我后续长期的经营决策有很大启发，故收录于本书。

菜。于是我趁机开办了这家餐馆，并命名为‘湖南又一村’。打那以后，生意日趋红火。直至今日仍客户盈门。”从毛泽东用湘菜请尼克松，到“湖南又一村”餐厅的开办，金老板把两者扯到一块去，这不得不承认是金老板运用名牌效应而展示出的经营才华。

从“今天没系领带”谈开去①

来美国之前，从中央电视台的“中美史克”广告中就知道，美国史克公司②是一家实力雄厚的跨国公司。3 月 26 日，我们考察组一行有幸参观了这家世界著名的医药公司。

公司总裁瓦勒斯先生热情地接待了我们，见面后，瓦勒斯老总幽默地说：“很对不起，今天我没有系领带，自失礼节。但这里有很重要的原因：每当我们公司销售取得辉煌成绩时，允许员工一天不系领带，叫大家宽松一天吧！”细一打听，原来史克公司是世界排名前五的医药公司，为在竞争中立于不败之地，公司除每年投入数亿美元的经费研究开发新产品外，还要求员工（白领阶层）必须上班系领带，以此培养员工严谨的工作作风，发扬永不松懈的企业精神。正是这种精神，史克公司才取得了节节胜利。

办企业，用“逆水行舟，不进则退”来形容是再贴切不过了。美国王安电脑公司，原是一家很了不起的公司，每年盈利都在数亿

---

① 本文写于 1993 年 7 月。当时的所见所闻对我后续长期的经营决策有很大启发，故收录于本书。

② 2000 年，葛兰素威康和史克公司合并为葛兰素史克。——编者注

美元。后来在经营中为了使用户终身使用他们的计算机，竟推出了与其他公司不兼容的王安计算机系列。结果，事与愿违，IBM 趁虚而入，研制出了世界通用的 IBM 计算机，深受用户欢迎。王安公司销售额急剧下降，发生巨额亏损，最后申请破产保护，而 IBM 却称雄计算机市场。

然而，在 20 世纪 80 年代末和 90 年代初，情况又发生了变化。随着高新技术的普及，美国康柏电脑公司和中国台湾一些公司的产品质量和性能都有很大提高，而价格要比 IBM 的同类产品低出数百美元，因而吸引了众多用户。面对这一新的情况，IBM 并未及时觉悟，仍旧死守高价，导致市场连连丢失，利润节节下降，1992 年竟然出现了 50 亿美元的亏损。真是一着不慎，满盘皆输。市场就是这样无情。

从“老总今天不系领带”到王安电脑公司申请破产保护和 IBM 公司发生巨额亏损，我们领悟了许多，感受到办企业难，办好企业更是难上加难。

房地产，经济发展的先行官[①]

翻开美国名目繁多的中英文报纸或杂志，打开收音机或电视，映入眼帘的总是房地产广告。尽管美国近几年经济徘徊不前，房地产市场十分不景气，但住房成交量、房屋贷款仍比国民经济发展速

① 本文写于 1993 年 7 月。当时的所见所闻对我后续长期的经营决策有很大启发，故收录于本书。

度超前几个百分点。从事房地产经纪人已有十几年历史的潘先生告诉我们，房地产是人们从事经济活动的基础和载体，有人形象地称它是经济发展的先行官。也就是说，它的发展有超前性，据联合国统计，房地产业在GDP中的占比一般为6%～12%，所形成的固定资产在同期固定资产总值中的占比为50%以上。政府从房地产业所得的收入一般占其收入的10%～40%。房地产业能够促进和带动相关产业的发展，如建筑、建材、钢铁、金融等。据有关统计，房地产业的产值每增加1美元，就能使相关的产业产值增加1.5～2美元。

现在由于美国房地产处于低谷，带中央空调和游泳池的豪华型别墅约每平方米1 200美元就可以买到。加之美国私人购房都采取分期付款的方式，所以中层社会以上的公民，一般把购买一栋私人别墅作为投资的第一选择，从而推动了美国房地产的发展。由于城市中心地带的地价贵，房地产开发商把建房目标转移到郊外，花低价住豪华房自然只能选择郊外，城市的向外辐射引力因房地产业而增强了。同时，购买一辆小汽车作为代步工具也是必须的条件了，美国汽车制造业因此飞速发展起来。

联想到中国的商品房只有40%进入最终消费，而60%置于炒家之手的现象，又该怎样来解决呢？

芝加哥：生猪也能做期货

在芝加哥拉塞尔大街上矗立着一座气势恢宏的建筑大楼，这就是芝加哥期货交易所（CBOT）。这座45层高的建筑，1965年之前是芝加哥的最高楼。

19世纪中叶，由于地理位置优越，芝加哥发展成为美国重要的农产品集散地和加工中心。为了有效规避农产品价格暴涨暴跌带来的风险，1848年芝加哥期货交易所应运而生，它是世界上最古老的期货和期权交易所。

1964年，芝加哥商业交易所（CME）一反传统推出了活牛期货合约，后来又推出了活猪期货合约。到1969年，芝加哥商业交易所发展为世界上最大的肉类和畜类期货交易中心。

美国养猪业有一百年的历史，大规模发展则是从1980年至今，其间诞生了超级猪场。美国的生猪期货上市，作为一种风险管理工具，给行业提供了套期保值和价格发现的金融利器，这是美国规模化养殖的重要驱动因素之一。生猪期货合约能帮助养猪企业及时了解未来的生猪市场价格走势，合理调整养殖规模和饲养周期，从而降低生产经营的盲目性，实现稳定增收。同时也帮助屠宰及肉类加工企业有效缓解或规避价格波动的风险。

生猪期货当时在国内还是个新名词，什么时候中国有自己的生猪期货呢？

2003年，我当选第十届全国人大代表，同年攻读中南大学商学院管理学博士学位。第二年，我的博士论文《我国生猪现货及期货市场研究》顺利开题，这成为国内首个研究生猪期货的学术论文。同时，我在全国两会上提交了关于“推出生猪期货，提高农民收入”的建议，这也是国内第一个生猪期货提案。从那之后，我为生猪期货奔走呼号，连续上呈上市生猪期货的建议案，其间多次陪同有关部门对生猪期货上市进行调研论证。

2006年，我的博士论文《我国生猪现货及期货市场研究》答辩获得教授们的一致好评，说明生猪期货的思路是正确的。后来，中国证监会期货处在唐人神总部组织召开了“中国生猪期货研究启动座谈会”。

2021 年 1 月，中国生猪期货在大连商品交易所正式上市。大连商品交易所专门向我发了致感谢函。

责任排在首位的西点校训

作为美国历史最悠久的军事学院之一，西点军校位于纽约州西点，哈德逊河西岸，距离纽约市约 80 千米，1802 年由美国总统托马斯·杰斐逊签署法令建立。作为世界“四大军校”之一，美国西点军校成就巨大，培育出了 2 位美国总统、4 位五星上将、近 4 000 名将军、近千名世界 500 强 CEO。

通往西点军校的道路畅通无阻，两旁风景秀丽。校园内环境优美，树木茂盛，建筑以美国历史上著名的军事将领命名，如华盛顿大楼和塞耶大楼等，这些建筑承载着丰富的历史故事，庄重典雅的建筑美学衬托着浓厚的学术氛围。来到西点军校，看到“责任、荣誉、国家”的校训标识牌随处可见。校训于 1962 年由麦克阿瑟将军提出来，简洁精辟地概括了西点军校的核心理念和精神追求。在军校的博物馆中，我驻足于西点校训的介绍前，沉思良久。

西点军校的校训“责任、荣誉、国家”，把“责任”排在第一位。经过了解，我明白了，他们的认知是，责任都不能担当，遑论其他？

责任是荣誉的试金石，借口是失败的挡箭牌。

我看到了西点军校的另一条行为准则：No Excuse（没有任何借口）！这是西点军校奉行的最重要的行为准则之一，它要求每位学员想尽办法去完成任何一项任务，而不是为没有完成任务去寻找借口，哪怕是看似合理的借口。它体现的是一种完美的执行能力、一种诚实的态度、一种负责敬业的精神。这正是西点校训“责任”的诠释和体现。

“没有任何借口”不就是我们唐人神文化中的“四讲四不讲”的做事原则吗？“讲主观不讲客观，讲内因不讲外因，讲领导不讲群众，讲自己不讲别人”，这是打造卓越执行力走向成功的圣经。

西点的校训，给我很大的启示，由此我们对过去“爱、信任、承诺”的 TRS 长期主义价值观进行了思考和重塑，经过反复提炼和修改，最后形成“责任、成果、社会”的 TRS 长期主义价值观。

2024 年，在美国西点军校研学

明治维新的百人学习团

在日本的京都站附近，我们来到京都维新之道纪念馆，了解明治维新（1868 年）的历史。明治维新是日本从封建社会向资本主义社会转变的资产阶级改革运动。明治维新时期，明治政府曾派遣大规模代表团赴欧美考察学习，其中最著名的是 1871—1873 年的“岩仓使节团”。岩仓使节团的任务是全面考察欧美国家的政治、法律、经济、军事、教育、工业等领域，为日本现代化提供参考。考察团核心成员约 50 人，包括政府高官等，另有约 60 名留学生随行，总规模超过百人。1871 年 12 月出发，历时 1 年 10 个月，访问美国、英国、法国、德国、俄国等 12 个国家。

岩仓使节团是日本历史上首次由政府主导的大规模海外考察团，标志着日本从被动开国转向主动学习，为明治维新后期的制度改革提供了直接经验，奠定了日本跻身列强的基础。

我称之为“百人学习团”，这是学习的力量。它给我很多启示，关键两点是：

- 经营好一个企业，向谁学习、如何学习、如何行动，考验着领导者的智慧。这就是认知自我、认知改变、认知行动的过程。
- 当企业需要全面转型升级到新的层次，必须通过学习，那就是团队学习、经典学习、系统学习、深入学习、选择性学习，在学习中行动，在行动中学习。

从 2019 年开始，我带领管理团队先后到农牧行业的 7 家头部企业考察学习，学习如何做强生猪全产业链的每个环节、每条链，并实现“环环相扣”的有效链接。与此同时，我们分两个阶段，先后引进10家国内外一流的咨询机构，通过唐人神数字化咨询军团开启我们的转型升级之路。在对行业的考察学习中，最多的时候，我们派出30多人，包括业务和管理的各层级负责人。在学习中，我们找到优秀同行相应的部门和人员，进行一对一沟通。参加学习的每个成员，回到岗位就会反思复盘，进行认知自我、认知改变、认知行动。在业务策略、管理转型、数字化引领、组织驱动、人才战略等方面，我们踏上了新的征程。

优衣库的变革能力

银座是日本东京最繁华的商业街之一。因17世纪的德川幕府在此铸造银币而得名。站在豪奢华贵、富丽堂皇的银座大街上，各种百年老店和新潮店铺精彩纷呈，让人目不暇接。其中，就有于2012年开业的日本优衣库银座全球旗舰店，足足有12层楼。站在店铺大门口，向里张望，感觉进入了一个服装的梦幻空间，充满着高级感，但价格并没有想象的贵，甚至跟国内比，还有些价廉物美的感觉。

多次位登日本首富的优衣库创始人柳井正被誉为“日本零售业革命家”，其变革能力贯穿优衣库从一家地方小服装店到全球巨头的全过程。柳井正在其著作《经营者养成笔记》中，系统阐述了他对优秀经营者的定义及培养方法，需要通过四大核心能力构建经营者成长框架，即变革的能力、赚钱的能力、建设团队的能力、追求理想的能力。

其中，变革的能力排在第一位，这是柳井正经营哲学的核心原点。变革的能力是指设定“高目标”，挑战“不可能”（例如“全球第一服装品牌”），由“高目标”再倒逼创新、倒逼资源配置、倒逼价值评价，从而实现高目标、高增长、高收入、高效率、低成本。

为什么变革的能力排在经营者能力的第一位，按照我们的常规思维，不应该是先讲理想，再讲团队，再讲赚钱，最后是变革吗？

为什么变革的能力核心内涵是追求高目标，是三倍以上的增长目标，是看似不可能的目标。按照我们的常规思维，不应该是谈如何变革思维，改革管理吗？

这就是日本首富柳井正的成功之处，不平凡之处。

我仔细阅读了《经营者养成笔记》，窥探着柳井正以实战经验提炼的经营者成长法则。其价值不仅在于方法论，更在于唤醒经营者的危机感与使命感——“真正的经营者，永远在变革，永远致力于挑战不可能的高目标。”

书中，柳井正从战略、组织、文化、执行四个维度构建了变革能力的框架。如果企业缺乏变革的能力，不能设定看似不可能的“高目标”，就不会围绕高目标来配置资源、设计奖罚激励、营造全员共同实现经营目标的氛围，赚钱的能力又从何而来？一个商业公司，不能实现目标，缺乏经营赚钱能力，这样的组织何谈成为有竞争力的团队，这些都缺乏，理想岂不是“空谈”？我不禁深深叹服。

我在优衣库买了几件衣服，给柳井正“点赞”。

京瓷哲学的思考

我访问日本多次，曾以仰慕稻盛和夫的心情参观过京瓷，并聆听过盛和塾的分享。稻盛和夫创办京瓷、KDDI，在其有生之年，带领这两家企业进入世界 500 强。2010 年，78 岁的稻盛和夫临危受命，拯救日航于破产边缘，被誉为日本“经营之圣”（日本有四位经营之圣，其余三位分别创办松下、本田、索尼）。稻盛和夫在致力于实业的同时，曾创办盛和塾传播其经营哲学。

稻盛和夫经营哲学（简称“京瓷哲学”）的核心是阿米巴经营模式和敬天爱人经营理念。

阿米巴原指一种变形虫，其名称源于希腊语“amoibe”，意为“变化”，其形态可随环境改变而自由变形。阿米巴经营模式的核心：划小核算单元，自主经营，独立核算；秉持正确的经营理念，全员参与经营；培训干部员工，源源不断地催生内部的经营人才，形成经营合力。阿米巴经营模式与敬天爱人的经营理念、经营会计相互支撑，形成一套完整的企业经营管理模式。

阿米巴经营在国内形成了一股浪潮。2019 年，唐人神也曾引入阿米巴经营模式进行学习和尝试，邀请了咨询专家讲授阿米巴，并进行了试点，但是没有坚持下来。几年之后，阿米巴经营的浪潮在国内渐弱，引入成功者也少见。

这是什么原因呢?

京瓷哲学中的“敬天”，就是按事物的本性做事。这里的“天”是指客观规律，也就是事物的本性。所谓“爱人”，就是按人的本性做人。这里的“爱人”就是“利他”，“利他”是做人的基本出发点，利他者自利。对企业来说就是“利他经营”，这个“他”是指客户，广义的客户包括顾客、员工、社会和利益相关者。

国内许多企业引入阿米巴经营模式，却难见效果，一是没有结合自己的行业和企业的实际情况，盲目引入。二是忽略了京瓷成功的一个关键，就是“产品为王”。

京瓷的核心竞争力可归纳为技术驱动的材料创新与哲学引领的经营模式两大支柱。前者催生的京瓷产品，才是纵横市场的真正“法宝”。京瓷以氧化铝陶瓷起家，率先将陶瓷材料从实验室推向工业应用（如半导体封装、切削工具）。京瓷掌握高温烧结、纳米复合等核心技术，其全球累计申请超 2 万项专利（截至 2023 年），在多层陶瓷电容器、陶瓷刀具、太阳能电池等领域形成技术垄断。

产品比模式重要，这是另一个经营大佬的名言，这也是企业家真正的“葵花宝典”。

产品第一与研发投入

2024 年 9 月，我再到美国，去了硅谷、西点军校、斯坦福大学等地方，最震撼的还是苹果总部——Apple Park（苹果飞船总部大楼）。Apple Park 园区位于美国加利福尼亚州库比蒂诺市的硅谷核心区域，以环保和创新理念为核心，整体是一座巨型圆环状的建筑，采用太阳能供电，内有一个剧院、七家咖啡店、一个健身中心、一个人工水池、大片草坪以及 9 000 棵果树，这是乔布斯留给世人的最后一份杰作，融合了乔布斯的创意愿景与尖端科技。或许，乔布斯希望苹果公司员工在这样的氛围里，时刻被提醒：要生产出世界上最优秀的产品。

苹果奉行极致的产品哲学，从减法设计到体验至上，追求功能与形式的极致统一，审美偏执狂加上细节强迫症，造就了 iPhone。

苹果用持续迭代的产品开启了一个时代。

同样在电信产业，初代苹果手机发布前 10 年，1997 年的圣诞节前夕，任正非带着华为核心高管去美国访问了4家公司。其中，在IBM停留的时间最长。IBM的“制造业4条基本规律”给任正非留下深刻印象：从事制造业，产品技术必须领先；必须建立客户导向型营销体系；未来的企业不仅要卖产品，还要卖服务；在电子消费领域，企业只有在核心产品上聚焦，才能具有规模优势。通俗地说，那就是：产品比模式重要，以客户为中心，卖产品还要卖服务，规模优势需要聚焦。

任正非从美国回来之后，采取了按销售收入提取一定比例单独投入研发的做法，同时按照IBM的指导启动IPD。直到今天，华为在全球企业研发投入排行榜中一直位居前列。

知易行难，知道“产品技术必须领先”这条规律很容易，但有魄力持续投入产品研发的企业少之又少。不断打造产品超群是唐人神的核心发展理念。作为一家以生猪产业链为基础的农牧食品企业，我们的产品超群就是好东西，价不贵，超出客户预期。

在养殖板块，就是低成本养殖领先和肉质超群，打造规模养殖和香乡猪·生态肉高端养殖的“双线”产品路线，检验的标准就是

2024年，在美国苹果公司和斯坦福大学参观与研学

生物体表达 + 客户持续购买。

在肉品板块，产品超群就是聚焦中式风味制品、礼盒、预制食材、品牌生鲜四大肉类产品线，检验的标准就是产品口味表达 + 客户持续购买。

在饲料板块，产品超群就是价值承诺和钱肉比表达，检验的标准就是生物体表达 + 客户持续购买。

大胆投入，研发独立，创新业务产品经理和技术产品经理，导入 IPD，一定能牵引唐人神在产品超群的道路上越走越宽，阔步向前。

第六章

学以致用

学而不行则浮，行而不学则庸。我始终认为，最好的学习是在学中干，在干中学，学以致用。知易行难，学习不能停留在书本和理论。有些企业负责人学了 MBA 之后反而做差了，就是在理论和实践之间，在学习与行动之间，没有转化落地，反而漂浮起来。有些老板，埋头苦干，所有的精力就盯着当下的生意，最后被新事物、新变化所抛弃，这是因为缺乏勤学思变，缺乏与时俱进。

先当“木匠”，后当“郎中”

一个秋天的午后，父亲背回来一些木料，认真地跟我说：“山伢子，你想办法做个木桌子，做几把凳子。”

我当时蒙了——做木工？我没学过啊？

直到今天，当时做的八方桌仍然牢固得很，仍然摆放在家中，仍然可以承载家人围坐一起，吃热腾腾的饭，聊过往的家常。90多岁的母亲，仍然时不时地把桌子抹了又抹。

先找工具，再请教木工师傅，不知磨破了多少皮，划伤了几道口子，终于把桌子和凳子都做好了，也很实用。不知道当年是父亲自己偷懒还是有意磨炼我，让我学会自己动手，总之14岁的我，学会了做“木工”，尽管是很基础的木工活，但其中的道理，让我慢慢体悟，并学到了许多。

后来，我写了一篇文章《先当“木匠”，后当“郎中”》，阐述对人力资源的思考，正是源于少年时期的木工活。

何谓木匠？一般说来，木匠有三个显著特点：一是干事之前有一个完整的构思（做什么家具）；二是会有效利用资源（木材），量材为我所用（尺有所短，寸有所长）；三是能够把构思通过实践变为现实（做成家具）。何谓郎中？郎中的特征则是凭丰富的临床经验和直觉（测脉）看病。

在企业中也存在着“木匠”和“郎中”式的人物。“木匠”式的人善于思考，干任何事情之前先系统思考，建立清晰的目标，充分有效地利用公司资源，并且能够把构思与工作实践相结合，使之变成现实。而“郎中”式的人物则自认为读了几本书，道听途说了一些事，就自命“郎中”为企业看病，这样的人一害企业（会误诊），二害自己（就像看会书上几个游泳姿势就下海容易被淹死）。

企业需要有头脑、有知识、有能力、善思考、肯实干的“木匠”式的人物。

一名优秀的“木匠”（经理）必须学会系统思考，学会配置资源，不断增加新的知识和新的技能，培养“想、听、写、说、教、做”六大能力，使自己的综合素质得到全面提升。这样，新型的“木匠”价值将会全面升值，成为公司的宝贵人才。

怎样做一名优秀的“木匠”？

首先，学习先行。要善于向书本学，向同行学，向客户学，向实践学，向竞争对手学。不断提高自己的综合技能，并善于与他人合作、沟通，充分利用公司可利用的一切资源。

其次，实践为本。有了丰富的知识和理论，如果不付诸实践，不亲自动手去做，也很难获得成功。只有不断地实践，才能获得做“家具”的直接经验，只有通过学习，实践，再学习，再实践，循环往复地进行下去，才能成长为一名真正有创新本领的“木匠”。

“木匠要巧，郎中要老。”企业呼唤“木匠”，愿更多的“木匠”脱颖而出。

从“秀才”成长为“战士”

2019 年 7 月，来自全国各地的 200 多名应届大学生和战略预备队员举行集训，人力资源部门请我做个演讲。想了许久，我写下了《从“秀才”成长为“战士”》的题目。刚走出学校的莘莘学子就是“秀才”，如何从秀才成长为好战、勇猛、争胜、有算力的优秀战士，我依旧强调坚持以客户价值创造为中心，以奋斗者为本，建议大家从三个方面入手：第一要从小事做起，善于学习，积极主动，合作成事；第二要掌握认知自我、认知改变、认知行动的自我成长三部曲；第三要遵循“成功之道 = 客户价值 × 正确的思维方式 × 热情 × 能力”这一公式。

企业为什么需要战士？企业和军队一样，都是组织，都需要有规则、有纪律，有勇猛、好战、争胜的基因。企业要盈利，就像军队要打胜仗一样，需要求胜、勇猛、精明能干、有算力的战士。

衡量一名优秀战士有 4 个标准：

- 好战：求战心切，喜欢打仗，喜欢竞争。
- 勇猛：敢于亮剑，有勇往直前、压倒困难的英雄气概。
- 争胜：自我驱动，好胜，渴望成功，追求胜利体验。
- 有算力：具备战略思考力，精于经营，善于管理，有赚钱的能力。

如何能迅速成长为好战、勇猛、争胜、有算力的优秀战士？

一是要从小事做起，善于学习，积极主动，合作成事。在工作过程中，不分哪些是自己该做的，哪些不是自己该做的，不放弃每一次的学习机会，在唐人神，就要坚持责任、成果、社会的 TRS 长期主义价值观，坚守厚德博学、客户价值、产品超群、业绩导向的四大文化支柱，加强唐人神十大品德修炼，积极主动与他人合作解决问题，把事情做好、做成，这样会驱动你做更多的事情，让你得到很大的锻炼。

二是掌握自我成长三部曲。第一步，认知自我。要通过不断地学习、实践、磨炼，提升对自身的认知，要清楚差距、明确方向、善于纠偏。第二步，认知改变。有了初步的自我认知后，就要找准定位，设定改进目标，改变过去不良的习惯与行为。第三步，认知行动。认知要付诸行动，认知要有结果。要将认知改变转化为优先的事情，并坚持做成一件事，敢于承诺目标、承诺举措、承诺合作，最终实现业绩表达。

三是要遵循成功之道。成功之道 = 客户价值 × 正确的思维方式 × 热情 × 能力。一切以为客户创价值为前提，以客户为中心，树立做人做事的正确思维方式。做人：人无自我天地宽，人间正道是沧桑。做事：事有信心心常乐，天道酬勤事必成。坚持一切从创价值出发，要付出不亚于任何人的努力，保持持久的工作热情与艰苦奋斗的作风。要具备变革的能力、赚钱的能力、建设团队的能力、追求理想的能力。

我始终认为，管理教不会，除非你自己想学！生意学不会，除非你自己想赚钱！改变不可能，除非你自己想成长。但愿“秀才”都能尽快成长为企业的“战士”。

长颈鹿为何笑话我们

正如前文所写，动物园的长颈鹿从园中跑出来，并非因为围栏不够高，而是因为管理人员忘关围栏门。

故事很有趣，问题出在哪里？

故事本想笑话西方管理的“呆板”，要是按照中国人的“智慧”，肯定是凭感觉先看看门是否关好。西方管理的逻辑思维是，动物园管理规范中需要建立一套紧急事态处理程序，当长颈鹿跑出来的时候，就应该按照流程中的步骤，依次检查栏的高矮、栏的强度、门的状况（是否关好）等，以至于盲目加高栏杆，引起了长颈鹿的笑话。如果我们只是站在一边看动物园管理者的笑话，那么我们也将成为长颈鹿嘲笑的对象。因为我们的管理同样屡犯“加高栏杆”的错误。

解决“长颈鹿跑出来”的问题，一可靠经验，凭感觉就会对围栏进行全面检查（包括门是否关好），二可靠管理流程和制度规范的方法，同样能解决。

如何把经验智慧和科学管理方法相结合，培养出企业需要的总经理和管理骨干，这才是故事带给我们最大的启迪和收获。

一是建立科学的工作流程：有效的流程是企业从战略目标到实际结果之间的必由途径。有效的流程应该具备三个要素：第一，流程的方向，流程的每一个环节和步骤都要按照既定的管理目标来制定。第二，流程的规则，流程的每个环节都需要有规则、有制度，比如关长颈鹿的围栏高度、长度都要有规则。第三，流程的奖罚，有规则没有奖罚就等同没有规则。

二是锻造过硬的业务能力：科学的管理流程靠什么来建立呢？靠职业经理人的业务能力。其中三点很重要：基本能力、理论素养、事业激情。职业经理人要学会“想、听、写、说、教、做”的理论素养和基本“操刀”能力。管理干部不要依赖“权力”，要依靠“能力”。能力带来魅力，魅力产生凝聚力。成功者还有一个必备素质那就是事业激情。激情需要培育和维护，需要阶段性目标实现的成就来不断激发。

三是培养实践中的创新能力。实事求是，与时俱进，敢于超越过去，超越竞争对手。实事求是就是一切要从实际出发，用多年的管理经验和现代管理理念来解决个别特殊的问题，与时俱进就是要善于从个别实际问题的解决中发现并提炼出规律，建立新的管理流程，再推广复制来解决更多的实际问题。相互结合，缺一不可。

如是，我们就不会再被长颈鹿笑话了。

熵增中的管理对抗

许多公司在创业阶段日新月异，团队协作顺畅，一切都在高效运行，随着企业越来越大，员工就会慢慢懈怠下来，组织会变得臃肿，制度会腐旧脱节，部门墙越来越厚，上下层级越来越森严，管理沟通变复杂，流程开始混乱，项目推动无力，组织效率越来越低，对市场和客户的反应越来越迟钝。

就像一杯热水会自然变凉，组织不努力就会“躺平”，这就是“熵增”。

何谓“熵增”？

熵增定律是热力学中的一个基本原理，指的是在一个封闭系统中，熵总是趋于增加。换句话说，一个系统如果没有外力干预，其内部秩序会逐渐混乱，直至达到最大熵值，也就是完全无序的状态。熵增定律被誉为“宇宙第一定律”。原因就在于，它揭示了宇宙的终极演化规律，即所有系统都有一种自毁的趋势，都要往熄灭、死亡这个方向发展。

量子力学的奠基人之一，诺贝尔物理学奖得主，奥地利物理学家埃尔温·薛定谔在其著作《生命是什么》一书中，通过热力学和量子力学理论来解释生命的本质。这本书指出：熵增过程必然体现在生命体系之中。我们必须自律，主动做“熵减”，每天做运动，不仅运动我们的身体，也运动我们的头脑。我想，做企业也一样，要想基业长青，想做大做强企业，就必须有意识的主动刻意的开创新品牌，开拓新市场，变革新管理，推进新策略。

这就是管理的进化。

有时候，管理是“反自然、反人性、反历史”的对抗熵增的过程。

唐人神有“以客户为中心，以奋斗者为本，不奋斗就退位”的核心理念，打造“三有”干部、“三想”员工人才培养体系，践行“721优胜劣汰”的球队文化，打造过硬的组织作风，营造健康的组织氛围，就是通过管理做功，减少“熵”，把多余的“熵”清理出组织肌体，永葆组织活力。

我们引进顶级咨询机构，投入数字化转型变革，流程再造，项目再造，构建开放成长型学习组织，就是对抗熵增。

对抗熵增，就要管理变革，让组织扁平化，知道真正的领导是“赋能”。这样的领导才能带出有业绩有效率的组织，才能“多打粮食，肥沃土地”。

对抗熵增，就要视过去的成功经验为今天失败的开始。比如，我们用散养户时代的“服务营销”方式，去应对今天专业化的规模猪场养殖，结局肯定是“会议热热闹闹”，订单“寥寥无几”，有人来开会，无人来签约。今天我们推行“会议价值营销”的变革，就是通过价值承诺、价值呈现、价值转化，让专业客户跟我们携手共进。

回归创业初期时的热情，让组织成为开放系统，建立一个耗散结构。我们要通过管理行为，把那些衰败为“熵”的东西及时排出系统。

这就是管理做功，生命以“负熵”为重，管理以“负熵”为赢。

认知的终身成长

伴随着改革开放，深圳的发展开始腾飞。我记得 1987 年，有一次省粮食系统组织我们去深圳学习。我感觉大开眼界，深圳速度、深圳效率让我眼花缭乱，震撼不已。我们同行的一位局长却是愤愤不平，他操一口方言说，这像什么话，男同志穿格子衣服（格子花衬衣）。还有一位老领导居然泪流满面，批评这些高楼大厦、灯红酒绿都是资本主义的毒苗。还念念叨叨说，宁要社会主义的草，不要资本主义的苗。其实，草是什么，苗是什么，他们并不知道。而改革开放的巨大成功，“经济特区”的巨大作用，世人瞩目，功利千秋万代。

大到国家，小到企业和个人，很多问题在于是否认知成长。

《终身成长》是斯坦福大学心理学教授卡罗尔·德韦克总结数十年研究成果的经典作品。成功不在先天，不靠外在，关键在于思维认知：是满足于现有成果、避免失败可能的固定型，还是以努力为豪、寻求挑战机会的成长型，决定了你能在成功路上走多远。很多人常常因为一次失败、一次挫折而感到沮丧，甚至开始怀疑自己的能力。这是固定型思维认知。持有成长型思维认知的人，往往认为能力和智慧是可以通过努力和学习得到提升的，他们乐于接受挑战，能够从失败中刷新认知，并不断追求个人的认知突破与思维成长。

如何才能从固定型思维认知转向成长型思维认知呢?

- 意识到认知的局限性。当我们开始思考"是否可以通过努力改善"时，我们就已经迈出了从固定型思维到成长型思维的认知突破。
- 认知到失败与不完美的常态化。当我们能够心态平和地接受失败和不完美，并看到其中的成长机会时，我们就会真正实现自我认知的可塑和成长。
- 设定具体且具有挑战性的改变目标。持有成长型思维认知的人往往会设定一些既具挑战性又能激励自己的改变目标，也就是认知改变。
- 持续学习与认知自我，认知改变，认知行动。通过不断进行学习与自我反思的认知自我，不断积累知识、提升技能、拓宽视野，获得自我认知的突破，带来认知的改变，最终实现行动成功。

每个企业都想基业长青，做好做久。但许多企业黯然离场。问题的关键也还是"认知"。

认知的成功才能带来实践的成功。个人如此，组织也如此。认知的阶段可以分为三个：认知自我、认知改变、认知行动。

首先是认知到自己的不足或错误，勇于并善于复盘和反思自己的过错；其次是认知到如何改变过错，能够认知到如何改变，事情就成功了一大半；最后，认知了改变，树立新的行动目标，就能在认知行动中取得成功。

逆境之中起高楼

逆商（AQ），又称逆境商数或挫折商，是指人们面对逆境时的反应方式，即面对挫折、摆脱困境和超越困难的能力。它由美国职业培训师保罗·史托兹提出，与智商（IQ）、情商（EQ）并称为“3Q”，被认为是成功的关键因素之一。

保罗·史托兹博士长期为斯坦福大学、麻省理工学院、哈佛大学、康奈尔大学的 MBA、EMBA 和企业家发展项目授课，并致力于为全球领先的企业诸如宝洁、微软、亚马逊、西门子等提供领导力、绩效、组织文化等领域的咨询服务。作为逆商理论的提出者，也是逆商测评、逆商发展项目和工具的开发者与研究者，其系列逆商著作畅销全球。

在逆商分析中，保罗·史托兹结合登山的故事，把面对挑战的应对分为以下三类。

- 第一种，放弃者。由于感觉不到人生的机会，这种人选择止步不前。放弃者的表现：退出、逃避、变卦、放弃。不求成功，只求安逸，不求为社会做贡献，只求自己舒服。
- 第二种，扎营者。做过努力，获得过地位后，为了安全和舒适，停下来了，不再努力。扎营者有可能会成为放弃者，但基本不会继续前行成为攀登者。
- 第三种，攀登者。攀登者会终生致力于向山顶前进。攀登者有一种发自内心的不放弃精神，很少允许任何内部因素或外部障碍阻碍自己攀登，这能使他们免于被逆境压垮。攀登者主动追求成功，拒绝向失败低头。

我在做饲料和养殖的时候，曾经陷入困境，有过深深的无助和挫败感，但我心中有着骆驼精神，凭借顽强的毅力，坚信自己能闯过来，在不知不觉中，自己成了“攀登者”，能够向一个一个更高的山峰挺进。

唐人神涉足规模养殖，开始是想在北方做，最初选在河南、河北，那个时候有“南猪北养”的说法，我们在北方投入数亿元资金，但由于猪瘟等原因，种猪和育肥，包括几个万头猪场，都没有经营好，几乎颗粒无收。那几年我也很焦虑。养殖产业陷入了“困境”，感觉“无路可走”。后来，我想方设法请教同行，带人到优秀的同行公司现场学习，自己再到一线调研分析，发现了一个道理：由于猪瘟对运输的制约以及南方对热销肉的消费习惯，还是应在销区做养殖，我们在北方布局的规模养殖是有问题的。2016 年，我们完成了对龙华农牧的收购交割，当时龙华的猪舍也是平房，猪瘟之后，很多猪舍需要拆除，但拆除之后，糟心的麻烦来了——没地，怎么办？“万丈高楼平地起”，我们开创了山地楼房智能单体养殖。“绝处逢生”“柳暗花明又一村”，我们在销区用楼房猪舍解决没地的困局，但是又有新的问题，楼房养殖集中度高，养殖密度大，容易导致疫病的发生。怎么办？我们又借助资本，投资 30 亿元，通过空调新风系统，智能猪场管理系统，打造了 180 万头规模的山地楼房智能养殖基地。养殖成本快速降低，科学解决了楼房疫病的防控问题，实现了良好的盈利水平。

我们在规模养殖的领域，终于绝境逢生，逆境反弹，闯出了一片新天地。

每个人生来都有攀登的驱动力。领导要相信这件事，努力调动大家的攀登者情结。管理的核心就是激发他人的意志力，让他看到更远的高峰，成为真正的攀登者，这样才能让公司越来越好。

走出“能力陷阱”

埃米尼亚·伊贝拉是哈佛商学院巡视委员会成员，欧洲工商管理学院组织行为学教授，职业和领导力发展方面的研究专家。其著作《能力陷阱》给我很大的启迪。我们很乐于去做那些我们擅长的事，于是就会一直去做，最终就使得我们只会做擅长的事。

能力是一种优势，但也可能是陷阱。每个人都很乐意去做那些自己擅长的事情，而无暇顾及另外一些更有意义、更有价值的工作，久而久之，就只会做那些擅长的事情，一旦环境发生变化，这些人就会掉入陷阱，如高速路口的收银员、出租车司机等，面对ETC（电子收费）和网约车等新业态就非常被动。非洲猪瘟形势下那些只做猪饲料的公司也会比较被动。

什么是成长中的三大能力陷阱？

第一是专业陷阱，即只对自己所学专业的事有兴趣学习，其他都排斥。比如研发人员不愿意听营销培训课程，财务人员不愿意学习生产知识等。

第二是人际交往陷阱，即只与自己喜欢和熟悉的人交往，其他交往尽量回避。比如有些总经理不喜欢与政府官员打交道，就把工作交给厂长，甚至有人建议集团成立一个专门与政府部门打交道的“公关部门”。

第三是真实性陷阱，即只按自己的固定习惯行事，留恋“舒适区”，不愿做任何改变。比如有些人常常用“我这人就喜欢实话实说”“我就是不会做生意”“我不是学财务的”做挡箭牌，不愿学习和改变自己。

怎样跨越三大能力陷阱？

如何跨越专业能力陷阱？首先是要主动接受非自己专业的信息，其次是要主动了解学习非自己专业的知识，最后是主动参与非自己专业的合作项目。这就需要我们对非专业的信息、知识和项目保持“好奇心”。

如何跨越人际交往陷阱？三人行必有我师。要跨越人际交往陷阱，一是主动与自己不喜欢的人交往；二是主动寻找和进入高人的交际圈；三是主动向高人学习，与高手过招，与正能量为伍，提升自己。2019 年 7 月，我应邀到武汉粮院参加庆典活动，本来晚餐应与几位熟悉的朋友在一桌，但得知健康养殖方面的专家沈建忠院士也在席间的时候，我就主动找到活动主办方，调整安排，把我安排到与沈院士一桌。按照习惯，我和熟悉的朋友一桌更轻松，但我跨越了人际交往陷阱，和素未谋面的沈院士坐一起，并请教他有关智能养猪的问题，从而开启了唐人神智能养猪的新阶段。

如何跨越真实性陷阱？古人云：“盂方则水方，盂圆则水圆。”要跨越真实性陷阱，就要主动把自己变成像水一样，利万物而不争；同时要确定自己的榜样，主动向榜样学习和对标，不断提升自己；然后就是“先行动再思考”。

个人能力成长的三大阶段是一个坐标图，横坐标是时间，纵坐标是成长进度，是阶梯式上升的。第一大阶段是认知自我阶段，这个阶段要规避专业陷阱、人际交往陷阱和真实性陷阱，多读好书，多交精英朋友，多到现场调研学习。第二大阶段是认知改变阶段，要先规避自以为是陷阱、固定思维陷阱和观望陷阱，通过定期对标认知差距，改变自我认知，拟定认知行动方案，实现价值观、习惯作风、行为动作的改变。第三大阶段是认知行动阶段，要先规避盲目行动陷阱、孤军作战陷阱、半途而废陷阱，通过先行动再调整，团队协同行动，以创价值为目标，持续坚持做成一件事。

人生只有永远的成长，没有永远的成功。我们永远在路上，我们一定要行动、行动再行动，坚持、坚持再坚持！

管理教不会，除非你自己想学！生意学不会，除非你自己想赚钱！改变不可能，除非你自己想成长！

理论到实践的转化方法论

管理咨询的业内有一个说法，请咨询公司帮助指导、做顾问，能够帮助企业解决问题，实现成功的概率只有将近15%。因为他们的语言是理论语言，而企业需要的是工作语言，从理论语言到工作语言中间还隔着“管理语言”。当中间没有通过企业（企业家）自身进行有效的翻译转化，那么这些理论语言对企业的经营管理实践将难有作用，甚至还会是副作用，加剧企业的问题。

很多企业学海尔、学华为、学美的、学牧原，但鲜有成功。因为学到的是适用于这些企业本身的管理语言，对我们来说还是“理论语言”，例如：海尔的“人单合一”，华为的“多打粮食，肥沃土地”，美的的“产品领先，效率驱动”，牧原的“师徒制”。这些管理语言虽然“隔行不隔理”，但每个企业的文化、团队、产品和管理风格等都有很大的差别，要把这些“理论语言”转变成自己公司的管理语言和工作语言，“隔行如隔山”。

为什么每次开会，听完领导的讲话后，伙伴们都觉得问题搞清楚了，原因找到了，每个人豁然开朗、满血复活、信心十足，但到了月底关账时业绩却又是原地踏步。因为中层干部没有将领导的管理语言转化为本部门的工作语言，基层员工无法领会与操作。

那什么是理论语言、管理语言和工作语言呢？怎样将理论语言转化成管理语言，最终转化成工作语言，从而实现从理论到实践的落地转化呢？

第一，什么是理论语言？通俗地讲，理论语言就是管理大师或教授从海量成功企业的实践中归纳总结出来的理论，如工商管理的战略管理、人力资源、产品开发、生产管理、市场营销、运营管理、项目管理、质量管理和供应链管理等课程。为了便于掌握，管理大师和教授又将这厚厚的书本理论翻译成一些浅显易懂的模型和工具，如战略管理 BLM① 方法论、项目目标 SMART 原则、思维饼图分析法、责任病毒清除法、横向领导力工作法、干部五维能力模型、人资预算管控模型、波士顿矩阵、SWOT② 分析法、销售漏斗原理、精益生产法、IPD、PDCA③ 循环工作法等。

第二，什么是管理语言？管理语言就是将理论语言结合公司的应用实际，转化为能推动公司业绩达成的可操作的管理工具，如唐人神三大体系战略、唐人神从战略到项目推进的逻辑框图、项目制推进六步法、TRS 人资预算管控模型、TRS 成本—效率管控模型、TRS 成本—利润管控模型、"望闻问切"立项法、游戏工作法、三对眼睛看市场和三个问题答客户定位法、持续上量"9421"工作法、大客户开发正奇五板斧、流程推进清单操作法，还有养猪三法宝、健康生产十大关键任务、疾病防控十大关键任务、一区两点三

① BLM 是指业务领先模型（Business Leadership Model），用于制定战略规划。——编者注

② SWOT 是指企业的优势（Strength）、劣势（Weakness）、机会（Opportunity）、威胁（Threat），综合分析企业内外部这 4 种要素，以制定发展战略、对策。——编者注

③ PDCA 是指计划（Plan）、执行（Do）、检查（Check）、处理（Act），这 4 个步骤循环往复，以进行质量管理。——编者注

段式养猪工艺法等。有了这些统一的管理语言和工具，管理者就能将复杂的理论语言（模型）转换成可操作的流程。例如：将项目目标 SMART 理论语言转换成管理语言就是项目制推进六步法。

第三，如何将管理语言转化为工作语言？有了管理语言，我们的下属还是不明白怎么操作。基层员工需要的是规则、制度、流程等工作语言清单，工作语言直接告诉大家怎么做。简而言之就是“目标、任务、考核”，因为他们习惯于上级直接下达目标、任务和考核。

理论决定认知，认知决定思维，思维决定行为，行为决定业绩。中基层管理者的作用是承上启下，是将理论语言、管理语言翻译为工作语言的翻译官，是激发基层强大组织活力的催化剂。我们将管理语言向下扎根为每个员工都能算得清、听得懂、做到位的工作语言，就一定能刀锋所指、兵锋所向，完成项目推进，实现战略目标。

从商业因子、商业法则到商业模式

何谓“商业因子”？

比如，由于没有商业资本，绝大多数温州商人是从零起步，懂得“一分进，两分出”“投两分，赚四分”这种原始的投入产出道理。这种嗅觉是对投入产出的直觉判断，天生的“会算账，懂赚钱”。这是温州人的“商业因子”（business gene）。

我们大多数职业经理人没有温州人那种天生的“商业因子”，但我们可以把商业因子“嫁接”进我们的大脑，即通过后天的商业职业教育或者 MBA 教育等培养出“一分进，两分出”商业禀赋。

何谓“商业法则”？

放眼世界商业，犹太商人很成功。犹太人有许多商业智慧，有一条最直接、最简明的，那就是犹太商人都遵循“守住自己的钱袋，不管别人的口袋——与人分享利益”这一法则，意思就是说，在做每一次生意时只要算好自己赚多少，这是决定该笔生意能否去做的原则，千万不要算计别人是否比自己赚得多，来决定自己能否去做。这就是犹太人的财富密码，也是犹太人的商业法则。今天，许多优秀的中国商人也懂得这条商业法则。

中国古代一直有着“重农轻商”的传统意识，一直有着“学而优则仕”的光宗耀祖传统，商人不被推崇，商业因子何以裂变，商业法则何以产生？中国社会过去都讲“不患寡而患不均”，“患不均”就是要进行彼此的利益平衡，这样的结果是没有“利”的我和没有“利”的他组成了一个平均型的“寡”的社会，有人戏言，这就是“看住上家，管住下家”的“麻将法则”。

何谓“商业模式”？

有的老板商业因子丰富，也愿意分享利益，但是面对复杂的投入产出分析，面对比较系统的经营管理局面时，同样会不知所措。因为驾驭一个稍大的企业，仅仅靠拥有天生的市场敏感和嗅觉是远远不够的。通俗地讲，算小账（经营一般规模的生意）和算大账（掌握一个大企业的投入和产出）是不同的，算即时账（当天的收入支出）和算长远账（投入期一个月、一个季度、一年，甚至若干年）更是相差千里。这个时候，光有商业因子和懂得商业分享法则是不够的，还要建立一个系统的商业模式（business model）—— 一个与企业自身资源及客户需求相匹配的能够持续应对竞争的商业盈利模式。

同样，哪怕是一个成功的大型现代企业，如果不及时调整和修正自己的商业盈利模式，危机随时爆发。这样的案例数不胜数。

由此可见，我们不仅要嫁接商业因子，运用商业法则，还须创建商业模式，商业模式还必须随市场竞争环境的改变而及时调整。

近些年在全国各地涌现的工商管理课程，运用案例教学，让我们许多企业家能够用现代工商管理的理念、认知、工具来驾驭更大的商业规模。我先后到湖南大学、中南大学、长江商学院学习领悟商业模式的奥秘，就是通过工商管理课程和理论体系，来构建自己对更大商业规模的驾驭能力。

从“一厚四能”到“三有”干部、“三想”员工

2010 年，稻盛和夫拯救日航，一年时间让日航扭亏为盈，并持续盈利。这让我很是震撼。稻盛和夫不懂航空，他用三个月时间深入日航宣贯价值观和经营理念，包括阿米巴经营哲学。我再次看到了文化理念的重要作用。大概在 2018 年的时候，我们在全公司范围组织学习稻盛和夫的阿米巴经营哲学，同时每周两个晚上组织干部员工学习唐人神企业文化和经营理念。

但效果微乎其微。

之后，受优衣库柳井正经营思想的影响，我们提出打造“一厚四能”的唐人神铁军队伍，即打造坚持“厚德”，具备“变革的能力、赚钱的能力、建设团队的能力、追求理想的能力”四大能力的唐人铁军。何谓“厚德”，意指：心要正，不能一有机会就搞钱，一有

权利就拉帮结派，一有成绩就居功自傲等。

培训试行一段时间之后，也感觉很虚空，难落地。放之四海而皆准，如同广谱抗菌药，越来越不见疗效。既没有唐人神的经营特色，也无法指导干部员工的行为实践。还有的员工开玩笑说，我哪有什么机会搞钱啊，我就想多做事、多赚钱。

于是，有人就觉得，文化太虚，数字化变革的时代，谈文化实在没多少必要。果真如此吗？我想到了“中庸”，过多地谈文化和不谈文化，是两个极端，肯定不对。如何把文化融入经营管理，落脚点和结合点在哪里呢？

2019 年，我带队到农牧行业的养殖龙头企业学习，看到对方年轻充满朝气的干部队伍而深受启发。一个创意在脑海显现，我们要打造有愿力、有成果、有接班人的“三有”干部队伍。这就是文化理念在干部队伍建设中的实践落地。

“有愿力”就是认同唐人神的企业文化核心理念、长期主义价值观、企业使命和经营哲学，认同唐人神“魂道法术”，认同团队协作、赢球为王、优胜劣汰的球队文化等，这样他就会从内心产生心力、产生意愿，不待扬鞭自奋蹄。

“有成果”就是 TRS 长期主义价值观所述的责任、成果、社会。敢于并善于多打粮食，创造业绩。以奋斗者为本，以客户为中心，用“产品 + 服务”超群，用“低成本养猪真功夫”来持续为客户创造价值，为公司创造量利增长，为奋斗者创造收入增加。

“有接班人”就是要培养后备干部队伍，形成人才梯队，就是肥沃土地，激活组织，健康组织，创造组织能量。

“三有”干部的管理思想一经讲解，在干部队伍引起热议，大家觉得很实在、很具体，的确不虚不空、接地气。

这时候，有人说，员工呢？哦，员工就是想多做事、多赚钱。

于是，我写了“三想”员工的要求：想做事、想进步、想赚钱。这个就无须解释了，一看就明白，明白就能干。

从“一厚四能”到“三有”干部、“三想”员工，正是文化的落地、生根、开花、结果。向下扎根，向上结果。

成功人士的十大品德修炼

要想事业成功，就要善于做事，而做事先要做人。

做人，没有特效药。只有长期不断地修炼自我、提升自我，才能从做人的省悟到做事的主动，到影响其他身边的人，影响的人越来越多，就成就了事业。

做事，没有速成药。只有学会了做人，事情才能逐步做大、做好。

加强品德修炼是个人走向成功的基础，也是企业走向成功的保证。

第一，牢记心中目标。

一般而言，只要是人，只要是一个正常的人，从小商小贩到企业巨人，从无名学子到学术专家，从无名小卒到高官要员……都有干一番事业的雄心。可是，有些人能在奋斗中获得成功，走向辉煌，而有些人却会败下阵来，甚至一败涂地。这里有众多的原因。但成功与一个人拥有心中的目标、坚强的决心和专心的努力是分不开的。如果没有空气，没有任何人能够生存；如果没有目标，没有任何人和组织能够成功。

目标 + 决心 + 行动 = 成功

致力于中国生猪全产业链经营，这就是唐人神人的目标。

我要时刻告诫自己：不要忘记我们的使命与奋斗目标。

有志之士，立刻行动起来，不要害怕自己学历不如人，智商不如人，经验不如人。只要心有目标，马上行动，从点滴做起，从现在做起，锲而不舍，执着追求，就一定能成功。

这是一条颠扑不破的真理！

第二，学会控制情绪。

大量研究结果表明，成功与否的关键不仅仅取决于天资如何，还有赖于性格和情感因素。

冬去春来，夏尽秋至，潮涨潮落，日升日降。自然界万物都在循环往复的变化之中，我也不例外，情绪会时好时坏。

我们知道，当自己的思想被烦恼困住的时候，往往会变得反应迟钝。可是，当我们一旦下定决心，以无比坚定的信念去面对并且解决烦恼时，人马上又会变得神采飞扬、头脑清晰。原来辗转反侧不能成眠，现在可以安然入睡、神清气爽。原来觉得索然无味的食物，现在也变得充满诱惑。于是在一个好觉和一顿美味之后，人会那么地感激生命的美妙和可爱。结果，烦恼也就在轻松愉快的心情下销声匿迹、烟消云散了。种瓜得瓜，种豆得豆。情绪好坏，结局两样。当我情绪极度低落，以至影响他人时，我应该：

- 树立积极向上的思想，一切都往好处想，一切都往好处干。
- 提醒自己，“板凳要坐十年冷”，不要操之过急。
- 不再与消极的人物为伍，以防再度感染。
- 告诫自己，不要对自己或别人发脾气。最好的做法是深吸一口气。
- 不妨去访问一下孤儿院、养老院、医院，看看世界上除了自己的痛苦，还有多少不幸。

- 不要在心里制造失败。不管如何失败，都不过是不断成长发展过程中的一幕。
- 洗个热水澡，换上新装，引吭高歌，对外要始终保持喜悦、安宁的心境。我要做冬天里的一把火，夏天里的一湖水。我知道，当我有足够的情绪控制力时，我的命运就会比现在更好一些。我尽量做到，喜不忘乎所以，悲能镇定自若，怒不暴跳如雷，惊能声色不露。

第三，保持乐观与自信

事业上的成功者总是把自己最好的东西奉献给世界，并且一直带动着周围的人们奔向美好的未来。我知道：生活不能一直让人们感受微风的柔和、黎明的清新、精神的欢愉……还参差交错着困苦的羁绊、朝夕的祸福、悲哀的煎熬……

因此，积极乐观的心态是成功人士区别于失败人士的根本所在。

我工作的目的，一是挣钱糊口，二是成就自己的事业，但最得意的还是它给我带来人生的快乐。

事业是一个不断变化的过程，满足的获得是享受的过程，而不是享受的最终结果。

我相信：世界上没有办不成的事，只有办不成事的人。这就是唐人神人的积极心态和乐观主义哲学。

做每一件事都要自信，特别是做别人做不了或没有做过的事更加需要自信，信心是“不可能”这一毒素的解药。

我们在一项任务刚开始时的心态决定了最后有多大的成功，这一心态比任何因素都重要。

成功的哈佛学生所具有的第一心态就是自信，自信其实是一种胜任感。

我认同：把简单的事情重复做对就是不简单，就是成功！

心存疑惑，就会失败；相信胜利，必定成功。你自己得感到能胜任一切，并能应付自如，这样才能把事情办得完美无比。我是自己命运的主宰，我是自己灵魂的领导。

我要按照下列方法培养自己的自信心和积极心态：

- 回顾自己成功的历史。
- 确信是在做自己热爱并且极其胜任的工作。
- 自我奖励。
- 帮助别人增强信心。
- 承认但不要屈服于某些自我怀疑。
- 挑前面的位子坐，练习当众发言，走路速度加快 25%。

我的人生信条是行止无愧天地，褒贬自有春秋。

第四，提高人际能力。

一个人的成功与否，除自身的努力程度和个人的素质高低外，一个重要的因素就是你是否具有较强的人际能力。

善于人际交往和建立良好人际关系的个体不一定都能取得成功，但成功者必定是善于与他人建立关系的高手。为了事业的成功，需要我们每一个人都能和谐地与他人相处。否则，你个人纵有天大的本事，也难以走得很远。

一个受人尊重的人，不仅勇于接纳自己，而且也善于以积极的态度容纳别人。

我要记住：

合作共事，互敬互学，互相帮助，我们的事业就繁荣；

相互拆台，互不买账，钩心斗角，我们的事业就衰退。

我们应该知道，人们总是喜欢如他期待的那样来表现自己的能力。恰如其分地运用这一特点往往会产生意想不到的效果。因为你待人以善，并从好的方面看人，他们会待你更好，俗话说：人敬我一尺，我敬人一丈。我们应时刻牢记处理人际关系的原则：

- 不要低估别人，学会倾听。
- 不要吝啬赞美，学会微笑。
- 培养自觉寻找别人优点的习惯。
- 不要过分期待“自己付出了什么，别人就应该回报什么”。
- 学会换位思维。

请记住石油大王洛克菲勒的成功要诀：“待人处世的本领是无价之宝，我愿意牺牲太阳下的任何东西去攫取它。”

第五，养成读书习惯。

无数成功的人都深知，在工作中所运用的知识，学校里提供的不到1/10。应该肯定地说，学校仅仅给我们打了一定的知识基础，更为重要的是要培养一种解决问题的思维方法。

人类文明的发展，在于人类对知识的不断追求。

社会的进步，知识的爆炸，使许多曾经的神话故事如今都变成现实。我们没有理由埋怨学校教给我们的知识太少，唯一的办法就是养成良好的自学习惯。把书本当老师，从实践中发现问题，到书本中寻找解决问题的钥匙。这样，我们就能变得聪明起来，我们的竞争和生存能力就会增加，否则就会抱怨、叹息，甚至落伍而被淘汰。

很多成功者之所以成功，都是因为他们勤学好问。

每年 4 月 30 日是唐人神的读书日。此外，唐人家线上平台有知识共享库，有丰富的内训师资源，定期更新学习的内容。唐人神的伙伴可以免费登录学习，还享受积分和各种学习奖励。除了公司的主营业务，如饲料、肉品、养猪的知识、操作规程及清单学习内容，还有管理的、生活的、励志的、情绪治愈的内容，我们的想法是餐厅厨师和花园园艺师也都要养成学习的习惯。当今世界再靠过去经验的积累来丰富自己，恐怕花费的时间和成本都太高。我要尽量做到：不会的就学，不懂的就问。

事实上，成功与失败的最大分野，来自不同的习惯。好的读书习惯是开启成功的钥匙，不学不问的坏习惯则是一扇向失败敞开的门。

现在不学，更待何时；自己不学，更看何人。勤学增强知识，知识提高能力，能力提升责任。从今天起，我要养成读书的好习惯，戒掉许多不良的坏习惯。

第六，浑然忘我、专心致志。

假定“今天是我生命中的最后一天”。生命只有一次，而人生只不过是时间的积累。若让今天的时光白白流逝，就等于毁掉人生最后的一页。

我要把工作视为我的生命支柱，努力做到浑然忘我、专心致志，并会珍惜工作的每一天。

我愿以博爱的精神去工作。

我要奉献我的全部智慧和精力。

我知道：工作的最大意义不仅在于获得物质报酬，而且在于实现自身价值。工作还能使个体在团体中得到表现，以提高个体的社会地位。

在一些时候，我会因生活所迫，虽然厌烦但不得不工作，此时工作效率和能力的体现令自己都不满意。但是，一旦自己主动自觉地把工作当成嗜好并乐在其中，甚至达到忘我的境界，此时，我就能尽情施展、淋漓发挥，使工作绩效成倍增长，创造性思维和灵感便层出不穷。

我坚信，倾注全力投入是成功的保证，没有任何一个工作时全力以赴的人会失败。工作是极其珍贵的，人要是忘掉工作（劳动）是人类生存基础的道理，那么，即使他有充足的空闲和大量的财富，恐怕也不能说是一个真正幸福的人。

没有专注，就不能开通财富之门。

没有专注，就不能开通荣誉之门。

没有专注，就不能开通成功之门。

从今天开始，我要把意识集中在某个特定的欲望上，并要一直集中到已经找出实现这项欲望的方法而且成功地将其付诸实际行动为止。

我不干则罢，干就要浑然忘我、专心致志、永争第一。

第七，忠诚、热忱、守信。

我要做一个忠诚、热忱、守信的人。

我知道，缺乏忠诚、热忱、守信是各行各业人们失败的重要原因。

我要用忠诚的爱来对待今天。

我忠诚于自己的企业，忠诚于自己选择的唐人神事业。

我要忠诚地善待上司、善待下属、善待同事、善待客户、善待朋友和家人。

我爱每个人的言谈举止，因为人人都有值得钦佩的性格。我要用忠诚摧毁困住人们心灵的高墙，那充满怀疑与仇恨的围墙。我要铺一座通向人们心灵的桥梁。我忠诚面对人生，我常想理由赞美别人，决不搬弄是非，道人长短。

我知道，一个热忱的人，不论干什么工作，都会认为自己的工作是一项神圣的天职，并对它怀着深切的兴趣。热忱是一股伟大的力量，它可以补充我的精力，并发展成一种坚强的个性。

我要用热忱感染他人，用热忱转危为安，用热忱走向成功！岁月可以折皱我的皮肤，但热忱可以焕发我的青春。

我知道，想要成功就要信守诺言。不信守诺言，就是人格的破产。我从不向人空口许诺，我恪守“言必行，行必果”。

我时刻都不忘记自己曾经做过的任何庄严承诺。

第八，富有责任感。

成功的人士具有勇于承担责任的精神，成功的领导者必须愿为下属的缺点和错误承担责任。

责任感，能够锻炼人的意志。在唐人神，权力地位越高，责任就越大，责任心就要越强。而责任心越强，压力越大，行动的频率就越高，锻炼意志的机会也就越多。没有责任心，得过且过的人当然可以逍遥自在地打发日子，任自己的意志一天天衰退下去。但在唐人神，他们将失去价值！

要磨炼意志，就要自觉主动地承担责任带来的压力，有压力才会有痛苦感。这种痛苦，并不是单纯的消极情绪，它应该是一种作用于思想的崇高的精神享受。

我认同“有人负责我协同，无人负责我担当”的工作原则。

我不仅要学会发现问题，更重要的是要学会提出解决问题的方法。

我想锻炼出“胜不骄，败不馁”的意志品格，就要学会有针对性的自我暗示方法：在思想上激励自己，在情绪上节制自己，在行动上引导自己。这种心理成为习惯以后，就能保持较强的意志力。

我要有强烈的正义感、责任感和使命感。

我要学会和习惯 PDCA 的循环工作方法。

我要善于与他人沟通，并富有协作精神。我坚持四讲四不讲的做事原则：讲主观不讲客观，讲内因不讲外因，讲领导不讲群众，讲自己不讲别人。我时刻告诫自己：你觉得这件事值得去做，你就必须把他做好，并且“雷厉风行，负责到底”。

第九，保持身心健康。

健康的身体只有配上同样健康的心灵才真正有价值。

一切的进步，一切的成就，都始于健康的心灵。

我知道，积极的心态会促进我的心理健康和身体健康，从而延长寿命；而消极的心态一定会逐渐破坏自己的心理健康和身体健康，从而缩短自己的寿命。孤僻、易怒、固执、轻率、焦虑、嫉妒等异常心理，是心灵健康和身体健康的大敌。

快乐、热忱、慷慨、自信、爱心是心灵健康和身体健康的动力。

我要时刻告诫自己：快乐靠自己去找，不要自寻烦恼。

我要时刻告诫自己：财富生不带来死不带去，“万顷良田一斗米，千座房屋半张床”。

我永远不做金钱的俘虏。我要追求事业永恒！

我要学会合理的饮食搭配和适当的锻炼，以帮助维持身体健康。

我要学会从励志书籍中汲取心理的和精神的“维生素”，以保持心理和精神上的活力。

第十，充满感激之情。

人的成长与发展离不开社会环境、组织群体和家庭环境三个方面。因此，即使获得的成功只是一点，我们也要怀着一种感激之情来领悟成功的喜悦。

一个人情怀有多深就能走多远。这种情怀无处不在，对人类的、对事业的、对自己的，等等。

我们要时刻感激客户的信任和支持，客户是我们的衣食父母，我们要时刻感激社会和时代的机遇，我们要时刻感激股东的投入和信任，我们要时刻感激父母的养育之恩，老师的培育之恩，公司的录用和培训之恩，企业生态链上合作伙伴的信赖与支持之恩，我们还要感激上司、同事、下属及家人的指导、帮助、协作和支持之恩，并在心中深深地致谢。

我要怀着一种感激之情来生活。

我知道，我是中国生猪全产业链事业航船发动机上的一个小小齿轮，而中国农牧事业的前进发展也需要无数齿轮默默无闻地协调运转，无数个小小齿轮的价值将依托拥有庞大发动机的中国农牧航船破浪前进而得以实现。

我知道我的作用与价值。事业是永恒的太阳，我是被照亮的月亮。

我深深地知道，只有事业发展自己才会幸福，才能感激并回报社会。

每个人的生命是有限的，而事业是无限的，我要把自己全部的精力和智慧献给自己钟爱的事业！

让我们相互依存，相互感激，共同领悟人生的真谛！

第三篇

食

中国的山水画很神奇，一张白纸上，画一只鸟，白纸就是天空；画两条鱼，白纸就是清泉；画一匹腾空的骏马，白纸就是大地。这就蕴含了“舍”的智慧。舍去了具象的场景，就如中国传统书画的“计白当黑”。

艺术如此，人生也是如此。

“舍”的智慧，在做人、做事、做事业上，无处不在。

从字义本源看，“舍”是以木柱支撑屋顶的简易房舍。《说文解字》:“舍，市居曰舍。”意思是市场上临时搭建的简易房舍。后来意为旅社、客舍，指不会久居，在不长的时间里总会离开，故“舍”引申为舍弃、放弃等意思。唐代李白《春夜宴桃李园序》:“夫天地者，万物之逆旅也；光阴者，百代之过客也。”苏轼有词:“人生如逆旅，我亦是行人。”既然人人都是天地间的过客，就不必计较眼前聚散和富贵福禄了，这是古人对“舍”的认知。

做人要善于“舍”。一个人时间精力有限，要懂得舍去许多，才能专注、才能聚焦，一辈子做好一件事情就很不容易了。做人要舍得富贵福禄和浮华虚荣等物欲诱惑。做喜欢的事，交喜欢的朋友，读喜欢的书，则山水自然、艺术人文，皆美不胜收。正所谓，人间至爱是清欢。

做事的“舍”，在于“无我”。为学日益，为道日损，舍小我而利他，利他而成大我。这是做事“舍”的智慧。人一旦超脱了富贵名利的藩篱，则道路宽广，即“人无自我天地宽”。

做事业的“舍”，要懂得“中庸”之道，中庸是取舍的大智慧，我一直在学习领悟，不断反思观照，“吾日三省吾身”。企业的经营管理，大到战略，小到策略，处处都有取舍的中庸之道。“玩”和“学”的过程中都有“取舍”。该坚持的，专注聚焦；该调整的，与时俱进。

我们坚持生猪产业链，40 年不动摇，哪怕有机会涉足房地产等曾经“赚大钱”的行业，我们也都控制了自己的贪欲，战略不能摇摆。坚持专业化道路，坚持相关多元的业务战略，专注农牧行业，聚焦生猪产业链——弱水三千，只取一瓢饮。

坚守践行责任、成果、社会的 TRS 长期主义价值观，在新的历史时点，踏上新的征程。

第七章

人间至爱是清欢

苏轼有词“人间至味是清欢”。在苏轼笔下，“至味”并非单纯指食物的美味，而是一种生活的态度和境界。超越物质，追求精神。读喜欢的书，交喜欢的朋友，做喜欢的事业，这就是我的“清欢”，也是做人的“舍得”之道：“舍”去对富贵福禄的奢华贪恋，“舍”去对虚荣浮名的迎合追逐。在温暖的书房，看如画的山水，交朋友以情义，玩高球而愉悦，做好饲料，养好猪，做好肉品，创造美好生活，岂不快哉。

“正直、读书、勤奋”的家训

人类的文明类型可分为游牧文明、农耕文明和海洋文明。农耕文明内向温和、传承稳定，进一步衍生出高雅的精神文化创造——农耕文化。在以农耕为主导的社会结构中，家族、村落成了基本的社会组织形式，道德传家、诗书传家和富贵传家相辅相成，“耕读传家久，诗书继世长”的家风、家规、家训文化在中华五千年的农耕文化历史长河中扮演了极其重要的社会角色。

《礼记·大学》中“修身齐家治国平天下”是儒家思想的至高体现，中国传统意义上的“家”文化，大多就会围绕“正义担当、仁爱道德、修身齐家、晴耕雨读、诗书传承、勤勉务实”的精神内核形成表述和约定。

在古代国家不安定及国法不明确之时，家规家训一度成为稳定社会秩序、稳定农耕文明社会结构的中坚力量。中国古代有许多著名的家训传承，如《朱子家训》《了凡四训》等。

我很小的时候，父亲以“正直、读书、勤奋”的六字家训为我们姐弟三人做了启蒙。在我们认得字却不明其意的某一天，父亲写了六个大字，放在小屋的桌子上，让我们跟他诵读“正直、读书、勤奋”，大概就是不能做坏事，要好好学习读书、努力不偷懒的意思，小小年纪，觉得蛮好玩。问了邻居和同学，他们都没有家训这个东西，不知道父亲从哪里“陶”来的宝贝，还一定让我们背诵自如。

陶姓，中华姓氏之一，距今已有 4 300 多年历史，得姓始祖为上古圣帝之一唐尧，唐尧又称陶唐氏，其后一支便以陶为姓。

有人喜欢寻根溯源，我也曾想，我们究竟从哪里来。家训又究竟是怎么回事？父亲没有理睬我这些“为什么”，带着我在铁路旁边慢悠悠地走着。父亲在铁路上工作，我们一家就住在株洲火车站对面的铁路小区，那里叫“月塘”，事实上，那里并没有什么池塘，更别说池塘里还有月亮了。父亲读过高中，是那个年代的“秀才”。小时候，父亲说外面乱，不让我们到外面疯跑，就让我们姐弟三个在家练字，都是父亲自己教。后来我喜欢毛泽东的书法，一顿“狂草乱舞”引来亲戚朋友的表扬，父亲跟我说“还是先从正楷开始练习好些”。父亲不严格，是温文尔雅的读书人神态。他自己也读书，空闲的时候，父亲就会在小屋的门口看书。我对家训中“读书”的理解，就是父亲读书的情景，很安静、很享受的样子，那时候，我并没有看到“读书”的作用，父亲也没有因为读书就多赚钱，或者给家里带来什么看得见摸得着的东西。

父亲的“正直”显得有点傻。后来我悟出一个道理，那就是“诚信而不呆板”。父亲就有点呆板，以至于在特殊年代被冤枉受到打击，后来虽然平反了，恢复了工作，但并没有恢复干部的身份，父亲也没去找领导，他说有工作就可以了，不用再去麻烦单位。平时他并不过问我的工作，总是不问理由地支持我的工作。创业之后，公司越做越大，亲朋好友想找点业务来做，向我打招呼进公司做事，这种情况是很平常的。有一次父亲突然跟我说，你不要有顾虑，按照你的原则去做事情，家是家，工作是工作，当干部就是要当得正，才做得久。父亲给家里人都说，你们不要麻烦一山伢子，不要试图找啥关系。公司筹备上市期间，我压力很大，父亲跟母亲说，我相信一山伢子，上市肯定没问题。母亲告诉我这句简单的话，我看着平静的父亲、在阳光下平静看报的父亲，莫名地感受到一股力量和信心。有一次父亲因中风住院，我在病床旁陪伴，父亲挥手示意让我离开，我知道，他是怕耽误我的工作。

母亲从来不反对父亲读书。母亲也是读过书的。母亲是大户人家的女儿。外婆外公一家勤勉耕耘，购置田地，节俭持家，得有余粮，积善之家，常有余庆。外婆家后来的成分是“地主”，但并未受打击，毕竟从未做过半点有害乡亲的事情，只是勤奋劳作，多些才智，积攒了一些余粮钱财罢了。外公是开明的，知道送女儿也就是我的母亲去读书，这在新中国成立前20年的乡村，是很少见的。读过书的母亲，我几乎没有见过她生气的样子，她总是温和慈爱的神情，直到今天，96岁的老人，仍然是整洁健朗，自己还种点菜，但凡能够自己动手做的事情她是绝对不喊保姆的。我从来没有见过母亲和两个儿媳妇有过红脸拌嘴，两个儿媳妇对婆婆也少有非议，这是很难得的。母亲总是满怀感恩，她笑着跟我说，今天能住这样的房子、有这样的生活，感恩儿女们的辛勤工作，感恩这个时代的好日子。曾经的生活有那么多艰苦，母亲似乎从没有过抱怨。母亲有过不满的情绪吗，我想了想，似乎从未有过。生活再好，也要勤俭，她常跟我说：“赚钱如针尖挑土，花钱如流水推沙。”这是她学过文化才懂的句子，但无形中的耳濡目染，我对“豪奢”的物质享受，并无几多心动，陶业也受到影响，时时事事都有节俭心理。

所以，母亲向来是支持赞同“正直、读书、勤奋”这个六字家训的。

在我报了高考后，父亲想尽办法给我找复习资料。盛夏之夜，母亲一边把冷水放桶里让我泡脚降温，一边摇着蒲扇为我驱蚊。我知道，他们是特别敬重“读书”的。而正直和勤奋，则是通过他们的言传身教给我做出了榜样。我能做出让父母引以为傲的事业，我并不觉得是自己有多高明，而是国家和时代给了我太多的机遇和幸运，是许多高人和贵人的提携和指点给了我很大帮助，如母亲所说，一切都需要深深地感恩。而我的内心，对于“正直、读书、勤奋”的六字家训，也深深感恩，这六个字指引我在人间正道上，勤奋学习，不惧艰辛，走向一个个成功。

让更多贫苦孩子圆“大学梦”

2019 年，在“TRS313 追梦工程启动暨唐人神教育扶贫基金会成立”新闻发布会上，我和陶业捐赠 3 000 万元，唐人神集团捐赠 1 000 万元，其他捐赠 2 000 万元，共计 6 000 万元组建了唐人神教育扶贫基金会，希冀资助和帮助更多贫苦的孩子圆“大学梦”，让贫苦孩子通过读书改变命运不再成为难事。

虽然我三次参加高考，最终落榜，但“读书”的家训，我终身奉行。身边有朋友常常以我为例，说读书考大学并没有那么重要。在他们的嘴里，我就是一个职工业余大学的成才成功典型。我往往会当场反驳。别的事情我可以保持沉默，这个不行。其一，读书很重要。读书是苦一阵子，不读书是苦一辈子。读书改变命运，读书改变认知，读书不仅仅是为了赚钱，还为获得更好的工作和生活。其二，我的成长道路，也是不断地读书。我没有上过“正规”大学，但我发狠读了很多书。其三，我的成长，更多得益于时代的机遇，即便有个人的努力，其中也并无多少可复制性。回望过去的经历，放到今天，以同样的天资和勤奋，也很难重复同样的成功，因为时代不同了，市场不同了。我只能自信地说，我还是那样勤奋和努力，阅读和思考，执着和坚韧，就一定不会差，不管什么样的风雨，我都敢去穿越。

在一些学校演讲中，也有学子会问起读书的问题，我就把上面这段话同样告诉同学们：要学习，要心存感恩。感恩父母家人，感恩老师，感恩这个社会与时代。正是这份心情，我愿尽绵薄之力，在帮助优秀的贫苦学子圆“大学梦”方面，做一些事情。早在2000年开始，我们就在十余家大学设立了“唐人神奖学金”，在服务营销中，我们打造“骆驼村”“骆驼示范户”，每年给予他们助学金和奖学金。我把这个行为写进了唐人神的使命当中，就是为了让贫苦学子通过读书改变命运不再成为难事。唐人神教育扶贫基金会从2019年开始，已经捐赠帮助了上千名贫苦学子完成大学学业，我们也将继续这份事业，直到没有贫苦学子需要捐助为止。

身后有余且回头

《红楼梦》第二回有段写贾雨村偶遇智通寺的章句，智通寺门口有副对联“身后有余忘缩手，眼前无路想回头”。对联字面的意思很直白，即有足够多的钱财了还是贪求不知满足，贪婪之中步入歧途再想回头已经无路可走。这是提醒世人要淡泊名利，懂得不贪，否则深陷欲望，回头无路。

富贵福禄，皆凡人之所想。我认同“人之初，性本善”，但我也认为，人性本多贪婪。懂得知足常乐，懂得适可而止的智者与通达之人少之又少。

近些年，党和国家以“零容忍”的态度大力反腐，可谓雷霆手段。身边一些熟悉的人，也被查被抓，甚至一些身居高位的领导也“摔下马”，在本该颐养天年的时候进入“铁窗高墙”，悔恨余生。

一些商界大佬，对于钱财富贵和奢华物欲有着无尽的追求，而企业和市场哪能时时如愿，当企业的经营利润难以满足的时候，就出现了数据做假、产品低劣、克扣员工、压榨供应链等“恶行”；也有养猪企业在行情好的时候不知进退，贪心膨胀，于是头脑发热，盲目扩张，以至踏入“深坑”，当行情低落、竞争加剧时，便“回头”无望，企业坍塌，不得不黯然离场。

为什么这些人在身后有余的时候不会自动“缩手”，直至“眼前无路”“一败涂地”时，才幡然醒悟，但已无路可走了呢。

有人说是“人在江湖，身不由己”，有人说是“权力争斗，成为牺牲品”，有人说是“被人算计，欲罢不能”，有人说是“风口浪尖，金山在前”，凡此种种，似乎是说在财富名利面前，人是无力的，再有智慧，都难逃富贵福禄、财色酒气，因为欲壑难填。

其实不然。创业多年，商海沉浮，我也看到许许多多位高德重，不贪不求的智者。他们能知进退，守本分，看得透金钱财富，看得重节操品德。

有句话说，德不配位，必有灾殃，人不配财，必有失常。其道理就在揭示，修炼品德比猎取金钱财富更重要。富贵福禄并不可怕，可怕的是贪欲过头，把钱财看得比德行更重，才会不择手段，不顾规则，不计后果。

还是自我把控、自我追求的“三观”使然。人要追求适度的物质生活，物质之上才有精神，这是人世常理。关键是“度”的把握，是目标的设定。商人与企业家的区别就在于前者的目标只有利润，后者的目标不是利润但能产生利润。唐人神的使命是“致力农家富裕，打造绿色食品，创造美好生活”，打造生猪全产业链经营，为客户创价值，为股东创造回报，为员工增收入，这是我勤奋的意义。当企业成功上市，营收以百亿元计，利润以亿元为单位的时候，它属于社会，向社会透明、向社会募资。于个人而言，财富多一点少一点都不重要，重要的是这个组织要一如既往地健康发展，做大、做强、做久。

社会在发展，物质生活随之提升进而改善是正常的。关键是要“适可而止”，放下对富贵福禄的过分追求，更多关注精神享受。有的年轻人总想着在车子、房子等方面“一步到位”，所以贷款购买，并把父母的积蓄都“掏空”，我对这样做是很反对的。我记得年轻的时候，在开始创业后的很长一段时间里，我都是住在一间十几平方米的房子里，回想起来，我前后共搬了 8 次家，从 4 平方米的小屋子开始，直到早两年才有称心的书房和庭院。

张载“为天地立心”、王阳明“知行合一”，都在诠释着超越物质的精神追求。无论是朱熹的“半亩方塘一鉴开，天光云影共徘徊”，还是陶渊明的“采菊东篱下，悠然见南山”，苏轼的“也无风雨也无晴”，传达的都是看淡富贵福禄的心境超脱。

梭罗在瓦尔登湖畔的小木屋简化生活，尽可能减少物质的需求，追求精神的平和。海德格尔说：“人，诗意地栖居”，这种栖居不是物质的占有，而是精神的充盈。当我们读到唐代王梵志的“黄金未是宝，学问胜珍珠”时，古老的智慧依然散发着穿透时空的光芒。

猪之歌

有一次，我到丹麦考察种猪公司，在这个公司的展厅有文创用品售卖。我看到一个很有意思的办公桌摆件，是一头母猪和一窝猪崽的雕像。母猪侧卧，12 只小猪争先恐后抢奶吃的场景栩栩如生。我不知道雕像用的是什么材料，但手感很细腻温润，细心的雕刻和层次分明的着色将母猪的母性充分地呈现出来了。我毫不犹豫地买下两件，一件放在办公室，一件放在家里客厅。

这样的经历很多。在外出差，我看到有趣的关于猪的工艺品就会仔细端详，但凡生动有趣的，我都尽量买着。有从美国带回来的公猪仔仔，也有从德国带回来的猪造型烟灰缸；有木雕的群猪像，也有玻璃钢的公猪玩偶，还有陶器的猪造型器皿。猪的书画作品也不在少数。现在客厅有一大面墙柜，摆满了这几十年来我的猪工艺品收藏。

我相识相熟的企业家朋友中，有人喜欢收藏古玩，有人喜欢收藏字画，有人喜欢收藏珠宝，各有不同。唯独我喜欢收藏猪工艺品。我的收藏是最省钱的、最便宜的，但我喜欢我的收藏，因为我喜欢养猪，这是我的事业。似乎收藏关于猪的东西，没有什么艺术品位，也看不到投资价值，更没有值得跟朋友“显摆”的地方，但这是我喜欢的，算是“清欢”吧。

爱猪及猪。因为喜欢生猪事业，我对猪有着不同的认知和情感。猪对我们人类的贡献是巨大的。从远古开始，先祖就知道了猪的重要性，所以“家”的文字溯源就是“屋子里面有猪”，说明家有财富。有猪才有家，猪为六畜之首。中医讲究药食同源，但目前似乎还没有一种疾病，是需要忌讳猪肉的。中医说，牛肉、羊肉都是发物，海鲜属于生冷，脾胃虚寒者不可食用，唯有猪肉，老少皆宜。

早在 2004 年的时候，受到北京动物博物馆的启发，我在唐人神的马家河培训基地建了个“猪文化博物馆”，当时引发了新闻热议。那里山水环绕、鸟语花香，距离市区不足半个小时车程。猪文化博物馆的外观和造型，都是我亲自设计的。博物馆依山赋形、面水而居，我依照山坡的形势，做了一横一竖一片的造型。“一横”是长方形的特色品种活猪展示馆，“一竖”是观景塔，“一片”就是博物馆的主展馆，是一栋三馆成“品字形”叠层组成连片的建筑。

在特色品种活猪展示馆，我们收集了黑猪、太湖猪、宁乡花猪、湘潭沙子岭猪、香猪等特色品种，还养了两头野猪。进入馆内，首先映入眼帘的是猪的驯化历史，展现野猪如何变家猪，其次是猪的传统养殖风俗，与猪有关的历史文化，再次是生猪的现代科学养殖和生产加工。通过展馆侧门就可以出门登上观景塔。

当时许多市民对饲料喂养生猪表示担忧，我们在猪文化博物馆专门对饲料的构成和营养成分进行了图文、实物及道具的展示演绎，让大家明白了，饲料就是猪的食粮，由鱼粉、豆粕等蛋白饲料和玉米、麸皮等能量饲料，再添加维生素、矿物质、微量元素等构成，饲料配方很科学，讲究营养平衡，有利于生猪生长。很多行业人士和客户朋友都前来参观，孩子们尤其喜欢，渴望了解生猪、了解猪文化。我们围绕一头猪做文章，对“猪”充满了热情、好奇和敬畏之心，以科学的态度去面对生猪的育种、规模养殖、猪肉加工等每个环节。我们还设计了相关的文创产品，包括福猪储钱罐、猪猪钥匙扣等，在唐人神生态游的客户体验活动中很受欢迎。

在唐人神集团总部的生态景观花园中，有几处摆放着猪的雕塑，它们神态各异，十分可爱。有外国“猪妞”，也有中国特色猪。有的采用拟人化站姿，如门口有三头猪并排直立，貌似在欢迎来客光临。有一个雕塑是唐人神香乡猪品牌的标志，一头白猪和一头黑猪带了一只健硕的小猪猪，寓意唐人神高端养殖生鲜品牌香乡猪的特征：白猪与黑猪的基因优化，比黑猪肉更嫩，比白猪肉更香。

在集团总部唐人神香乡猪生态牧场的沉浸式体验馆，你进入展厅，便如同来到了罗霄山脉脚下的茶陵县严塘镇十里冲湖里湿地，仿佛身临其境地体验山清水秀、鸟语花香、雨雾迷蒙的生态牧场。

这里到处洋溢着我们对猪的赞歌。

温暖的书房

书房，是心灵的卧室，是精神的驿站。

我喜欢读书，喜欢书房。

但是，很长时间，我都没有自己的书房，只能把书堆在卧室床边的角落。那时候的书，更多的是课程类书籍，职工大学的教材，动物营养和饲料加工类的书籍，还有很少的几本文学书，比如《钢铁是怎样炼成的》，还有一些父亲的线装书。后来生活条件慢慢改善，家里有了小小的书房，在家办公写东西、看书，能有一个独立的空间。书房虽然不是我专用的——还要放置其他家用东西——但终归是书房，有书架，有书桌。这个时候，我开始有管理类、营销类、商业类、财经类的书籍了，大概那个时候我已经在读湖南大学的 MBA，所以很多的工商管理教材和书本都陆续添置在家里了。

后来陆续又搬了几次家，搬家的过程中，我特别注意的物件，一是关于猪的各种工艺品，二就是书了。我没有其他的爱好，如果有的话就是跑步、打球、游泳之类的运动锻炼。每次搬家，我自己动手整理的就是“猪猪们”和“书本”。爱人总是略带不屑的语气说，每次都把这些书当宝贝，也没见你都看。爱人说的是事实，这些书我并没有全都看过，平时也没有那么多时间看书。每次打包整理，我都决心要丢掉一些，反正也不看了，但整理了半天、挑选了半天，发现似乎可扔的就只是那么一两本，不能扔的是一柜子。最后想了想，何必这么厚此薄彼。于是干脆一同打包，一个都不少，一本都不落。如同故旧老友，假如要相聚一场，纵使平日见面甚少的也要一同喊来。

现在的书房比较大了，有落地窗户迎进阳光。我把书分门别类地整理好，书不能说话，但每本书有自己的温度。书房进门后就是一整面墙的组合书柜，大概有 6 组，我按照时间段的顺序把自己数十年来收藏的这些“书宝贝”放到不同的条柜中，在各个时间段的书柜里再按照管理、财经、营销、技术、社会、文学、史哲等类目分组摆放。绝大部分的书都是 2000 年之后陆续购买的。书房的中间是书桌，可以练练书法，也可以写写字，但没有摆放电脑。书桌后面是一排陈列架，放置许多“猪”的纪念品，因为客厅是摆不下的。一些有事件纪念意义的，我就摆放在书房，这样感觉更亲切、更私密。和猪猪们一起的还有书，一般都是我最近阅读的，或是很喜欢，常常会翻翻的书本。落地窗前，有简易的沙发茶几，还有小书架，文学或休闲类的书，比如王国维的《人间词话》，我放了不同的版本在茶几上。《人间词话》于 1908 年出版，其中“人生三境界”的论说，让人赞叹。我也是最近几年才参得通透，受益匪浅。2019 年 2 月，是我创业 30 周年，也是唐人神新旧交替之际，我百感交集，心潮澎湃，写了《因为有梦，所以奋斗》，便是受《人间词话》的启发。

在书房，与喜欢的作者对话，包括古今中外的智者贤人，仿佛跨越时空，奔赴山河之旅，无声胜有声，其乐无穷。

在书房，与喜欢的文字交流，每段文字都有自己的生命，那一行行铅印旁的批注，恰恰是自己过往的情结，翻开一页，又唤起曾经学习与思考的记忆，感觉与自己的过往相对，时光不语，岁月留痕，其乐无穷。

爱人有时候做好饭了，喊我半天，我却还在书房，一屋子的书，我就静静地坐着，她不明白我在干吗。

好朋友进了我的书房，提建议说，书房也要高科技了，可以搞一个大屏幕，用电子书智能搜索，比起自己想破脑袋，翻开纸质书一页一页去找，要快不知道多少倍呢。

乍一听似乎很有道理，是个不错的主意。但是，当我坐在书桌前，或者半躺在窗前的沙发上，看着一本本安静地摆放在书架上的纸质书本，脑海里就会浮现许多记忆，父亲陪我读书的场景也会一一打开。

电子书固然好，我有时也查阅电子书。但纸质书，对我们这代人来说，怕是丢不了。个中缘由，唯有读书者本人，方可意会不可言传。许多纸质书本，我很少翻阅，甚至也没有实际的用途，比如创业阶段的技术类书籍、工作笔记本，但偶尔翻翻，泛黄的纸张、熟悉的笔迹、稚嫩的内容，还是那么的亲切而温暖。

去美国出差，听朋友说，在西雅图的一栋豪华别墅里，比尔·盖茨的书房像是一个高科技的图书馆，电子屏幕和堆积如山的纸质书籍交相辉映。人在其中，宛如书虫。有人问："你已经这么成功了，为什么还要读书？"盖茨笑道："知识，是永无止境的。"

听说苹果公司的办公室里，乔布斯常常坐在一张瑜伽垫上，身边散落着设计类的书籍和禅宗经典。他将禅宗的理念融入产品设计中，追求简约而不简单。有人质疑："这真的能提高产品销量吗？"乔布斯只是微微一笑："设计，是心灵的对话，是对美的追求。"

我去华为参观学习，任正非的办公室古朴质雅，背后的书架藏书丰富，书桌一侧也堆满了书籍和办公资料，书架上还有孩子们的照片，体现满满的父爱。

他们都是世界企业的巨擘大匠，我无意攀比，但是对书的喜爱，可以同路分享。

山河一园，四季如春

2008年，集团创业20周年，总部从古大桥搬迁到栗雨工业园。在古大桥的时候，我们花很少的钱，打造了一个绿色花园般的办公场所。现在新总部面积大了许多，我想着还是按照“花小钱，办好事”的思路，自己来规划新总部的环境。

唐人神是一家农牧企业，我们做得不大，但想做得持续久远，做成一个有文化内涵的农牧公司。因此我想把总部打造成以传统中华农耕文明为基调、融合西方文化元素，呈现一个东西交融的环境状态。我自己一直对园林绿植有兴趣，这也是一个“清欢”，花钱少，但得清雅别致。从2008年开始，我们陆续进行布局建设，慢慢地添置一些园林元素，就形成了今天的文化生态景观总部花园。

从空中俯瞰，唐人神集团总部办公楼和国家认定企业技术中心前后排列，通过廊桥、钟楼和唐人神大学教学楼相连，组成一个大大的“V”字形，“V”字怀抱的中间部分就是总部花园。

在集团办公楼，楼顶花园是运用了我自己40年前发明的“楼房种植技术应用”专利设计施工而成的。楼顶花园有花草树木，有小桥流水。四季如春百花开，繁花似锦迎君来。金秋时节，有梨、有橙，可以感受硕果累累的丰收喜悦。

在集团办公楼的前坪广场是“骆驼”广场，三匹骆驼紧紧依偎的雕像，昂首向东，眺望远方。骆驼雕像位于广场中央，广场靠东边绿化带有小亭，名为厚德亭。

两栋楼之间的总部花园，中央是水池，池上有拱形桥，水中有小舟，桥的一头是千年西班牙橄榄树，橄榄树下是汉白玉雕刻的“TRS长期主义价值观”书页造型，翻开的书页上深深镌刻着：“TRS长期主义价值观：责任、成果、社会”。但见叠泉飞雪池水清澈，虹桥卧波金鳞戏水。池塘生春草，园柳变鸣禽。站在桥的中央，眼前是一座美轮美奂的古典建筑，亭亭玉立，温婉秀美，飞檐画栋，熠熠生辉，这就是“修身阁”。

牌匾上面金灿灿的“修身阁”三个大字是我自己书写的。修身阁边长3.3米，台基高0.3米，通高13米。阁身六柱，圆木丹漆，阁顶重檐四披，攒尖宝顶，四翼角边远伸高翘，覆以绿色琉璃筒瓦。阁体临水矗立，古树拱卫。我们创业40年，先做人，后做事，再做事业，这是走向成功的必由之路，与古人“修身齐家治国平天下”的理想实现路径不谋而合，也与“责任、成果、社会”的TRS长期主义价值观相吻合。故命名“修身阁”。

在修身阁的进出门柱，有两副对联：“人无自我天地宽，人间正道是沧桑”“事有信心心常乐，天道酬勤事必成”。进门的对联说“做人”，出门的对联讲“做事”。阁内穹顶悬挂三对六块横匾：“义利相溶，养义生利”“厚德博学，行胜于言”“为学日益，为道日损”。依阁立水的黄铜藏传佛教转经筒上是《与时俱进代代强》的七律组诗三首的铭文。

瀑布边的花园巨石上刻着四个字“山河一园”，其寓意正是“一山一水一浮生”。围绕中央水池，花园景观往四周分布开来：有按照庐山“三叠泉”造景的瀑布，水帘直下，透射出“飞流直下三千尺，疑是银河落九天”的豪迈。千年橄榄古树苍劲挺拔，嫩枝绽放，不远万里从西班牙而来，表达我们对“和平胜利、坚韧刚强与健康长寿”的祈福。“四季发财”的樟树、“扬眉吐气”的杨梅树以及百年银杏等树木枝叶茂盛、硕果累累。景观之内，有四季常青的高科技果岭草，哪怕冬日飘雪，这里依然绿草如茵，颠覆了“离离原上草，一岁一枯荣。野火烧不尽，春风吹又生”的季节变换。这里还有“三只小猪”“龟兔赛跑”的童话故事雕塑；有通过饲喂过滤系统实现的“水至清也有鱼”——寓意在阳光下挣钱，“三高”人才汇聚的管理理念；有显现团队协作、优胜劣汰、赢球为王的球队文化的全国球员同场拼搏的群像雕塑。

蓝天之下，白云舒展，目光所及之处，唐人神文化生态景观总部花园，每个角落都是匠心打造，古今传承，以文化为载体，中西合璧，世界各地景观在此汇聚，无不闪现着建筑艺术、商业管理、人文思想的创意融合。

办公楼与科技楼连接处的塔式钟楼仿照了英国伦敦大本钟设计，每到整点，报时的钟声和《唐人神之歌》的电子乐曲随风飘扬，悦耳动听。英国大本钟（Big Ben），即伊丽莎白塔，是英国最大的钟，位于英国伦敦泰晤士河畔，是伦敦的标志性建筑。大本钟的钟室内部是一座16英尺[①]高的极其复杂装置，包括杠杆、滑轮和齿轮。大本钟最初建成于1858年，在2017年开始了一项耗资巨大的修缮计划，历时5年，总费用约为8 000万英镑（约7亿元人民币），以确保大本钟能够长期稳定运行。唐人神塔式钟楼是受大本钟的创意启迪，但是我们采取了机械与电子相结合的技术方案，与南京天文台对时，造价低，无须维护。每小时一次的《唐人神之歌》钟声通过电子信号放大系统，可以传播到较远的区域，声音悦耳细腻，

---

① 1英尺=0.3048米。——编者注

周围园区的员工说很好听，既有乐曲的美妙，又蕴含着一种催人奋进的力量。

唐人神总部钟楼雄姿

总部办公大楼前坪的喷泉系统，是缩小版的澳大利亚悉尼歌剧院音乐喷泉，三叠泉和阶梯喷泉系统又是中国庐山与美国肯塔基州州府广场的水景再现。唐人神国家认定企业技术中心的科技大楼正面与花园相对，大楼一层高出地面 3 米左右，长近百米，以此为基础，打造了一幅农牧行业兴旺发达的山水长卷，长卷以水帘、山石、草坡、六畜雕塑，描绘了农牧行业绿色生态的生机蓬勃。远远望去，中央水池是一个闪光点，花园景区是一个五彩斑斓的画面，农牧山水长卷寓意一幅历史的长河画卷。园区建筑物也体现传承与创新，不对称美和对称结构错落融合，13 个塔尖层次交错，在阳光的照耀下熠熠生辉。在办公楼区域，大楼正门有四根祥云龙柱和我创作的“唐人美食生态图”巨幅木雕，还有以“四书五经”为引领的 26 部精选国学典籍，我请北京大学国学大师把每一部典籍用简易的90个字表达并篆刻在藏传佛教转经筒上，以弘扬国学文化，传承中华文明。在国家认定企业技术中心的科技大楼门厅，我设计了长轴壁画，用马赛克瓷砖镶嵌出“养殖、饲料、肉品”等核心业务产业的长轴画面。种种匠心设计，俯拾皆是，寓意我们向人类文明致敬，吸收中外古今文化成果，展现一个农牧企业对农耕文明、工业文明、科技文明的兼容并蓄与吸收弘扬。

从修身阁经过曲桥，往办公楼走，几步就可以到阳光咖啡馆，这里可以坐下喝杯咖啡，看花园风景。这里还有唐人神美食现场烹饪，深度沉浸式体验“唐人美食香，美食唐人神”，咖啡馆可供客户休息，商洽，也可以供员工小憩放松。咖啡馆一边可直通唐人神文化展厅。一边延伸到香乡猪生态牧场体验馆。进入馆内，完全是高科技演绎自然生态牧场的身临其境：山清水秀的满屏电子墙，罗霄山脉峰峦叠翠，山泉叮咚，香乡猪在青青草坪欢快地奔跑，站在展厅中央，鸟语花香，宛如置身山间，香乡猪高端品牌肉的形象自

千年橄榄树下，汉白玉雕刻的“TRS长期主义价值观”：责任、成果、社会

然浮现。

一山一水一浮生，人间至爱是清欢。

2024 年 12 月 13 日，唐人神修身阁落成

义合者，久而情深

我在文章《成功人士的十大品德修炼》中写过“提高人际能力”，并引用石油大王洛克菲勒的成功要诀：“待人处世的本领是无价之宝，我愿意牺牲太阳下的任何东西去攫取它。”

鲁迅书清代书法家何瓦琴联句“人生得一知己足矣，斯世当以同怀视之”赠予瞿秋白。朋友的重要性不言而喻，交友的重要性不可不知。

古人说，以利相交者，初似蜜甜，久则味淡；以义相交者，初似淡薄，久则味甘。何以言之？以利相交者，得之喜，失之忧，得失悲喜系于外物之利。以义相交者，得之安，失之淡，得之安淡在乎内心之义。以利相交，利尽则人散；以势相交，势去则人无。是以知君子之交，贵在义也。世之交友者，往往以利为先，苟有利焉，则情义皆忘。及至利尽之时，则如云烟之散。是故知者，不以利为友；仁者，不以利为亲。

这段话的意思很直白，交朋友当以义相交，方可情深久长。

但我们是做企业的商人。商场如战场，商场有言，没有永恒的朋友，只有永恒的利益。

两者似乎很矛盾，“义不经商”，但“君子之交淡如水”“上善若水，水善利万物而不争”。难道“义”“利”是“鱼和熊掌”，不可兼得？

唐人神的经营哲学就是“义利相溶，养义生利”，我认为，“义”“利”可以兼得，并非“水”“火”。

近些年，反腐力度加大，“打老虎，拍苍蝇”，营造“风清气正”的社会生态，为民营企业的成长铺路架桥。创业 40 年来，我们跟各个层面打交道，需要跟各级政府官员产生联系。身边也有一些人因为利益开路，搭上扯不清的“官商”关系。也有不少官员“下马”，带出了不少“商人”，利益输送，权钱交易，无外乎是以利相交，最终“锒铛入狱，悔之晚矣”，正如《红楼梦》所言，“眼前无路想回头”。

很多企业家朋友对于唐人神的健康成长非常羡慕，也很好奇，问我是怎么处理这些关系的。说实话，这里有父母的影响，有“家训”的规约，更多的是我个人的认知。很多时候，有官员到公司视察，我都非常恭敬地接待，真诚地汇报公司的发展和存在的问题、需要的支持等，从来都是简单热情的接待，从不刻意迎来送往。工作的汇报请示，我按流程去做，正常工作之外的交往，我一定坚持不与利益挂钩，如果彼此志趣相投，交个朋友，那就是在公司食堂，粗茶淡饭，相谈甚欢。曾经有人笑话说，陶一山不送礼，送礼只送唐人神，笑我不是送礼，是打广告、做销售。

或许，你不去巴结逢迎，短期可能是会受点影响，但可以肯定的是，这种情况极少，我见过很多有为的干部，根本不在意吃饭请客这类“交往”，只在意你是否真正投资做好企业，为当地经济带来促进，这样的地方官员我见得很多，由此更加坚定了我的内心，绝不一叶障目，绝不因为一粒老鼠屎而坏了一锅粥。

相处的智慧在于“诚信而不呆板，做事分得清，做人懂感恩”。真正的感恩不是“非分的利益”，而是长久的敬重和支持。我们在当地，把企业做好了，为当地经济、就业、社会公益等持续做出贡献，地方官员是会大力扶持的。实践证明，以利相交害朋友，以义相交情长久。懂得珍惜和尊重，建立基于真诚和信任的长久友情，这才是“人生清欢”，才是人生中最宝贵的财富。

我想，这也是石油大王洛克菲勒真正想要攫取的东西。

第八章

人无自我天地宽

我相信“人之初，性本善”，虽然“人是自私的”，我更相信“人是环境的产物”，“自私”并非就“不善”。父亲从小用“正直”的家训教导我们。在我19岁第一次当“干部”的时候，父亲就叮嘱我，当干部不能只为自己。后来不断学习，懂得了“利他”，认知了“无我”。“无我”包含了对物质和对名誉都舍得。俗话说，前半夜多想想别人，后半夜也想想自己。有金钱名誉时多让给别人，心中想着多少人，就有多少人会想着你。主观上利他，客观上惠及自己，这是做事的舍得之法，遵循此法，人生的道路自然宽广。

我将无我，不负梦想

2019年，我们发布TRS313追梦工程，即用12年时间，唐人神迎来第四个猪年（辛亥猪年）时，将要实现销售收入过1 000亿元、饲料销量过1 000万吨、生猪养殖过1 000万头、肉品收入300亿元、利润30亿元的目标。而当时正值非洲猪瘟侵蚀的严峻形势，在追梦工程的感召下，集团上下一片沸腾，干部员工意气风发，奋楫争先。农牧行业和各界精英纷纷前来湖南株洲，选择加盟唐人神。这既让我们高兴，更让我们深感责任在肩，这是多少份沉甸甸的信任啊。随后，我发表文章《实现从头部企业向行业领袖的伟大跨越》，表达“我将无我，不负伙伴，追梦目标，砥砺前行”的责任和豪情。

几位企业界好朋友都跟我说，你干吗给自己加个这么大的担子啊，也是奔70岁的人了。言下之意，你已经取得了成功的辉煌，大可不必又给自己设立这样的高目标，还公之于众，万一遇到困难，难以如期实现，岂不是有损“一世英名”吗？是啊，这到底是不是给自己找难受呢？我给自己找压力，那么多相信追随TRS313追梦工程的人呢？他们又是为了谁？创业40年了，我们一路风雨无阻、日夜兼程、披星戴月、栉风沐雨，又是为了谁？

朋友的提醒和担忧肯定是出于一番好意，这也再次引起了我的思索。是啊，在自我的荣誉脸面之外，我为什么义无反顾地选择了不负伙伴不怕失败的奋勇前进呢？

何谓“无我”？何谓“有我”？

王国维在《人间词话》中提出“有我之境”和“无我之境”：“有我之境，以我观物，故物皆著我之色彩；无我之境，以物观物，故不知何者为我，何者为物。”“有我”与“无我”，可以品诗词境界，也可度量做人做事的境界。

“无我”，佛家看来，世间一切虚无，都是因缘和合而生，并无自在的实体。道家《庄子·逍遥游》曰：“至人无己，神人无功，圣人无名”，“无己、无功、无名”与“无我”近似，都是指破除自我的功名利禄束缚。儒家修身之说认为，天地间最大的德行则是“无私”，《礼记·孔子闲居》云：“天无私覆，地无私载，日月无私照。”《岳阳楼记》中“不以物喜，不以己悲”“居庙堂之高则忧其民，处江湖之远则忧其君”“先天下之忧而忧，后天下之乐而乐”，更是体现了典型的儒家“无我”思想。

新中国成立，有多少科学家、实业家，忘我奋斗，为国家富强而默默奉献，为社会创造财富而无私无悔，甚至隐姓埋名数十年，这是真正高尚的“无我”！

但凡以社会责任为担当的大企业家，终将步入“无我”。华为任正非回应关于“华为接班人”的提问时说，公司不是我个人的，因此接班人不是我说了算，而是大家说了算。稻盛和夫出手拯救“日航”，也有人担心万一没有成功呢？“敬天爱人”的经营之圣不曾担心自己的名誉和利益，这也是真正的“无我”。

回望创业之路，我也曾很在意别人的看法，惧怕失败，但在这种情况下的决策往往结果不尽如人意。有时候完全不在意自我的感觉，只为把公司的事情处理好，按照客观规律和市场的需求去决策，往往效果良好。

我的“无我”没有那么高的境界，我选择创业，要对得起相信我的伙伴和客户。无数次历经险滩，我没有把自己的利益和名誉放在首位，而是想着怎么带领企业继续玩大，继续玩强，继续玩久。在需要巨大资金投入养殖领域的时候，我想到了猪价行情可能带来的亏损风险，我也想过能否创造 40 年不亏损的经营奇迹，但是，企业发展和市场机会战胜了我的“自我”。在新旧交替的 30 年历史时点，我没有如朋友们所劝“功成身退”，“保持辉煌”的自我事业生涯，而是勇敢地发布 TRS313 追梦工程，勇敢地成为农牧行业数字化转型的先行者，完成由创业者个人驱动向组织驱动的蜕变。

我将“无我”，不负梦想。

“上市”之路，无我前行

“上市”路漫漫。

唐人神 1998 年完成股份制改造，到 2011 年敲钟上市进入资本市场，历经 13 年，提交 4 次上市材料，中间两次几乎放弃。2008 年在“飞迪”球友的鼓励下，再次冲刺，修成“正果”。成为上市公司，能够得到资本市场的支持，对于农牧企业的规模化，有大资本投入，有能力穿越疫情和价格周期，真是太重要了。如果没有通过上市募集资金，我们很难在短时间完成养殖领域的大投入。

曾经有公司，预定第二天上市，当天晚上举行了庆祝晚宴，结果第二天早上被通知推迟上市。有人说，咽得下别人的唾沫星子，受得了各种“质疑”“羞辱”，方能敲响“上市”宝钟。

我的性格是比较雷厉风行的急性子，大家都知道我最关注的是产品和市场，也就是客户。我不擅长各种关系和接待，但是，一旦计划“上市”，许多的学习、许多的接待、许多的应对，是推不掉的。辅导机构进场后，各种疑问都需要去回答。我开始很不习惯，时常陷入痛苦之中。有时候几个月都要待在总部办公楼，因为券商、律所、财务等机构，随时有问题，需要我回答和处理。甚至招股说明书，都需要我提供拟稿思路和文字审定。

曾经有位媒体人士，挖了一点公司所谓的“黑料”，就进行赤裸裸的“威胁”，张口就要多少公关费用，否则就见报，让我们上市无门。要是换了我自己真实的脾气性格，绝对选择报警。但是那次我没有“火爆”，我知道，我不能由着自己的性格来，也不能在意自己的面子，于是，我见了这位“媒体人士”。他当时非常惊讶，他以为只会是董秘和品宣部负责人出面谈，他没有想到我会出面。我平时的确瞧不起这样的行为，但我还是给了他足够的面子，我把我内心的“高傲”踩到脚底。但我也不会为“子虚乌有”的所谓“黑料”买单，这是我的底线，也是一个法治社会的底线。我们如果放弃这个底线，也用钱“消灾”，就不是一个有社会责任感的企业之所为，那样，社会的风气也只会越来越差。但我又要解决问题，于是我放下“自我”，以“无我”之境去看待，激发了我的同理心，知道他们也是生活所需，想搞点“碎银子”，他们在品牌策划方面也有自己的专业能力。最终，我顺利解决了这件事情。

在“上市”之路上，我们还面临一些不理解和质疑，甚至还有各种刁难，开始时我感到非常烦躁，甚至想放弃，只想安心做好产品，安心为客户创造价值，带领员工奋斗前进。但是，很快，我调整了自己的心态和情绪，让自己进入“无我”之境，不过分带入自己的执念和观点，而是要“削足适履”“忍辱负重”，赢得“一锤定音”。

为学日益，为道日损

“为学日益，为道日损”，语出《道德经》第四十八章。

其普遍解释是，做学问是靠知识、经验，一点一滴慢慢累积起来，一天天地增加，而不是一步登天。学道与做学问相反，是要丢掉“自我”，“日损”就是今天丢一点，明天再丢一点，慢慢都要丢掉。

我请教过一些人，其中有修行的道教中人，有佛学高僧，也有国学研究者，解释与上述大致靠近，但终归是模棱两可，啥是学问，啥是道，如何截然而分？感觉囫囵吞枣。

有一次参加国学班的学习，我请教国学老师：我们做企业的，该如何理解这句经典，对我们管理企业有何借鉴和启迪呢？如果不弄懂与企业经营管理的关系，那岂不是成了“坐而论道”的“纸上空谈”？

老师的解释仍旧是国学通解那一套，至于跟企业管理如何关联起来，老师说得云里雾里。后来我想想也是，毕竟老师没有做过企业管理，又如何知晓企业的所谓“学问”和“道”呢？从那以后，我就尝试自己去理解参悟经典，不再去上什么国学班了。

我对“为学日益，为道日损”的理解的的确确有些“叛逆”了，似乎与普遍的通解都不同，但能指导我的企业经营管理实践。我想，2 500 年前，老子创作《道德经》的时候，应该想不到今天的人类社会拥有智能化的科技文明和现代企业这样的商业组织形式，他的本意应该是反观“人”的本身。无论科技与社会组织发展到怎样的高级形态，其本原是“人”的认知与外延。

我的理解是，为学就是丰富自我，为道就是追求无我。

做学问，要日日新，苟日新，每天精进，日积跬步，聚沙成塔，这样逐渐形成自我的理论体系和知识结构，构建自己的人生观、价值观、世界观。同时，形成自己对事务的主见、决策和解读能力，并能够以此消化外界的信息，于企业而言，包括客户需求、市场趋势、竞争态势、内部管理等。这些都需要自我的不断学习以及团队自身的成长，以应对日益增长的客户需求和竞争需要。比如，对数字化和智能化的新学问、新技术、新工具的学习与应用，就是要为学日益，不断积累，形成企业家自我和企业组织自我的业务应对系统能力。

为道日损，就是要企业家个人或企业组织本身，追求“无我”，追求企业真正的价值，而不是虚假繁荣。于个人而言，把外在的名利背负日益减少，富贵福禄、名利光环，要慢慢看淡，逐步舍弃，不能一味地追名逐利，而是更多地“损己利人”“损我利他”。企业越大，事业越大，越要利他，主观上利他，客观上依旧会利我，于是想办法“日损”，这样反而事业会越做越好。于企业而言，不仅仅是追求规模和利润，到了一定程度，更多是要关注社会责任，为人类文明以及未来世界贡献什么。我们怎么利他？那就是着眼于为客户创造价值，为社会创造价值，为企业的奋斗者员工创造价值。公司越考虑社会、考虑公众、考虑未来，企业估值和社会价值就会越高。公司的量利增长和股东的收益，随之而来。

事实上，为学日益是“自我”的强大过程，为道日损是“利他”的共生过程，如此“增减”，恰恰趋向大的“平衡”和“中庸”，趋向社会的总体“和谐”，以至于“无为而无不为”，顺应“道”，我想，这或许才是春秋时期老子写的《道德经》这一章的本意吧。

释放股份，财散人聚

有的创业者，生怕失去对公司的控制，因此股份要占比 51% 以上，才能睡得安稳。即便是企业经营艰难的时候，也不愿意释放股份获得支持，宁愿去举债经营。很多企业就在这一关倒下来，资金链断裂，也不愿稀释股份获得外部资金的支持，因为害怕“闯关”之后失去控制权。我们身边就有这样的企业案例。

有的甚至已经是上市公司了，老板依旧千方百计地想控制公司，主导股权。曾经有一家农牧行业的上市公司，创始团队宁愿到银行贷款来定向增发，也不愿意引入战略资本稀释股份，导致经营压力陡增，资金难以为继，加之猪周期下行和猪瘟恶浪扑来，最终招架不住，把企业“捏”死在自己的手里。

有的企业，老板具有智慧，敢于、善于释放自己的股份，让更多的人、更多的股东来“凝心聚力”共谋发展，这是一种“利他”思维，最后公司反而被控制得很好很稳。这是从公司良性经营和制度规章的角度，来共同保障组织的健康发展。试想一下，当你是为大家创造利润、创造价值的时候，大家都支持你、信任你，你又有何控制权上的担忧呢？当然，必要的规程设计和架构设计是需要的，“无我”并不是“无脑”。

前者往往作茧自缚，越做越差，股权是控制在自己手里，但是，“财聚人散”，财反而也会越来越少。后者往往“蛋糕”越做越大，股份占比虽小，但价值越来越大。这恰恰是“无我”之行，也是“为道日损”的生动呈现。

我明白了“为道日损”的“利他”道理后，领悟了华为任正非、京瓷稻盛和夫的经营之道，放下自我的执念，在股权方面逐步“无我”。这些年，不断引入优质资本，自己的股权比例从上市之初的将近 30%，下调到现在的不到 10%。“人无自我天地宽”，把心中的名利和占有欲的执念放下了，企业的道路更宽广了。同时，公司的股东数量和结构进一步优化，更有利于企业的长久发展和科学治理。

不招同学、亲友做事

中国人自古信奉“血浓于水”。由此引申出“打虎亲兄弟，上阵父子兵”“任人唯亲”“裙带关系”等。

1987 年，饲料新厂准备正式投产开业，新人招聘紧锣密鼓，要求来新工厂工作的人员几乎挤破门槛。大家都说我是负责人，我有“权力”，我要是答应，我有面子，甚至父母也有面子，并且也少不了有人感谢送礼。

怎么办？

有一个人是我在职工大学的同学，他的数学成绩很好，对机械方面也在行，学习很刻苦。我想喊他来做技术方面的事情。这时有位领导打招呼，推荐了一位同岗的技术人员，这下我犯难了。如果领导得知我选了自己的同学，而不选他推荐的人，他必然不会认为是我的同学更优秀，而是认为我任人唯“熟”。那就得罪了其他人。我于是想到，其他岗位也肯定有同样的情形。一是要找到优秀的人才，再是要避免招聘过程不公平的现象和不必要的麻烦，得罪谁都没必要。

人才怎么来？

我下定决心，凡是亲戚朋友都拒绝。那个时候，我不知道“管理是反人性的”之类的理论，但我做了“反人性”的事情，那就是，建立公开招聘人才的制度，杜绝亲朋好友托关系走后门，并立下人力资源规矩制度，我自己带头遵守。凡是我的亲戚朋友，我直接拒绝而且不允许人力资源录用，凡是领导打招呼的，也交给人力资源走招聘流程，而且人进来之后的管理和任用，领导也不得干涉。这样一来，亲戚朋友对我有很大意见，领导也不好说什么。我的父亲给了我很大支持，亲戚朋友的压力，他都给我扛下了。他说，当领导就是要正直。

我们在那个高度计划的年代，通过《株洲日报》和株洲电视台发布了株洲饲料厂公开招聘人才的消息，一时间成为轰动新闻，那个年代大家习惯了“单位安排，领导决定，关系背景”等。我也一度被人认为傻，似乎丢面子的是我。

这次公开招聘的更大意义是，奠定了企业之后的人才发展之道：相马更赛马。招聘就是相马。进门看文凭，进来凭贡献，看文凭不唯文凭。这成为此后人力资源工作的基本指导思想。

不能进公司做事，总可以跟公司做点生意吧。我的一个老家舅舅想做骆驼牌饲料的经销商，我听闻之后直接让营销中心终止了审批流程，营销中心的负责人跟我汇报说，这位舅舅是有能力做好的。我跟这位舅舅解释了多次，但道理并没有讲通。总之，饲料经销商他没做成，对我意见很大。如果舅舅做了这个生意，那么饲料价格变化、饲料促销政策、饲料支持服务，营销中心会不会向其倾斜，就算我要求一视同仁不特别照顾，别人会怎么想？

从那之后，再没有亲戚朋友来找公司做生意。公司所有的工程项目和采购，都是工程部门、采购部门按照公司流程办理，从来不需要看我的意见，我能做到这样，其他干部也必须做到。

风清气正，组织健康，从“无我”开始。组织健康才有组织活力，有组织活力才有组织能量。

不点水鱼的“小气”

1992 年，我们跟香港大生行商洽合资事宜。后来我才知道，有几个接待细节，居然成了促进合作的原因之一。原来，他们决定在内地投资，跟谁合作，关键看人。因为设备和厂房等硬件条件，市场容量等要素，基本没有多大的差异，品牌也是人做出来的，所以关键还是看人。怎么看人，每个生意人都有自己的眼光和判断，也许看对了，也许也会看走眼。

香港大生行的黄先生看人有自己独到的眼光。

那段时间，黄先生前后七八次到株洲，每次一起吃饭都是我点菜。我从不点每人一位的小盅菜（单人单份的），因为太贵，我也从没有点过一次水鱼，当时全国招商流行吃“水鱼”，有档次。我都是点家常鱼，最多点鲇鱼，略贵一点，我说口味营养跟水鱼差不多。那段时间正值冬季，我基本每次都点火锅，热气腾腾，火旺火旺的，关键是不贵。每餐吃饭到后面我都把所有的菜倒进火锅一把煮了吃。

每次办公室人员都很紧张，生怕菜不够吃，不够档次。我心里想的是，我本来是怎样就是怎样，接待港商如此，接待客户也如此，根据条件，实事求是，没有必要在吃上面铺张浪费，我去西方看到的也是如此。在陪同考察和洽谈的过程中，我把所有的细节工作都准备得非常充分，尽可能把对方可能关心的问题和项目资料都准备好。

没想到，我的小气，我在接待过程中的勤俭、坦荡，不好面子的细节，让黄先生很认同，我骨子里透露出的个人素养和性情，我对创业本身的投入、关注和思维，让黄先生下定决心，并说服了家族成员，把 1 200 万港币，投到了株洲戴家岭山下的骆驼牌饲料。

如果当初我是讲排场的人，如果我更多在意自己的面子，如果我自己喜欢好吃好喝，或许道路就完全不同了。

彩云之南的《宣言》

2007 年，我们在昆明召开年度工作计划会议。大家对过去一年的工作进行复盘、总结、反思。那一年，我们的饲料业务遇到挫折。在反思复盘的过程中，我实事求是地分析客观环境，客户变化，养殖终端的专业化转型，竞争对手的新策略，并着重从公司内部分析了我们应对环境变化的迟缓和滞后情况。

医生不敢给自己动手术，因为下不去手。人也是一样，知易行难。你可能做对了 20 年，面对做错的一年，潜意识不愿意承认自己有过失或不对的地方，"过去的成功经验是今天失败的开始"，真正的失败开始是你把过去的成功变成了执念，变成了"我自不败"，变成了"不承认失败"。我想到了这些，并在彩云之南的鲜花都市，在四季如春的昆明，把"手术刀"对准了自己。我没有自以为是，我放下了自己的领导尊严，我坦言了自己的决策犹豫和指挥不力，造成了机会延误。我也剖析了深层原因，自身的优势和机会点，并就反思后的策略提出了细节方案。

与会人员深受震撼，畅所欲言，激情澎湃。

集团一位副总裁当场热泪盈眶。他激动地说，陶总是集团创始人兼董事长，他能从反思自我开始，有这种自我剖析的胸襟和“讲自己不讲别人”的气度，我们就一定能克服困难，重返巅峰。

我也被现场的氛围所感动，于是写下了《昆明宣言》，结尾的部分我至今记得：

> 事有信心心常乐，人无自我天地宽！我们有梦想，我们更有行动！现在不干，更待何时！自己不干，更待何人！一万年太久，只争朝夕！

其中，“事有信心心常乐，人无自我天地宽”，给大家以新的启迪。

“事有信心心常乐”：我们每个人做成每件事情，都会遇到许多的困难。或许我们从事经营管理，势必面对客户、员工、供应商、同行、政府职能部门、社会公众等，会遇到各种各样的矛盾和麻烦的事情。我们唯有充满信心，主动积极，勇敢面对，才能解决问题，做好事情。满怀信心地去做事，过程本身就是快乐的，唯有这样才有可能把事情做好，做好了事，结果更快乐。反之，如果没有信心，做事的过程不快乐，事情也难以做好，只会陷入苦恼与郁闷，结果与过程都无快乐可言。或许身为普通一员，我们每天面对大量的重复劳动，更需要明白满足现状还不够，持续改善和进步才有新鲜感，才会觉得充实并找到快乐，才会每天看到新的太阳。如果缺乏信心，烦恼的事情仍在那里堆积，矛盾越来越多，事情永远处理不好。结果是，没有快乐，只有郁闷。

做事如此，做人同理。我们都得成长，走过结婚、育儿的人生道路，生活本就是一团麻。无论贵贱贫富，谁都会遇到来自家庭、亲朋好友、邻里同事之间的各种事情与矛盾，如果不信心满怀地去面对解决，这团麻就会越缠越难理，困惑苦恼便由此而生。而自古有“忠孝难两全”之说，正是透射人生的种种困惑与两难，唯有充满信心，积极处理，方得过程快乐，结果亦快乐。

“人无自我天地宽”：一个人心胸坦荡，忘我工作，忘我投入，视野便豁然开朗，这个时候，名利均淡泊，成功的事业追求最重要。有这种心态，个人的虚荣心、面子观念才抛得开，“架子”才放得下来，才能懂得“高以下为基，贵以践为本”的道理，从而能够以共同的事业为重，有容乃大，聚集人才合力成就事业。成事如此，做人也如此。生活中，若能“退一步海阔天空”“让他三尺又何妨”，则能开阔胸怀，结交更多的朋友，获得更多的人生机遇。做人如此，做商人更如此。商人能忍人之不能忍，容人之不能容，柔者克刚，貌似低人一等，实则高人一筹，商道会越来越宽。

一个人看淡利益，不斤斤计较，不患得患失，财散人聚，天高地宽，事业的平台将无限扩展。成功奋斗的过程才是永恒的快乐体验，企业是大家的，企业的兴衰盛败是大家努力的结果。我们都是为社会、为大家创造财富，创造文明。如此，则天地宽广了。

行书作品

第九章

中庸之道代代强

做人享受“清欢”，做事遵循“利他”，做事业需践行“中庸之道”。“中庸”是伟大的东方智慧。我们专注农牧行业，聚焦生猪全产业链经营，是战略上的“中庸之道”。如果我们只做饲料，不发力养猪，这几年就会很艰难。如果我们只做饲料和养猪，不发力品牌肉品，那么未来会很艰难。如果我们像“小猫钓鱼”，为了赚更多钱，一会儿去涉足房地产，一会儿去经营营养保健品，那我们可能早两年就消失了。通过“饲料、养殖、肉品”相关多元的业务布局做强生猪全产业链，是我们经营唐人神事业中，战略层面所践行的“中庸之道”。而“灰度理论”的管理智慧，就是“中庸之道”在企业战术层面的经典运用。在健康养生、学习锻炼等生活情境中，“中庸之道”也让我受益匪浅。

管理的取舍在“中庸”

我有个朋友，决心戒酒，但并非身体原因。朋友相聚，他也坚决不沾酒。后来有次商务合作洽谈成功，我提议略备红酒以示庆祝，他还是推让，意思是坚持自己的规矩，不喝酒。我说，我年龄大你一半，也是朋友，现在携手营销变革，你喝一点点红酒，这是对的，也有利于健康，我更关注健康。他还想推辞，我跟他说了“中庸”二字，懂得中庸，才是智慧。他是个聪明人，沉默几秒后，端起了红酒，感谢我，认为我的话很有启迪。我说，不是我的话启迪你，是中庸的智慧，启迪我们。

公司有个子公司负责人，好酒，下属苦于陪酒。我得知后，跟他谈话说，建议他实在想找人陪酒的话，我有时间可以一起喝几杯，他吓一跳，连连认错。我给他讲了中庸的道理，他慢慢改好了许多，能够控制酒量，非团建活动的情况，也不喊下属喝酒了。

这是我亲身经历的事情，生活中的事，也有管理意义。中庸无处不在。

有的人打个喷嚏都担心肺部感染，有的人身体不适，却讳疾忌医。有的人嗜烟如命，咳嗽的时候还要吸几口。有的人坚决不抽烟，哪怕陪同客户在一起，也不愿给客户递烟，或者象征性抽一口，让商谈陷入冷场。我可以不抽烟，但是我到养殖户家中，递上一根烟，自己也点上，话匣子就打开了。

生活中不明白中庸的道理，总是在极“左”极“右”的状态折腾，这样的例子很多。企业管理是相同的道理，管理的智慧，需要懂得中庸的取舍之道。

华为任正非有个很有名的理论叫“灰度理论”。

1996年的一天，在欧洲期间，任正非问身边一位刚入职华为的高级管理人员：“你知道华为为什么能成功吗？”对方回答：“我刚来华为，怎能悟出这般深奥的道理。您说，为什么呢？”任正非答道：“中庸之道。”或许，从这时开始，任正非就已经建立起他的重要管理理念——灰度哲学。

华为的灰度管理就是中庸之道在华为的实践应用。灰色是基础色调。灰色是黑白间的细腻过渡，包容性强，层次丰富。它含蓄、内敛，蕴含深邃力量。任正非的灰度管理哲学，强调在不确定中找平衡，视灰度为财富源泉和生产力，提供理解复杂世界的新视角。华为的灰度管理理论自1997年起逐步深化，强调开放、妥协、宽容与自我批判，助力华为稳健前行。任正非以灰度看待人才，以灰度培养与选拔干部，以灰度看待企业的治理，以灰度看企业成长，以灰度把握经营管理节奏等，把管理取舍的中庸之道运用得淋漓尽致。

中国文化崇尚中庸为人生之最高境界。中庸并非平庸，更不是中间。很多人认为中庸就是中间平衡，一分为二，讲点好的，再讲点坏的，那是和事佬。在国学班的时候，我曾经听老师讲授中庸，他随手拿一支钢笔放到支架上，在靠近笔套的这边，钢笔才能达到平衡。老师说，简单地理解，中庸如同这平衡，不在钢笔的中间点，不是简单的对半。

《论语·雍也》首提中庸，乃中正平和，不偏不倚，无过无不及，恰到好处。《中庸》是中国古代论述人生修养境界的一部道德哲学专著，在创业、经营管理、生活与健康等方面，懂得中庸，好处很多。第一，中不偏，庸不易。这是指人生不偏离，不变换自己的目标和主张。我们坚持生猪全产业链的农牧企业发展战略，这是懂得战略的取舍和聚焦之中庸。第二，中正，平和。人需要保持中正平和，保持一颗敬畏科学、敬重管理规则的心，企业就能健康持续发展。生活中保持平和，有助于保持健康的身心。第三，中指好的意思，庸同用，中用的意思。这是指人要拥有一技之长，做一个有用的人才；管理讲究实效，在知，更在于行，最终看业绩。

1995年，我们开发香肠的口味时，有的主张咸味，有的主张甜味，有的主张都开发。我想了想，就提出“原味”的思路。在“咸味”和“甜味”之间找个平衡点，因为刚推上市场，客户也不知道怎么选，人的购买心理就是这样，当你介绍“咸味”，会让人觉得盐多了不好，当你介绍“甜味”，会让人觉得是不是含“糖”多，因为这些口味没有参照物。“原味”就是本味。客户喜欢甜的，可以介绍说“微甜”，客户喜欢咸的，我们可以介绍说“偏咸”，这样“原味”就中和了。

2024年，我们引入“咨询军团”，开启数字化转型。在养猪产业的数字化中，大家对“人猪物”的数字化在线不知道如何操作。都在线的话，一个猪场就有上万头母猪，这么多的检测数据，无法实现。后来大家采取的方案是“人猪物”按顺序来数字化，也就是先把人关心的，与人有关的业绩指标、成本、费用等数字上线，计划用一年的时间先完成“人”的数字化在线，之后再逐步进行“猪”的在线和“物”的在线。我知道后，用中庸的取舍之道，给大家讲，“人猪物”是一个匹配的系统，我们的数字化转型的目标是打造低成本的养殖生产系统，所以仅仅对一个方面进行数字化是没有实际意义的。要么全部的“猪”的指标在线，要么就一头“猪”的指标都不在线，这是缺乏灰度管理逻辑，缺乏中庸的取舍方法。以中庸的思路来处理的话，完全能够“灰度”地解决这个业务问题和管理问题，那就是“人猪物”都先取关键指标和样本进行数字化在线，进行“人猪物”的匹配和系统的动态管理磨合，以此来决策和判断低成本养猪的推进情况、问题点和改善的举措及实施等。

在人力资源的实践中，我们曾经在社会招聘和学校招聘两种人才招聘路线中左右摇摆。后来以中庸之道来权衡，以“灰度”智慧来看待，发现两种方式都需要，关键是看怎样的岗位、怎样的标准、怎样的培养方式。同样，包括对学历、年龄的条件要求，都是如此，简单的“一刀切”都是违背中庸之道的。包括管理干部的上下机制、退出机制等设计，我们过去容易走入简单划一的误区。如果在人力资源管理中引入中庸的灰度管理，就能做到因地制宜，实事求是，与时俱进，真正让人才建设匹配和牵引业务的经营发展需要。

中庸就是在经营管理过程中，不断在目标和当下之间，寻求各种管理要素的最合适的匹配状态，一定是独立思考之后寻求最佳的科学规律和管理要素的组合方式，并与时俱进地调整和优化，而不是只盯着理论上的最优解，这也是理论语言、管理语言、工作语言的融会贯通。

独立思考，尊重科学

2020 年 4 月 30 日，在唐人神读书日当天，我给部分管理干部分享了一篇文章：中国科学院院士、西湖大学校长施一公教授的《独立思考，尊重科学》。这是 4 月 19 日在杭州初高中全面恢复教学前夕，施一公教授为即将正式返校的学子们上的“开学第一课”。

施一公教授在讲话中，将“独立思考，尊重科学”8个字拆分为4个观点，4个词“独立、独立思考、尊重、尊重科学”来分享他从事30年科学研究的人生思考。我仔细阅读，甚为赞同，大概的意思包括：

> 独立。用自己独立的眼光审视世界，在生活中也要一点一点独立起来，包括经济独立，不能老是靠父母靠别人。没有独立，很难有一点一点对社会的判断，对周围世界的认识。
>
> 独立思考。给“独立”加两个字“思考”，和独立还不太一样，是指自己用心去观察世界，基于自己的观察、比较，做出判断。
>
> 尊重。一是尊重自己，任何一个人在成熟过程中，一定都是尊重自己的过程。只有尊重自己，才能让自己在社会中、在学习中走下去。这个社会是需要包容的，是需要彼此理解的，而包容和理解的背后，是需要尊重别人。
>
> 尊重科学。科学是对自然界客观的描述。只要大家开始学会尊重科学，很多事情都可以得到比较好的解释。科学是社会前进的推动力，也是第一生产力，我们必须尊重科学。

我们从饲料创业开始踏入农牧企业，养猪、做饲料、做肉品，40年的创业历程，我回望起来，的确也是一个“独立思考，尊重科学”的过程。在饲料方面，包括配方科学、浓缩饲料创新、加工工艺创新、服务营销变革、生物饲料研发、猪场营养一揽子解决方案的推进等；在肉品方面，包括产品研发，无烟熏工艺创新，风味制品、预制食材、品牌生鲜开创等；在养猪方面，包括山地楼房智能养猪系统创世界先河、“公司＋农户”养猪模式、养猪的数字化转型升级等，都是我们在独立思考和尊重科学的过程中创造的价值。

过去许多公司请咨询公司，或者学习其他企业的先进管理经验，就存在“照搬照学”和“我行我素”两种极端，要么完全抛弃自己的做法，一切重来，要么学习和实践两张皮。这都是缺乏独立思考和不尊重科学规律，有违中庸之道的。曾经有句玩笑话：“不请咨询公司自己等死，请咨询公司帮忙找死”，并有数据显示，咨询公司辅导企业的成功率最多15%。

众所周知，华为请IBM等国际一流咨询机构服务，最后打造了世界华为。任正非的智慧就在中庸的取舍，能够吸收消化创新IBM等公司的科学管理经验，把西方的管理科学和东方的思想智慧相结合，真正独立思考，真正尊重科学，懂得中庸的灰度管理哲学，从而创造奇迹。

在企业的经营管理中，独立思考产品、思考技术，尊重人才、尊重规则、尊重管理科学，就必然会做出取舍，取舍之道在于中庸。似乎过去人们都认为东方智慧更多的是“感悟”，包括感知和领悟，都比较唯心，讲究一种感觉，而西方科学讲究数理论证和逻辑规律。其实不然，无论是农业还是天文，医学还是科技，中华文明并非一种“模糊”。只是在“科学”之上增加了许多“心法”，就像中国武术，似乎最高境界是“无剑胜有剑，无招胜有招”。念几个“心法口诀”就可以“乾坤大挪移”，其实是武侠小说的描绘，吸引读者罢了，真正的中国功夫需要科学的艰苦训练过程。真正的中国古代文明，恰恰是许多独立思考和尊重科学的历程。

施一公教授的“独立思考，尊重科学”，让我对中庸的取舍之道有了更深的理解和参悟。对于许多管理行为，做出平衡和合适的动作之前，一定需要“独立思考”，过程之中一定需要“尊重科学”，包括管理科学、技术科学，这样才能真正找到中庸所在，从而避免“过”或“不及”，实现恰到好处的管理实践。

水清也能养好鱼

在唐人神集团总部生态景观花园的中央，是一个不大的水池，水池成“葫芦”形，在葫芦中间的位置，有一座白玉拱形桥，在桥的中间靠近护栏的位置，有个喂鱼的“料箱”，可以很方便地喂鱼。每次只要客人在这个位置驻足，就会有鱼儿围拢过来，要是客人把“料箱”盖打开，那水池里大大小小的锦鲤都会争先恐后地扎堆过来，有的鱼儿会跳跃出水面，这是“条件反射”，鱼儿知道有人要撒料了。鱼群中，大的有半米长，小的还是“小鱼崽”，就是大鱼在水池繁殖的小鱼。

鱼儿吃了料，就四散闲游。池水很清，看上去，真如柳宗元的《小石潭记》所述：“潭中鱼可百许头，皆若空游无所依，日光下澈，影布石上。佁然不动，俶尔远逝，往来翕忽，似与游者相乐。”

总是有客人赞叹，这鱼长得太好了。也有朋友问我，俗话说“水至清则无鱼”，这里的水如此清澈见底，但鱼长得那么好，是何道理呢？

“水至清则无鱼，人至察则无徒”是一个汉语成语，语出《汉书》东方朔传，也有说出自《大戴礼记·子张问入官篇》。意思是水太清了，鱼就无法生存，要求别人太严了，就没有伙伴。常常引申，用来表示对人或物的要求不可太高。

我知道朋友的意思。他所说“水至清则无鱼”，是从管理的角度提问，意思是如果一家公司或一个组织的管理严格、制度规整、流程严明、规则清晰，会不会因为组织过于清澈而让人难以有发挥的空间，而导致人才流失？

我没有直接从正面去解释回答，而是举了一个例子。陶业就任唐人神集团总裁后，兼任养猪事业部总裁。他提出“组织健康、组织活力、组织能量”的管理观点，意思就是组织首先必须健康，才会有活力，才能产生爆发的能量。组织的健康来自“过硬的工作作风的打造”，力出一孔，利出一孔。他从体系、制度的角度强化了管理，肃清了过去的“人情管理”“裙带关系”“牌酒陋习”，处罚淘汰了一批管理干部。当时有的老干部跟我汇报说，这样会有麻烦，“水至清则无鱼”啊。似乎加强管理，斩断了许多“说不清”的利益，会造成干部流失和管理效率下降。我回答了几个字：大胆试行。

如果仅仅只是抓纪律严明，查作风过硬，或许“失之偏颇”。事实上，陶业同时推出了“高目标、高增长、高激励”的奖励制度，倡导所有的收入增加来自“业绩的增长”。德鲁克说，管理是一种实践，其本质不在于“知”，而在于“行”，其验证不在于逻辑，而在于业绩。“业绩为王”的文化理念支持了陶业对于养殖的管理变革。不到半年的时间，业绩出来了，养殖效益、养殖成本、养殖的生产管理，所有指标持续好转，好的猪场一个个脱颖而出，员工收入增长了，管理干部收入也增长了。原来的质疑声，转为一片叫好声，为业绩叫好，为收入增加叫好，为管理的透明公正叫好。那些想“浑水摸鱼”的干部灰溜溜地走了。

既要“水至清”，同时还要“养好鱼”，这就是我的回答。这就是中庸的管理之道。“水至清”和“养好鱼”不是二选一的“非黑即白”，而是可以在平衡中达到和谐。既要像军队一样纪律严明、作风过硬去打硬仗，又要像家庭一样充满温暖和人情关爱，既要像学校一样培养成长，更要像商号一样，创造利润、创造价值、创造更高的收入，这就是中庸的管理之道。

如何在这个过程中找到那个平衡点，找到那个“恰到好处”，并且随着时间和管理实践的变化进行适度的调整，这就是对管理智慧的考验。

朋友听完之后，看向池塘里欢快游泳的鱼儿，若有所思地说，感觉陶业总裁已经找到了这个平衡点，我可以多跟他学习交流了。

“三万”到“三精”的取舍

孔子曰：“益者三乐，损者三乐。乐节礼乐，乐道人之善，乐多贤友，益矣。乐骄乐，乐佚游，乐宴乐，损矣。”乐多贤友，就是说要多交好朋友，这是人生的三大有益的快乐之一。

孟子曰：“以友天下之善士为未足，又尚论古之人。颂其诗，读其书，不知其人，可乎？是以论其世也。是尚友也。”也就是说，读古人书，与古圣贤交朋友，是非常有意义的事情。

司马迁天资聪颖，敏而好学，“十岁则诵古文”，“二十而南游江、淮，上会稽，探禹穴，窥九嶷，浮于沅、湘”。他自述读万卷书，行万里路，为他写下“史家之绝唱”的《史记》奠定了基础。

杜甫有诗句“读书破万卷，下笔如有神”，谈的是文章功夫。

明代董其昌《画禅室随笔——卷二》说：“不行万里路，不读万卷书，欲作画祖，其可得乎？”谈的是绘画艺术。

可见，古人很早就倡导“读万卷书，行万里路，交万个朋友”。

读书是静态的，行路是动态的，书中知识有限，通过见闻体验和阅历能补其不足。世事洞明皆学问，人情练达即文章。

远古时代，“行路”在“读书”之前许多。没有“书”的时候，“路”肯定是有的，“朋友”的概念也肯定是形成了。毕竟，人类进化是从行路开始的。从树上到了地面，我们的祖先首先学会的是行走。行走的目的是获得更多的食物，寻找更安全的栖息地，结交更多的同伴好友。行走的同时也开阔了眼界，学到了很多有用的知识。大禹是在随父治水中悟到了“宜疏不宜堵”的治洪原理。孔子周游列国治国安邦来印证所学。李时珍、徐霞客、马可波罗等名人靠“行路”写出了宏伟巨著或取得重大发现。

今天的AI时代，信息高速，人类文明爆炸式迸发，当下的我们眼花缭乱，目不暇接。

读万卷书，行万里路，交万个朋友，都变得“So easy”了。

打开智能手机，一机在手尽知天下大事。电子书，AI搜索，想读啥书，就读啥书；打开交友软件，可以与成千上万的人交流，男女老少，天南海北，话题任选，还可以打赏直播。行万里路也是如此，不需跨马骑骆驼，更不要拄杖走天涯了，地球之上，万里就在咫尺，人类都已经在太空行走了。

恰恰这个时候，我们往往也容易陷入“信息过载，知识爆炸，盲目行走”。我觉得需要从“万卷书、万里路，万个朋友”的“三万”升级到“精品书籍、精华路线、精英朋友”的“三精”。读精品书、走精华路线、交精英朋友。

第一，读精品书。今天，我们在学校就已经被灌输了许多知识，“塞进”了很多书。走向社会，电子书、纸质书，还有直播读书，可以车上听书，可以手机看书，可以书房读书，问题是，书还是太多了。所以选择精品书籍对成年人来说，对创业者或企业管理者来说就更重要了，时间宝贵，普通的书可能对你没有多少营养了。听说就有人，看一页书就撕掉一页，以免书架放不下。我个人觉得，可以先对书进行分类，与自己事业、工作有关的，按照行业或门类来分，如财经、营销、技术、工商等，然后分阶段地读书，以明白、学习、应用为主，有功用目标地读书；与自己喜欢爱好有关的，如文学、美学、艺术、音乐、历史等，可以作为枕边书来读，以放松情绪，开心愉悦为主；当然还有考试类或“应知应会”类书籍也要读。选择精品书籍，一是根据专门的推荐书目去选，二是选择专业的出版社，三是选择知名的作者。对于碎片化解读类的，还有一些所谓的畅销书，倒不用花太多时间去看。经典的精品书籍，建议还是读纸质版，做批注，反复读，方可深得其味。读精品书，可以有三个阶段：第一个阶段是粗读，快速把一本书读成一张纸，就是一本书在手，迅速掌握其思维导图，领略其思想观点，以判断是否有意义，有利于自己的认知成长；第二个阶段是精读，把一本书慢慢看成满纸佳句经典，读出作者的细微立意和味道；第三阶段是通读，就是提炼融汇，通透全书，并能置入自己的逻辑，完善丰富或改变自身原有的认知，并尝试应用，也就是改变自我，改变认知，改变行动。

第二，走精华路线。这个不同于散散心，随处走走的“说走就走”的旅行。这里说的是有意识的参观学习考察，提升自我。今天，交通便捷，朝发夕至，世界就是“地球村”，从北国到南疆，也是几个小时的航班，如果只是到处看看、走走，完全可以“一日看尽长安花”，但不见得有多少收获，最多是看到了不同的自然风景和人文风俗。我们做企业的，或有志于创业发展的伙伴，走精华路线则肯定不同。我今天的许多认知，与年轻时候去香港、日本、欧美等地的游学见闻多有关系。

1997 年圣诞节前一周，任正非带团队近距离考察了休斯、朗讯和惠普三家世界级企业之后，将考察重点放在 IBM 这家最具美国特色的企业。华为今天的发展，任正非曾多次表示，在美国企业尤其是 IBM 身上学到了许多。

今天，国内的许多企业已经非常优秀，足以比肩西方发达国家。早两年，我带管理团队前往农牧行业的数家头部企业学习考察，其中就有全球最大的养猪企业、中国最大的饲料企业、中国最大的肉品企业，我们学到了很多东西。这就是精品路线的意义所在。我觉得创业者没有必要到处去参加高效短训班，去跟旅行团考察观光，那样会花费很多时间，看到的也是经过选择的角度。笃定学习的榜样和对象，结合自身需要，设定学习的阶段性内容和目标，在这样的精品路线上“行万里路”，才有营养和收获。

第三，交精英朋友，对于创业很重要。我们做企业，不是社会活动家，也并不需要政治演讲，低调地在自己的圈子里，与几个精英朋友交往，就很舒适。当然，企业做大了，不断有人要向你学习，你要接待，要交流，那就是社会责任的范畴了。我发起创建了农牧行业“飞迪”高球俱乐部，“一场高球聚集宇宙能量，重要的不是高球，而是与高人交流”，“高球赛事 + 高人论坛”的模式，就是与精英朋友圈交流的一种方式。每次高球赛事后，我们组织不对外的高人论坛，都是农牧企业的一些精英，汇集很多上市公司的老板，在一起畅谈，互相启发，共同成长，推动中国农牧行业的前进。

其实，过去的人挑灯夜读经史子集，一辈子读的书并不多，甚至书童都能挑得起，但读懂几本书就足矣，这也是精品书籍的力量；过去的人看山河江海，徒步游历，边看、边写、边思考体察，比如孟母三迁等，也是选择精华的路线；过去的人“管宁割席”，道不同，志不合，不相为谋，孔子“友直，友谅，友多闻”的“益者”择友标准，不正是选择精英朋友吗？

“健身”与“住院”的时间取舍

身体是革命的本钱。创业之路，风雨兼程，需要强健的体魄来支持，这是科学的常识。企业家的身体健康一度是重要的话题。

许多年轻人创业起来拼命得很，不懂得在“锻炼花时间”和“住院花时间”之间掌握中庸之道的取舍，这是很大的隐患。

我在这方面有长期经历和感悟，聊聊健康的问题，对年轻的创业者，实在有意义。

我的建议：科学的饮食起居，科学的锻炼健身，科学的医疗保健，科学的精神滋养。

饮食要荤素搭配，蛋白质和能量尤其不能缺。经营企业，创业发展，是非常消耗脑力和体力的，还要承担许多压力。大脑需要足够的蛋白质和必需氨基酸。有人曾说，战争年代没有什么特别的营养补充，革命将士打仗行军还要熬夜谋划，居无定所、食无饱餐，身体还是照样好。我认为这种认知是以偏概全，那个时代的饮食和环境，那个时代的体质和锻炼，那个时代的信仰和意志力，跟今日不可同语，我们这一代人是万万模仿不了的。过去还有人提倡“吃素”，这也是很不科学的。企业家和出家人的思考强度和劳动强度，也是不可比拟的。要舍得“山珍海味”，选取“营养膳食”，比如唐人神肉品就营养美味，让人吃得放心。

锻炼健身要坚持，选择自己喜欢的适合的健身锻炼项目，制定科学的规划，长期坚持，要有毅力。我一辈子坚持跑步，既是锻炼身体，也是锻炼毅力。可以把有氧运动与无氧运动相结合，高尔夫就是把有氧运动和无氧运动融为一体的好的锻炼项目，只是花费的时间要多一些。锻炼的初期最难坚持，一旦坚持下来，运动既产生多巴胺还分泌内啡肽。多巴胺激发兴奋感和期待感，激励持续运动；内啡肽则减轻疲劳、缓解肌肉酸痛，带来平静放松的愉悦感，两者协同强化运动体验，有助于保持锻炼健身的意愿。锻炼要舍弃“固定时间、固定场所、固定形式”的想法，除非条件很成熟了。但创业前期很难保证这些条件，选取简易方便的锻炼健身方式更容易坚持。比如，慢跑、游泳、太极、八段锦、器械、瑜伽、普通的球类等，这些对条件要求不高，或者两者兼顾结合。俗话说，有时间“住院”，没时间“锻炼”，这就要懂得中庸的取舍，选择花时间锻炼身体，舍弃被动的“住院”治疗，当然，有疾病肯定要就医。

医疗保健，既不要讳疾忌医，也不要过度医疗。人体是有自愈功能的，身体也有自愈意识。保健在于日常的饮食休息，不可暴饮暴食。“若有恒，何须三更起半夜眠；最无益，莫过一日曝十日寒。”良好的睡眠习惯和饮食习惯，是保健的良方。既要按时体检，又不要对各类指标过于敏感。中西结合，养在医前。这些都是中庸的养生之道。

精神滋养，就要注意自己的情绪健康，也就是心理状态。关注心理比关注身体更重要，因为身体的问题可以检查，可以很快感知，心理的问题，往往隐藏深、隐藏久、危害大。而且，心理问题会导致身体健康问题。我们常说，信仰就是最好的免疫力，指的就是精神的力量。中庸之道的精神滋养，讲究的是劳逸结合、张弛有度、观照自省、滋养心灵。去喜欢的地方，读喜欢的书，交喜欢的朋友，做喜欢的事业，不强求、不奢求、不盲求，舍弃过多的欲望，专注自己的主业，让心灵安静，让精神平和，累并快乐，事业也玩得开心，精神愉悦、身体健康，这正是中庸的取舍之道。

做官还是为商的取舍

1992—1997年，我先后参加了省市两级中青年干部培训班，并都担任班长。在那个年代，人们都说，中青班就是培养青年干部的摇篮，班长基本都会得到“提拔”。

中青班学习结束之后，有关领导找我谈话，征询我的意见，是否愿意到政府部门任职。在旁人来看，这是“光宗耀祖”的机会啊。

自古以来，“学而优则仕”的思想都存在。“权贵”两字，有“权”为贵。“士农工商”，“当官”排第一。

那段时间，大家下了班，我就独自在戴家岭办公室安静地坐一会。背后是1987年建的综合办公楼，窗外是合资后新建的玉米立筒库。成品库前坪客户的提货车辆络绎不绝，饲料的香味随清风阵阵来袭。站在走廊上，透过窗看戴家岭山上郁郁葱葱，当年开荒拓土的场景历历在目。

是去“当官”，还是继续“做饲料”。两级中青班班长，拥有发明专利，有企业创业成功经验，学了自动化控制、动物营养、工商管理，去过欧美和日本等多个国家学习考察，我在当时的青年干部候选人中，有绝对的优势条件。

我想听听父亲的建议。父亲还是那几句话：当官要正直，想当好官，就不要想靠当官赚钱，不要图钱，不要凡事为了自己。怎么选择，都是你自己的路。

面临这样的人生路口，我怎么选择呢？

父亲的话反复在耳边响起，不要凡事为了自己，就是不要以“自我”为中心，而要多多考虑他人。话很朴素，几十年后，我领悟到其中的深奥。如果以“自我”的心愿出发，我愿意去“当官”，毕竟舞台更大，机会更多。但父亲的话提醒我不能只想着自己，那我还要想着哪些人呢？

我想到了一起创业的伙伴，我想到了那么多勤勤恳恳努力工作的员工，我想到了厚爱着我们的客户，我想到了“骆驼”的品牌寓意，我想到了写下“唐人神”时的梦想，我想到了合资商香港大生行的信任和支持……

企业需要我的担当，创始人缺席无疑对企业影响很大。政府和社会不一定必需我这个“当官”的，不缺我这一个。哪里更需要我，而不是我想干什么。

我默默地下定决心，在农牧行业的大地上，继续耕耘。数十年后，我逐渐领悟到“无我”的意境。“无我”是最大的“有我”，“无私”故成其私。当你处处不想着自己，恰恰处处有人会想着你。许多贵人相助，许多高人指点，许多机缘相随，并不是你为自己谋利益能强求来的，反而是你想着别人，想着更多人的“利他”时刻，上苍给予你的。

弱水三千，只取一瓢饮

1988 年，我拍摄过一张戴家岭的夜景，通过延迟曝光呈现戴家岭灯火琉璃的迷人效果。照片以艺术摄影类参加过株洲市的摄影作品展。玩摄影，让我懂得了聚焦的重要性。

1988 年，株洲市饲料厂戴家岭夜景照

年轻的时候，精力充沛，爱好广泛。我的梦想是当工程师，因为更爱技术。在我投身饲料创业之后的不久，有一天，我拍外景时，偶遇一位搞摄影的前辈老师傅，我们算是“忘年交”，就聊起来。他已经知道我开始了在戴家岭的创业。一根烟之后，他说：“小陶啊，人的精力是有限的，喜欢的东西多，浪费的时间就多。机会难得，事业要放第一位，别再花时间摄影了。”我至今记得，那是秋高气爽的傍晚，我们在株洲的石峰公园拍摄湘江落日的场景。站在石峰山山顶，看湘江绕过石峰山，蜿蜒北去，落日斜铺在湘江中，波光粼粼，泛起无数绚烂的光影。老师傅先走了，我独自在山顶，看向戴家岭的方向，似乎可以看到尘土飞扬，建设工地已是繁荣景象。

我仔细思考老师傅的话。在那之后，我没有再玩相机，除了锻炼身体，我的所有精力都放在了工作上，写文章、读书、参加各种学习，也都与工作和事业相关。

的确，时间和精力、资源和机会都是有限的。

参加过学校运动会就会知道，在小学，你可以参加跳高、跳远还有跑步多个项目，甚至都可以拿奖，在中学，你还可以同时参加跳远和跑步，但到了大学，几乎没有人可以参加两个不同项目类型的竞技了。到了奥运会等世界赛场，不仅仅是选手不可能参加多个项目，而且所有选手几乎都是从一而终，就是从少年时代就在这个赛道。

个人生活、学习还是工作、事业，几乎无人做到行行精通。商业领域同样如此，高度精细分工和高水平竞争的现代社会，一个公司只有在某个领域做得足够深、足够聚焦才能取胜，至少是相关多元化的专注聚焦。

我们常常被事物的浮华外表和各种诱惑所吸引，一会儿捉蝴蝶，一会儿捉蜻蜓，导致无法专注集中，最后两手空空。殊不知，正是对某一领域的专注和聚焦，才是通往成功与卓越的桥梁。

“专心致志地做一件事，远胜于敷衍塞责地处理多件事。”著名投资家查理·芒格说，“精力高度集中，全身心投入地做一件事，没这个能力，我绝对不可能成功。我的成功靠的不是智商，而是专注力”。

有句俗语：“不能把所有的鸡蛋放在同一个篮子里。”我的思考是，要把鸡蛋放在一个篮子里，或者为数不多的关联紧密的篮子里，然后集中精力，专注用心地照顾好这个“大篮子”。

2007 年是农历猪年。2 月份，我在《唐人神集团报》上发表文章《猪年三福》。文章写道：

一为企业之福。1987 年 11 月 23 日，株洲戴家岭山下第一包骆驼牌饲料呱呱落地，到今年已整整20年了。我们20年不死而且还强劲地发展，已经算是很有福气了。这个福气一是来自我们从事的农牧这个朝阳行业，二是来自我们正确的发展战略，专注农牧行业，聚焦生猪产业链经营，从未动摇……

尽管在20年的发展过程中我们曾有其他发财的念头，但我们从未真正意义上动摇过。我们曾尝试过做口服液、搞建材、办轧钢厂、开酒店，那都是当时的热门行当，庆幸的是，每次到了决策拍板需要投钱的关键时刻，我们冷静了。在兼并肉联厂的时候，还有个同样优质的商业资产，地处市中心的大米厂批发市场江南商城，我们就没有收购，因为不是我们的战略范围。做饲料，我们坚持把猪料做好，再在禽料和水产料方面发力；做肉品，我们先从香肠、腌腊入手，再做其他，我们从品种改良的育种环节开始，帮助农民科技养殖致富，助力中国生猪育种走出“引种—退化—再引种—再退化”的怪圈。因为专注，20年来，我们没有走多少弯路，企业没有出现大的折腾和波动。我们弘扬骆驼精神，一步一个脚印，稳扎稳打，从无到有，从弱到强，从株洲走向全国。我们宣誓：立志主业不动摇——不学小猫钓鱼！我们想冲击行业第一，还有许多事情可做。我们要专注，我们要专业化分线运作。这才是珍惜福气，也才能带来福运绵延。

2007—2025年，又是18年的光阴，我们仍然专注聚焦，在生猪全产业链的农牧行业精深耕耘，心无旁骛。2015年，我们对养殖板块的业务战略进行调整，把过去育种为主体的业务模式调整为“规模育肥为主，育种改良为辅”的养殖业务发展战略。这是在专注聚焦基础上的与时俱进。整体的战略方向、战略定位、战略规划没有改变，对具体的小战略进行优化调整，这是战略的中庸之道，这是有智慧的取舍，这样的取舍是根据市场发展的趋势，顺应调整。实践证明，这个调整是非常正确的。

在专注聚焦农牧行业生猪全产业链经营的发展战略中，我们的业务战略结构在与时俱进，在适度优化，从而形成了战略的可持续和优化延展。我们从“有养殖和肉品的饲料企业”到“有饲料和肉品的养殖企业”，将要进入“有养殖和饲料的肉品企业”，也就是集团的三步走发展战略。始终坚持“饲料、养殖、肉品”三大产业为核心业务的生猪全产业链业务发展战略，致力于做全球最卓越的农牧食品全产业链企业。以生猪的养殖加工为核心技术基础，形成生物饲料、健康养殖、肉品加工的相关多元化业务，饲料产业可为养殖产业提供高性价比的产品；养猪产业可为下游屠宰加工企业提供安全可溯源的生猪，从产业链设计环节确保香乡猪的高端生鲜品质和唐人神肉制品的安全放心；肉制品产业可平滑猪价波动风险，增强盈利能力，形成生猪全产业链经营竞争优势。

在饲料领域，我们从全价饲料到浓缩饲料再到口口乳生物饲料，从单一饲料产品到为专业规模养殖户提供“价值承诺”的“产品＋服务”一揽子解决方案；在肉品领域，我们先专注将传统风味香肠腊制品这一个产品做精做深，再逐步形成中式风味制品、礼盒、预制食材、品牌生鲜四大肉类产品线业务集群；在养殖领域，先做好育种环节，再形成“规模养殖＋品种改良”的养殖结构，以规模养猪为主体，低成本养殖与香乡猪高端品牌养殖相结合，形成自建自养和“公司＋农户”的养殖业务发展战略。

苏轼有诗句“蓬莱不可到，弱水三万里”，这弱水往往是指神仙出没遥遥而不可即的去处。《红楼梦》里，林黛玉问起贾宝玉与宝钗的情感，宝玉思索半晌笑道：“任凭弱水三千，我只取一瓢饮。”宝玉用此典来回答黛玉的发问，意思是说我心中只有你黛玉一个人。这是对爱情的坚贞不渝。时至今日，这句话已不仅仅是表述爱情了，也可表述专注和聚焦自己喜欢与擅长的行业，不左顾右盼，不得陇望蜀，不花心四起。

《论语·雍也》：“贤哉！回也！一箪食，一瓢饮，在陋巷，人不堪其忧，回也不改其乐。”我们坚持这个战略定力，我们深知“弱水三千，只取一瓢饮”的哲理，我们也感恩“一瓢饮”的幸福和知足。

“闻道有先后，术业有专攻。”舀到属于自己的那一瓢水，定能做好属于自己的一番事业。弱水茫茫，取之不尽用之不竭，真正属于自己的恐怕只有那其中的一瓢。人的一生可能会遇到很多美好的东西，但只要用心好好把握住其中的一样就足够了。不攀比、不奢求、不躁动，不以物喜、不以己悲，始终保持一种豁达淡然的心态，始终专注一事，始终聚焦所爱，这是中庸之道的最高境界，也是人生所追求的至高境界。

我经常跟管理干部说，我们努力把规模玩大点，但更重要的是玩得强，玩得稳，玩得久，玩得快乐。大家都努力做，大家都快乐。

这是战略专注与聚焦的“心法”所在。站在工商管理的角度分析，对于专业化还是多元化，在工商界辩论已久。这也是许多企业在创业初期面临的重大发展战略选择。

专业化战略，或者以专业技术为核心的相关业务多元化战略（本质上仍然是专业化），是当今世界成功企业的主流战略，拥有绝对的占比。我们定义专业化不能依据业务产品和服务的类别来判断，而是应该按照企业的专注和聚焦投入的技术核心来判断。专业化让企业在某一个专业领域做得深、专、精，可以聚焦核心领导层的关注度和资源配置，可以精准进行技术构筑、品牌塑造和市场营销。

多元化战略真正成功的寥寥无几，未来的多元化会更难。从理论上讲，企业如果发展多元化的话，就意味着在某一专业领域衰退的时候，可以谋求在另一个专业领域的发展。若多元化领域都是建立在同一个核心竞争力上，则可以产生协同效应，比如交叉营销。事实上，这忽略了今天的竞争状态，现在是“卷王”时代，在你的多元化领域，竞争对手可能是专业选手，以对手的专长应对你的“多元”，胜算几何？事实上，现实中的高竞争领域几乎不存在这种胜算。这就如同在奥运赛场，很难看到有选手在多项目上参赛并夺冠的影子。

比如，苹果已经做到了智能手机的“王者”，但是苹果不仅没有涉足多元化，反而是在专业化领域一直深耕。华为公司的发展战略可以定义为以核心能力为基础的相关多元化，既不完全属于传统专业化战略，也非无边界多元化，而是围绕核心技术能力进行生态化扩展。

唐人神一心一意在生猪全产业链的专业领域扎实耕耘。我们围绕一头猪的生养、屠宰、加工做文章，围绕一头猪创价值，为客户创价值，为公司创价值，为员工创价值，为社会创价值。

与时俱进代代强

——践行 TRS 长期主义价值观有感

2025 年春节期间，我回想起饲料创业。在戴家岭山下开始破土动工，正式筹备，是在 1985 年，一晃激情创业已是近 40 载春秋。一眨眼一天，一回头一年，一转身一辈子。回首往事浮想联翩，憧憬未来心潮澎湃。我们赶上了好时代，大无畏地穿越险滩，经历风雨，幸运地做到全国性企业，做成了生猪全产业链经营上市公司，还活下来了……

时代的机遇、政策的利好、市场的青睐、自身的努力、高人的指点，等等因素，促成了这份机缘和幸运。

高人说，只要活着，就有希望，有希望就想活得更久。过去 40 年，我们没有垮，坚持活下来了，因为我们勤学思变，奋勇进取。今天面临新的时代，如何继续活下去，如何确保未来 40 年不垮还能继续玩下去，还能玩得更久呢？

那就得坚守长期主义价值观，践行“先做人，后做事，再做事业”的行动纲领，这将是保持唐人神基业长青的不二法门。我想把自己的这些思考用通俗易懂、朗朗上口、简洁明快的语言表达出来，与公司的管理人员、员工伙伴分享，也把自己对未来的长期主义思考，跟关心关注唐人神品牌的各界人士分享，也希望对有志创业的青年有一点启迪。

《人间正道是沧桑——做人感悟》

人生哪能都是笑，
花开花落人依俏。
云卷云舒随风去，
人间正道是沧桑。
富贵福禄切莫贪，
人无自我天地宽。
一山一水一浮生，
人间至爱是清欢。

《天道酬勤事必成——做事感悟》

高人指点有前程，
贵人相助满感恩。
自己奋斗不言败，
天道酬勤事必成。
事有信心心常乐，
勤学思变寻对策。
为道中庸道至简，
基业长青不变色。

《与时俱进代代强——事业长青感悟》

责任担当你我他，
客户价值众人夸。
产品超群是王道，
成果累累开满花。
公司发展多打粮，
社会进步呈吉祥。
持续奋斗肥土地，
与时俱进代代强。

这三首诗阐述先做人，后做事，再做事业，这是走向成功的必由之路，与古人“修身齐家治国平天下”的理想实现路径不谋而合，也与“责任、成果、社会”的TRS长期主义价值观相吻合。我们努力践行，将唐人神事业玩得更大、更强、更久。

人间正道是沧桑

人生哪能都是笑，花开花落人依俏。
云卷云舒随风去，人间正道是沧桑。

人生十之八九难如意，哪能都是笑。不必太在意个人的荣辱得失，受到批评责罚，无须耿耿于怀，担当自己的责任，努力成长，不懈奋斗，就一定会出业绩，出成果，就会人依俏。去留无意，干部能上能下，业绩论英雄。笃定目标，持续奋斗，无惧坎坷，身体疲倦但精神幸福，痛并快乐着，这才是人生的常态，人间正道是沧桑。

回想我们从饲料起家，到养殖，到肉品，形成生猪全产业链经营，并成功上市，其间的不如意数不胜数。父母从小教导“吃得苦中苦，方为人上人”“不经寒霜苦，哪得梅花放清香”，我自幼在心田种下了做人要行得正、吃得苦的种子。困难和挫折，看似不如意，其实很正常。

历经艰辛，努力进取，结果却不如意，怎么办？能够简单地不在意、不在乎吗？

我想起毛泽东词《卜算子·咏梅》：“已是悬崖百丈冰，犹有花枝俏。”梅花是唐人神的司徽标志。梅花傲雪怒放，是坚韧不拔、不屈不挠的正义象征。只要心中有梦，孜孜以求，勇于实践，哪怕失败，哪怕花落，但青春俊俏的人依然在，这就是“孤勇者”的胜利。江山易老人未老，花开花落人依俏。

花开花落，我自豁达。云卷云舒，任他随风。我借用了明代陈继儒《幽窗小记》辑录洪应明《菜根谭》中的句子：“宠辱不惊，看庭前花开花落；去留无意，望天上云卷云舒。”任他潮起潮落，任他宠辱变幻，恒久的真理是，人间正道是沧桑！

沧海桑田，世事变幻，唯有正道是恒久。

何谓“正道”？

做人有正道，做事也有正道。做人在前，做事在后。普通人不一定能做出多大的事业功绩，但可以走正道，做好人，同样能获得尊重，获得幸福。做人不走正道，肯定做不成事。做人走正道，不一定能做成大事，但肯定是堂堂正正、清清白白。

怎样是做人的沧桑正道？

过去唐人神讲“厚德博学”，讲“品德修炼”，都是做人的正道。

正道做人，就不能一有机会就搞钱，不能一有权力就拉帮结派，不能一有功劳就居功自傲。

正道做人，就是不让奋斗者吃亏。

正道做人，就是坚持讲责任，敢担当，管理干部以身作则，以客户为中心，为客户创价值，用数据讲话，用业绩说话。

正道做人，就是坚持讲真话不作假，不偷懒，不掩饰，打造过硬的工作作风，遵守规则流程制度清单，爱岗敬业，干出业绩，力出一孔，利出一孔。

正道做人，就是坚持厚德博学选人、育人、用人，不搞血缘关系，不投机取巧，不掺杂使假。

正道做人，就要坚持合法经营，照章纳税，不行贿受贿，一切用数字化流程放在阳光之下，一切公平公正公开在桌面之上。

20 世纪 90 年代饲料市场鱼龙混杂，养殖户喜欢能达到皮红毛亮体形好的饲料添加物，我多次斩钉截铁地表明态度，不好的东西绝不添加，我们真心帮助农民科学养殖致富，走正道，迎来了“饲料一枝花，骆驼富万家”的赞誉。

唐人神香肠上市之初，因保质期短，不能放很长时间，经销商不愿意进货。研发人员悄悄告诉我，那些杂牌香肠能放很长时间是添加了超量防霉剂。为了让品质的理念深入每位员工的心中，我想到了《质量宣言》。大家宣誓，要像爱护眼睛一样爱护品牌，坚决做安全放心肉制品。“唐人美食香，美食唐人神”，从此结束了湖南无品牌肉的历史。

唐人神养殖事业部，过去几经领导变换，队伍总是打造不起来。员工群众有意见，出现各种投诉抱怨。自从换了走正道的领导后，焕然一新。事业部低成本竞争力逼近行业顶流水平，健康损益、生产成本等业绩持续改善。其最大的秘诀就是，分配机制创新变革和打造过硬作风，所有的收入来自业绩的改善，力出一孔，利出一孔。一切按规则流程、制度清单办，一切围绕低成本真功夫，一切围绕业绩改善，一切为公司增利、为奋斗者干部员工增收，坚持正道经营和管理，杜绝打牌赌博、酗酒娱乐的不良习气，所以硬气，敢管、能管、善管，管出了好作风，带出了好队伍。

富贵福禄切莫贪，人无自我天地宽。
一山一水一浮生，人间至爱是清欢。

《红楼梦》有语：“身后有余忘缩手，眼前无路想回头。”树倒猢狲散，就败在贪。啥都想要，贪财、贪权、贪心，结果锒铛入狱，回头无路都成空。“小时偷针，长大偷金”，我从小耳濡目染正直忠孝的家教，对于富贵福禄看得通透，放得下，“弱水三千，只取一瓢饮”，面对多少名利诱惑，从未有半点贪念，这是“人无自我天地宽”的个人成长之路。

一位成功商人说过，生意合作，拿七分利正常，拿八分利也不为过，但他只拿六分利，这是“人无自我天地宽”在事业上的直白诠释。以利他之心，为大家做事，凡事先想着他人，心中无我，商道就会越来越宽，信任并投资你的人就会越来越多。

于企业管理而言，“人无自我”就是先为客户创价值，再为公司打粮食，最后公司一定要给奋斗者带来有票子、有位子、有面子的“三有”发展之道。

“人无自我”不是不要自己，而是时时事事以客户为中心，围绕销售、利润、效率的业绩改善，做一个懂规则、守底线、尊制度、走流程的正直的人。

人无自我，放下物欲缠身。真我得自在，真我是清欢。

能够偷得浮生半日闲，读喜欢的书，做喜欢的事，见喜欢的人，有内心的真爱，简简单单的喜乐，这就是清欢。

一山一水一浮生，一花一叶一菩提。我除了工作，就是读书、运动，没有奢华的物欲享受。借用苏轼的“人间至味是清欢”，我改一个字——“人间至爱是清欢”，爱是人生最好的味道。爱正道，爱事业，爱他人。

在唐人神集团总部，我把自己的人生感悟和经营理念，融合到文化景观花园的山水之中，也是“至爱清欢”。比如，把“龟兔赛跑”的故事和“水至清有鱼”的哲理巧妙融入景观之中；比如，把英国伦敦的大本钟，把美国肯塔基州的广场和澳大利亚悉尼歌剧院前的喷泉景观，把中国孔庙的大龙柱和亭阁楼宇都搬到“山河一园”中，寓意走“中西结合，博采众长”的发展之路……

从少年初心到青年志向到毕生情怀，我从来都是阔步人间正道，不惧风雨沧桑；从来都是简单的喜乐，不背物欲枷锁；从来都是清澈的欢喜，真爱一山一水。“一山一水一浮生，人间至爱是清欢。沧海桑田恒久永，人间正道写春秋。”

天道酬勤事必成

高人指点有前程，贵人相助满感恩。

自己奋斗不言败，天道酬勤事必成。

“业精于勤”“行成于思”“书山有路勤为径”“不经寒霜苦，哪得梅花放清香”……国人自古对“勤奋”推崇备至。

我的家训就是“正直、读书、勤奋”。勤学、勤思、勤劳的习惯打小养成。勤恳做实事，勤奋做难事，付出不亚于任何人的努力。从创立骆驼牌饲料开始勤耕农牧行业，致力生猪全产业链经营，披星戴月，风雨兼程。

从饲料创业，用骆驼牌饲料带动农民科技养殖致富，之后以唐人神打造安全肉品造福市民，以香乡猪探索中国生猪遗传育种、健康养猪和品牌生鲜，立志为中国农牧行业做出贡献。

其间，得高人指点，遇贵人相助，我知晓了农业需要规模、技术、人才与资本，否则就谈不了成本优势和核心竞争力。碰到灾害、疫病、行情等困难，没有资本支持根本挺不过。回望过去，慧眼的伯乐、“飞迪”会友、社会精英、经典图书的作者等，都是高人，都是贵人，我都要充满感恩。有他们的指点，自己才能始终积极乐观，满怀斗志，无所畏惧，锐意进取。

高人指点，贵人相助，看似可遇不可求，实则机缘起于内。自己志存高远，目标笃定，自己自强不息，奋斗不止，自己心诚身正走正道，主观利他，客观利己，这样方能得遇贵人相助，高人才会愿意指点，可谓“天道酬勤”。

我坚持勤学不辍，向书本学，向高人学，向实践学。“学而不行则浮，行而不学则庸。”在学中行，在行中学。有的管理干部习惯说“专业的人做专业的事”，认为自己不懂某些事很正常。对基层操作和技术岗位而言，这句话没错，但对于管理干部，这是懒得学习、懒得改变，是搪塞和推诿。管理干部要通过勤学思变，从“T”型人才升级蜕变成“π”型人才。

我原来学的是自动控制专业，为了把饲料做得更好，1989年到武汉粮院进修动物营养和饲料加工方向。企业做大了，想要管理更科学，我就于1992年到湖南大学攻读MBA，2003年又到中南大学攻读管理学博士。2020年为抓住农牧业数字化转型升级的先机，我无畏无惧，毅然参加清华大学“创领中国”和“数字中国”的学习。这两年，我带高管团队到“飞迪”高球俱乐部会员企业学习，大家携手共进，推动中国农牧行业进步。

“飞迪”高人论坛：一场高球聚集宇宙能量，重要的不是高球，而是与高人交流

在学习与实践的反复结合中，我们一路走来，寻求对策，努力突破。

事有信心心常乐，勤学思变寻对策。

为道中庸道至简，基业长青不变色。

“自信”是唐人神企业精神之一，有信心就会快乐，就会积极面对所有的艰辛苦难，也就一定能找到解决问题的办法。

回首创业历程，唐人神穿越险滩，经历风雨，幸运地活下来了，得益于不断勤学思变，一路寻求对策。

1998年，饲料赊销盛行，骆驼牌饲料遭遇困境，我们学习“农村包围城市”的做法，推出服务营销大获全胜并改变了行业赊销格局。

2004年，为了平抑猪周期的困扰，我提交了中国生猪期货对策第一个提案。17年后，生猪期货在大连商品交易所成功上市，促进中国生猪行业健康发展。

2011年，唐人神成为中国生猪全产业链经营第一股。之后迈入中国民营企业500强行列，为中国农牧行业健康良性可持续发展做出有益的探索。

2022年，集团创新山地楼房智能养猪，建立业务牵引动力系统、人才内生动力系统、数字化管理及运营系统。

2024年，利用遗传育种技术、科学营养饲料等开创“香乡猪”高端猪肉品牌，也是勤学思变的成果。

我们唯有保持勤学思变，蜕变转型，万众一心，背水一战，才能穿越周期，穿越险滩，赢取未来更大的胜利！

怎么变，首先是人改变，其次是技术改变，再次是数字化管理改变。

改变人（能力、作风、分配），就能形成能人养猪低成本优势；改变技术集成产品（生猪）开发，就能形成技术养猪低成本优势；

改变现有的数字化管理系统，就能形成数字化养猪低成本长期优势。

饲料和肉品也是同样的道理。饲料产业将全面加大研发投入和梯度实证研发基础工作。我们将把获得国家发明专利的“口口乳”迭代升级与推广。肉品将在中式风味制品、礼盒、预制食材、生鲜四大方向发展，生鲜则会坚持规模化和香乡猪高端品牌肉两条腿走路。

何谓中庸之道？

饲料、养猪、肉品是依次排列在专业化产业链上的高度相关的多元化业务。既不是只做一个业务，也不是横向分散什么都做，这是经营战略的中庸之道。

唐人神努力打造学校、家庭、军队、商号“四位一体”的新型经济组织，讲家庭的关爱，更讲军队铁的纪律；讲学校的培训成长，同时讲商号的不奋斗就退位，没业绩就撤换。讲信任的同时讲制度监督，这是管理智慧的中庸之道。

至简之道在哪里？

就在把公司的资金、人才、管理、产品、市场等经营管理要素都聚焦在生猪产业链上，通过数字化关联贯通，战略聚焦没有分散，管理精力没有分散，发展道路目标清晰、准确、坚定。

其间，也想做一些来钱快的行业，也可以尝试诸多来钱快的做法，但我们始终坚守事业正道，始终践行正道人生。专注生猪全产业链，养殖围绕“低成本领先”，饲料肉品围绕“产品 + 服务”超群，为客户创价值，为公司增量利，为奋斗者增收，为股东创回报，为社会创造更美好的生活，成为唐人神事业长期不变的中庸之道、至简之道、沧桑正道。

与时俱进代代强

责任担当你我他，客户价值众人夸。

产品超群是王道，成果累累开满花。

2024 年 9 月，我到美国西点军校、硅谷等地参观研学，西点军校对于“责任、荣誉、国家”的校训排序，责任排在第一位。日本首富优衣库创始人柳井正对经营者能力的阐述与排序是，变革的能力、赚钱的能力、建设团队的能力、追求理想的能力。其中“变革”是“挑战三倍的高目标”，只有确立了高目标才能带来其他变革，变革才有意义。也就是说，创造更好的量利增长业绩，为客户创造更多的价值，为奋斗者带来更高的收入。变革追求高目标的能力、赚钱的能力和建设团队的能力，是追求理想的基础，我感觉茅塞顿开。

从管理者的角度，我们遵循先宏观再微观的叙述逻辑，层层剖析，抽丝剥茧，便于系统认知。但在经营实践中，尤其是在每位员工的日常工作中，则是反过来的，先做人，后做事，再谈长期主义价值观。理论认知和实践操作的要求次序呈反向排序，由宏观到微观认知（长期主义价值观到做人做事），由微观到宏观实践（先做人，后做事，再做唐人神事业）。

2025 年 1 月 6 日，陶业主持唐人神修身阁开阁仪式，我写了两副对联：“人无自我天地宽，人间正道是沧桑”和“事有信心心常乐，天道酬勤事必成”。前者讲做人，后者讲做事。陶业阐述了 TRS 长期主义价值观，详解了做人做事的人生信条。

践行 TRS 长期主义价值观就是要先做人，再做事，再成事业，就是要坚持把“人无自我天地宽，人间正道是沧桑”和“事有信心心常乐，天道酬勤事必成”的做人做事信条落地到行动之中。

TRS 长期主义价值观“责任、成果、社会”是这样释义的：

> 责任的内涵：敢担责任、善于合作、客户价值
>
> 成果的内涵：产品超群、多打粮食、肥沃土地
>
> 社会的内涵：公司发展、回报社会、与时俱进

- 责任担当你我他。过去我们讲，有人负责我协同，无人负责我担当。奋斗者的标签首先就是责任担当。不奋斗，就退位，讲真话，敢担当，讲自己，担责任。怎么才是敢于担当，企业经营首要的是践行业务战略。对于唐人神养殖板块，就是要敢于挑战极限的低成本养殖真功夫；饲料与肉品板块，就是要敢于对专业规模养殖户做出钱肉比的价值承诺，打造极致性价比的“产品 + 服务”。
- 客户价值众人夸。一切不为客户创造价值的岗位、人员、流程、方式都要变革。所有人一起为客户创造价值，为客户创造价值才值得称赞。我们要以创客户价值论英雄，领导评价的标准还是源自客户价值。
- 产品超群是王道。好企业无不是产品超群纵横天下。产品超群就是好东西价不贵，超出客户预期。“饲料一枝花，骆驼富万家”“唐人美食香，美食唐人神”“美味又营养，我爱香乡猪”，这样的口碑就是产品超群的口碑。我们大胆投入，把研发独立出来，创新业务产品经理和技术产品经理，导入科学的 IPD，就是打造产品超群的正道王道。养殖板块的“产品超群”就是低成本养殖领先和肉质超群，饲料板块检验产品超群研发成果的唯一标准就是生物体表达 + 客户持续购买

（量利增长），肉品板块检验产品超群研发成果的唯一标准就是产品口味表达 + 客户持续购买（量利增长）。

每个人担当自己的责任，为客户创造价值，打造产品超群，成果自然就有了。

公司发展多打粮，社会进步呈吉祥。
持续奋斗肥土地，与时俱进代代强。

公司发展，就是多打粮食，经营业绩持续好，奋斗者收入增加。公司不断做大做强，也能创造更多就业，缴纳更多税款，所创立的教育基金资助更多贫苦学子。在回报社会的同时回报股东，这也是唐人神“义利相溶，养义生利”经营哲学的体现。

可持续就是“肥沃土地”，建设好组织，包括组织健康、组织活力、组织能力。肥沃土地的关键是管理干部以身作则，率先垂范，严格执行制度规则和流程清单，打造过硬作风，坚守作风红线，力出一孔，利出一孔。

这几年，我们持续推进“蜕变转型，组织驱动，追求卓越”，唐人神迎来近 40 年之大变革：致力于把个人能力建立在组织能力上，把组织能力运行在高效流程上，把高效流程上线固化在数字化系统上。通过强组织、强流程、强数字化的“三强”管理，我们变革了组织（如集团和饲料职能部门合署办公，实行产销分离与结合），优化了人员，创新了分配机制，从而提高了管理效率，降低了经营风险，提升了客户价值与满意度，增强了组织系统的市场竞争力。

“三强”管理的目的是什么？“三强”管理的目的是创造“三好”

业绩：好产品、好服务、好价值，即打造更好的产品，提供更好的服务，为客户创造更好的价值。骆驼牌饲料兑现对养殖终端的“产品 + 服务”价值承诺，养殖终端能感受到的价值是“猪、禽、鱼”长得更好更快，饲料成本更低，养殖户获得了更好的“钱肉比”和一揽子服务。养殖板块的客户感受到更低价格、更高品质的生猪，感受到香乡猪肉质超群。肉品就是通过中式风味制品、礼盒、预制食材、品牌生鲜让人们吃到更美味、更健康、更营养的安全肉品，生活更愉悦，更美好。这就是“三好”的效果。

“三强三好”，让组织、流程、数字化管理，贴近客户需求的变化，贴近一线，服务一线，确保三大板块业务战略开花结果，确保真正的唐人神奋斗者得到更多、更大回报。这样，一定是用长期主义赢得长期胜利，一代胜过一代强。

三强三好人才出，与时俱进代代强。

回首过往，唐人神人坚持战略专注，坚定勤学思变，坚守沧桑正道，懂得大道至简，懂得为道中庸，满怀信心，持续奋斗，从而能稳健经营，穿越险滩，40 年屹立不倒，40 年基业不变色。

展望未来，我们有 TRS 长期主义价值观的指引，有做人做事做事业的行动纲领，我们有理由相信，年轻的“80 后”集团总裁陶业先生一定会带领英勇的唐人神奋斗者传承赓续，在人间正道上阔步向前，在玩学舍之道上创造出更大的辉煌。

沧海桑田，风雨兼程，神州大地，基业长青。

唐人神“80后”总裁陶业先生